攻玉集

孙显斌 —— 著

前　言

　　转眼博士毕业已满十年，从攻读硕士学位开始陆续发表了一些论文，想想可以结集一下出版，也算是对这一阶段的总结吧。《诗经》有云"他山之石，可以攻玉"，用"攻玉集"命名论文集，意思即是虽然驽钝如石，却还勉强可以攻玉，所谓愚者千虑，或有一得。早已过了不惑之年，华发早生，半百即在眼前。吴玉如先生有诗句"已然老去休悲往，劣石安磨幸此生"，正可写我此时心境。

　　收录的论文分为五组。第一组是两篇古文献学通论主题的论文。《古文献学科体系初探》是我最看重的一篇，所谓"初探"，当然不是指学界的初探，而仅是自己一点不成熟的想法。由于我是理科出身，学习古典文献学专业以来，就一直在思考这个"学"也就是"学科"如何成立的问题。传统的"文献六艺"即目录、版本、校勘、文字、音韵、训诂，只有前三项算是古文献学的独特分支，由于它们和古籍整理实践紧密相关，所以发展也比较成熟。这篇论文的主要观点是古文献学的分支主要包括从传统文献学基础上逐步扩大的八个分支，即目录、版本、校勘、编撰、典藏、流通、整理、注释。目前，我们尚需不断在上述八个分支领域的应用部分坚持不懈地探索，通过丰富扎实的具体研究总结提炼理论与方法，逐步将其系统化，不断拓展和完善古文献学的学科体系。另一篇《写刻之间：〈汉书〉文本面貌之嬗变浅议》主要内容来自于我的博士论文，济南大学的陈静老师主持一个出版史的专栏，同学李伟兄帮忙约稿，我就改写了这篇文章。主要是通过考察今传本《汉书》与《史记》文本面貌的差别，即《汉书》更接近汉代原貌，探析其中的原因，揭示古书从写本时代到刻本时代文本面貌变化的总趋势。

第二组是四篇古籍整理方面的论文。博士毕业后，我来到中国科学院自然科学史研究所图书馆工作，在张柏春所长的鼓励和支持下，开始尝试做些科技典籍整理的工作，并一起策划整理"中国科技典籍选刊"。这既符合我的专业背景，又能满足所里研究方向的需求，算是很好的结合。《中国科技典籍整理的回顾与思考》同样是张柏春所长的约稿，在他主编的英文期刊《Chinese Annals of History of Science and Technology（中国科学技术史）》首发。这篇论文在科技典籍整理实践的基础上，提出目前通行的"定本式整理"的范式，对于回到"作者"的目的来说自然是最有效、最省力的方式，版本源流提纲挈领，校勘记撰写要言不烦。但是它的局限就在于无法全面展现文本流传过程中的变异情况，大量丢失考察文本传播史和研究史的重要线索。因此，我们提出一种典籍整理的新范式，称之为"图（像）定（本）异（文）参照式整理"。这一新范式反映了我们在典籍整理中希望贯彻的"三心二意"：三处用心，即影印最大限度保持典籍原貌的图像，配以对应的标点文本和校勘成果，最后辅以各版本的特征异文；两个用意，即回到"作者"的文本还原和文本传播的发生学网络。也只有这样，才足以支撑我们对典籍全面的历史的研究。《中国科技基本典籍刍议》一文提出若干条"科技基本典籍"的遴选标准，并在前人的基础上增补出一个700余种的选目。《方以智〈物理小识〉与近代"科学革命"》主要内容出自我和王孙涵之博士合作整理的《物理小识》的导言，是孟繁之兄代为约稿，并为修改题目。论文以方以智为着眼点，讨论在明末清初中西学交汇的背景下我国科学思想的发展，算是在整理科技典籍同时学习科技史的一点心得。《略论〈[嘉庆]隆庆志〉》实际上是一个整理说明，整理这部地方志是董洪利老师古籍整理实践课的作业，我和同门师妹金玲合作完成。虽然现在还没有出版，但毕竟是我第一次实际点校古籍，从中受益良多。

第三组是六篇目录学的论文，目录学是我最感兴趣的方向。《古籍引书目录浅说》是我攻读硕士学位期间撰写的，也是我发表的第一篇学术论文，还得了中文系第一届学术论文二等奖，给了我莫大的鼓励。《东汉之前的道书叙录》即出自我的同名硕士论文，《历代目录对道书的著录与分类》则是硕士论文的导言。《〈七略〉〈别录〉编撰考》《〈七略〉与〈别录〉释名》《读汉代三目札记两则》都来自我博士期间的中期论文，那时候本来想继续硕士的题目，做《〈汉书·艺文志〉研究》，最后还是听从导师安平秋先生和其他老师的建议，做了《〈汉书〉颜师古注研究》的题目。

第四组是两篇数字人文方面的论文。《谈人文研究中人脑与电脑的合作》是博士期间陈平原老师"学术规范与论文写作课"的作业，并有幸被推荐发表。虽然通篇没有一条参考文献，就是一个读书心得，但是2008年的时候就提出古籍数字化分图像化、文本化、数据库化三个层次，应该也算比较早的了。由于我本科是学计算机软件的，所以2008年开始参加系里李铎老师主持的诸多古籍数字化项目，负责组织数据加工，先后参与开发了"资治通鉴分析平台""中国历代典籍总目系统"等产品，基于以上工程实践经验，发表了《古籍数据库化工作浅谈》。这篇论文主要谈了基于"本体—标记"的技术手段可能是古籍数据库化的一条重要路径，我在各种场合不断呼吁建立基于本体的古籍数据库，并戏称自己是"孙本体"。

第五组是两篇海外汉学方面的论文。我参加了硕士导师杨海峥教授的国家社科基金重大项目"北美汉籍收藏与汉学研究关系"，开始留意学习海外汉学和汉籍收藏史的研究。北京大学中国古文献研究中心本来就有安先生等前辈开创的海外汉学和汉籍研究的优良传统，我自己对此也很感兴趣。《略论美国汉籍收藏史》是2020年初新冠疫情爆发时居家两三个月时撰写的,现在也成为一种特别的回忆。《跨学科与跨文化:从海外汉学看国学或中国古典学的意义》则是人民大学国学院十五周年院庆的时候,吴洋师兄邀请我参加座谈会的发言。近日,国务院学位办在新成立的"交叉学科门"下设立了"区域国别学"一级学科。这种以区域划分的社会历史文化综合研究,的确是对现代学术分科的一种有益补充,跨学科研究自然是其应有之义,但跨文化研究尤其是在全球化的今天能给我们更多更深的启迪。谈到历史学的作用,我们有时会引用英国政治家丘吉尔的话"我们能看到多远的过去,就能看到多远的未来",用以表达其"资治"的功能;而通过历史文化传统理解现今不同区域的文明、观念、制度和政策,也许更为重要。

所收上述论文都已公开发表,但其中不少论文后来又发现有可以补充或修正的地方,这次结集时做了一些补正,不再一一说明。

南江涛兄运营的"书目文献"公众号和目前由我主持的"古籍研究青年同仁联谊群"是合作紧密的伙伴,公众号于2020年策划了一组"青年学者说文献学"的访谈文章,这组访谈即将以《嘤其鸣矣——青年学者说文献学》名称结集出版。我也撰写了一篇,因为其中回顾了我的求学经历,所以作为附录,就当作论文集的"自纪篇"吧。另外,我的博士论文《〈汉书〉颜师古注研究》正式出版时,我扩充了后记,记录了这些年我的一些思想动态,现在看来,我也无法比之前写得更好,只是又做了一点补记,一起作为这本论文集的后记。

最后,我在这里要感谢恩师安平秋先生、杨海峥教授,是他们一直指导和关心我的成长,给我鼓励和鞭策;也要感谢张柏春所长、袁萍书记的指导和提携;还要感谢我的单位中国科学院自然科学史研究所,给了我锻炼成长的机会和氛围,并且资助这本论文集的出版。

目 录

古文献学通论 / 1

古文献学学科体系初探 / 3
写刻之间:《汉书》文本面貌之嬗变浅议 / 31

古籍整理 / 41

中国科技典籍整理的回顾与思考 / 43
中国科技基本典籍刍议 / 57
方以智《物理小识》与近代"科学革命" / 67
略论《[嘉靖]隆庆志》/ 81

目录学 / 85

古籍引书目录浅说 / 87
东汉之前的道书叙录 / 103
历代目录对道书的著录与分类 / 148
《七略》《别录》编撰考 / 159
《七略》与《别录》释名 / 169
读汉代三目札记两则 / 178

数字人文 / 189

谈人文研究中人脑与电脑的合作 / 191
古籍数据库化工作浅谈 / 198

海外汉学 / 205

略论美国汉籍收藏史
——以加州大学伯克利分校斯塔东亚图书馆为中心 / 207
跨学科与跨文化
——从海外汉学看国学或中国古典学的意义 / 252

附　录 / 259

青年学者说文献学｜孙显斌 / 261
《〈汉书〉颜师古注研究》后记 / 272

古文献学通论

古文献学学科体系初探 *

古文献学在我国虽然有着悠久的传统，但直到1928年，第一部文献学专著《中国文献学概要》才由郑鹤声、郑鹤春兄弟完成，标志学界开始尝试建构古文献学的学科体系。这一变化与近代以来西方学术对我国传统学术的冲击有关，也与当时反思传统文化的思潮有关。在上世纪初的"新文化运动"中，"科学"地"整理国故"成为传统学术向现代学术转型的一项重要活动。胡适在1919年12月《新青年》第7卷第1号《"新思潮"的意义》一文中提出"研究问题、输入学理、整理国故、再造文明"的口号，拉开了"整理国故运动"的序幕。同年，北京大学国文系下设语言文字、文学、整理国故三科，使得古文献学在高等教育学术体系中有了位置，并成为培养学科人才的基地，可以说"整理国故运动"极大地推动了古文献学学科的发展。在学科发展初期，研究者仅是将传统学术中相关部分抽离出来，形成以目录学、版本学、校勘学为主体的古文献学学科体系。真正的大发展是从上世纪八十年代开始的，从那时起，陆续有古文献学专著面世，各学科分支的研究也都有长足进展，更重要的是一些学者开始讨论学科体系建构的问题，甚至出现试图整合继承传统学术的古文献学和从西方舶来的现代文献学的尝试。这些都表明了古文献学研究者带着强烈的自觉意识开始构建古文献学学科体系，推动学科逐步走向独立化、建制化。

---

* 原载《天一阁文丛（第19辑）》，浙江古籍出版社，2022年，第5页—21页。

但我们也应该看到，古文献学至今未能完成学科体系的建构，在这一问题上学界仍未达成共识，这当然对古文献学的发展不利。首先，对古文献学研究者来说，需要回答诸如此类的问题：本学科与其他学科的区别是什么？其研究领域的界限在哪里？本学科有哪些独特的理论和方法？这些问题实际上是学科认同问题。其次，古文献学的学科架构是什么？其各分支领域的关系如何？其核心研究领域又是什么？不弄清这些，我们就无法深入探索本学科的核心领域，使其能够良性地、快速地发展。再者，古文献学与其他古典研究学科的关系如何？古文献学在古典研究中的地位和作用又如何？古文献学是否仅是服务于古典研究的应用性学科？这又关系到整个古典研究领域的认识和整合问题。安平秋就指出完善的学科体系，不仅有助于促进古文献学研究的全面发展，对于人才培养、课程设置等起到指导作用，同时还有助于提高古文献学学科的"自我认同"与"社会认同"程度。[①]应当指出现处于一级学科"中国语言文学"下的二级学科"古典文献学"与"中国史"下的"历史文献学"内容和含义基本一致，因此，在这里我们用"古文献学"这一概念来代表。

一、以往对古文献学学科体系的讨论

学科是现代学术体制下对学术进行划分的产物，现代学术体系从整体上划分为自然科学、社会科学与人文科学，各自统辖不同的学科群：自然科学有数学、物理学、化学等；社会科学有政治学、经济学、法学等；人文科学有文学、历史学、哲学等。虽然有时学科的划分不是绝对

[①] 安平秋：《古文献学新论序》，王宏理：《古文献学新论》，中山大学出版社，2008年，序1页。

的，但一般情况下，一个学科的成立相对其他学科除了要有独特的研究对象或属性外，还要有独特的理论和方法。赵益就指出：

> 从现代学理上说，一门学科如果不具备特定的研究对象、方法以及相对普遍的原理，就失去了其赖以成立的基础。①

否则，我们可以把研究对象不断细分下去，就会衍生出无数的新学科，但实际上并非如此。我们通常使用的"某某学"中的"学"很多时候并不是指一个相对独立的学科，比如"红学"实际上就是指与《红楼梦》研究相关的学术活动与成果，它并不独立在文学之外，因为它的理论和方法还没有超越文学范畴。应该说古文献学不是这种意义上的"古文献研究"，它有自己独特的理论与方法。

白寿彝较早发起有关古文献学基本问题的讨论并很重视理论和方法问题，他指出：

> 历史文献学这门学科还没有建立起来。
> 中国历史文献学，可以包含四个部分：一、理论的部分。二、历史的部分。三、分类学的部分。四、应用的部分。②

分类学与其他三部分不在一个层级，应划入理论部分，实际上这已相当于提出了理论、历史、应用三部分构成的学科体系框架。

张舜徽在《关于历史文献的研究整理问题》一文中，开篇就讨论了"何谓文献？它的概念，整理对象是什么"，并指出有文字的材料才能称之为文献，他说：

---

① 赵益：《文献学原理刍议》，《古代文献的考证与诠释——海峡两岸古典文献学国际学术会议论文集》，上海古籍出版社，2006年，第32页。
② 白寿彝：《关于历史文献学问题答客问》，《文献》1982年第4期，第13页。

研究历史文献的任务，主要是对那些保存下来了的和已经发现了的图书、资料（包括甲骨、金石、竹简、帛书）进行整理、编纂、注释工作，使杂乱的资料条理化、系统化，古奥的文字通俗化、明朗化，并且进一步去粗取精，去伪存真，条别源流，甄论得失，替研究工作者们提供方便，节省时间，使之不走弯路错路，这便是研究、整理历史文献的重要职责。①

对于张舜徽把文献整理看作文献学的主要内容，王余光提出不同的看法：

　　（一）文献整理，内容包括辨伪、版本、校勘、辑佚、注释、目录等，是具体的学术活动，不应看成是文献学的本身。（二）如果把文献学看作是研究文献整理的理论与方法的一门学科，那么，这至少是不全面的看法，这样的文献学是传统的文献学，或者称为文献整理学更为准确。

他进一步指出：

　　文献应当是文献学的研究对象或研究主体，就是说，文献学不仅是把文献作为自己的研究手段，同时也作为自己的研究目的。历史学、文学史、哲学史等许许多多的学科，它们都需要研究文献，然而，它们研究文献只是作为一种研究手段。
　　文献学则不然，它研究文献，目的就在于要揭示文献本身。文献作为文献学研究的主体，使文献学成为一门独立的学科有了

---

① 张舜徽：《关于历史文献的研究整理问题》，中国历史文献研究会编：《中国历史文献研究集刊（第一集）》，湖南人民出版社，1980年，第1页—2页。

可能。①

王余光的这一观点正回应了作为一门独立的学科,首先要有其独特的研究对象或属性的问题。

在 20 世纪 80 年代的讨论中,王余光认为:

> (古文献学)包括历史文献本身,文献整理方法和内容,文献整理的历史三部分;张家璠、黄宝权认为它包括历史文献及其演变、整理和流传,历史文献学的历史四部分;杨燕起、高国抗认为历史文献学体系包括其理论、发展线索、分支和相关学科三部分;吴枫认为它包括历史文献及其演变、整理方法三部分。②

洪湛侯认为:

> 文献学本是关于文献研究和整理的一门学问,文献本身的特点、文献整理的方法、文献学的历史、文献学的理论都应该包括在内,简单地说,文献学应包括文献的体、法、史、论等几方面的内容……③

杨燕起、高国抗的体系与白寿彝是基本一致的,其他学者对文献学要以文献作为研究主体构建学科体系则有共同的认识,以洪湛侯的体系为代

---

① 王余光:《论文献学》,《武汉大学学报(哲学社会科学版)》1988 年第 6 期,第 124 页—125 页。
② 王余光:《中国文献学理论研究百年概述》,《图书与情报》1999 年第 3 期,第 16 页。
③ 洪湛侯:《古典文献学的重要课题——兼论建立文献学的完整体系》,《杭州大学学报》1987 年第 2 期,第 87 页。

表将文献作为研究主体单列,并指出包括文献的载体、体裁和体例等内容,但实际上文献作为研究主体不仅涉及其纵的方向上的构成层次,还包括横的方向上文献的生产、传播、整理与利用的全过程,纵横两条对文献本体认识的线索应纳入理论部分并且与应用部分密切相关。王余光在这方面一直有清晰的认识,他指出:"文献学要揭示文献的属性与构成,阐述文献的制作、流传、收藏的全过程",基于这种认识,他将文献学的研究内容概括为六部分:文献的属性,构成,编作、流传与收藏,积累与兴衰,整理与揭示,与文化的传播和继承。① 不仅从物质文化的方面来看文献,还关注了文献与社会文化的互动。后来他又提出新的体系,包括文献研究、文献制作研究、文献工作研究、文献发展研究、文献价值研究、综合研究六大部分。② 两种体系虽然看起来内容很充实,但体系结构的内在逻辑不够清晰,原因是没有区分应用部分的学科分支与理论、历史部分是在不同层次的。这个问题在下面相关部分还要进一步讨论。

潘树广等《文献学纲要》③提出文献学的应用研究、理论研究和历史研究的三分体系,是对这一合理框架的回归。周少川指出:

> 自白寿彝先生提出历史文献学应包括的四部分内容之后,很多历史文献学专著都将学科理论、学科历史、专业知识作为学科体系的基本组成部分。目前看来,这种结构还是合理的,但是各部分之中的具体内容仍然值得讨论。④

---

① 王余光:《论文献学》,《武汉大学学报(哲学社会科学版)》1988年第6期,第125页—130页。
② 王余光:《中国文献史(第一卷)》,武汉大学出版社,1993年,第66页—67页。
③ 潘树广等:《文献学纲要》,广西师范大学出版社,2000年。
④ 周少川:《当前历史文献学学科建设刍议》,《淮北师范大学学报(哲学社会科学版)》2012年第6期,第3页。

可以说学界对古文献学的学科体系由理论、历史和学科分支三部分构成有了基本共识。

二、古文献学的理论

古文献学之所以能够成为独立的学科，首先因其具有独特的研究对象，即文献。其他学科研究文献，是作为材料或手段，而古文献学将文献作为研究的目的。同样，古文献学成为一门独立学科，还因其具有独特的理论和方法，这些理论和方法正是围绕文献这一研究主体的认识展开的。

（一）文献的构成层次

上节述及洪湛侯认为文献学应包括文献的体、法、史、论等几个方面的内容，将文献作为研究主体单列，并进一步指出包括文献的载体、体裁和体例等内容，这就涉及文献构成层次的分析。在这方面，王余光有更详尽的论述，他在《论文献学》一文中"文献的构成"小节里指出："文献是一定的物质属性（具体形态）与一定的知识内容（抽象形态）的统一体。文献的具体形态主要由如下四个部分组成"：文字形式、载体形式、书写形式与印刷形式、装帧形式。"抽象形态包括文献的知识、体裁与体例。"[①] 将文献看成物质形式和内容信息的统一体的认识非常到位。

《中国大百科全书·图书馆学、情报学、档案学》将"文献"定义

[①] 王余光：《论文献学》，《武汉大学学报（哲学社会科学版）》1988第6期，第126页—127页。

为"记录有知识和信息的一切载体"。并进一步解释说文献由四个要素组成：（1）所记录的知识和信息，即文献的内容；（2）记录知识和信息的符号，文献中的知识和信息是借助于文字、图表等记录下来并为人们所感知的；（3）用于记录知识和信息的物质载体，如竹简、纸张、胶卷、胶片等，它是文献的外在形式；（4）记录的方式或手段，如铸刻、书写、印刷、复制、录音、录像等，它们是知识、信息与载体的联系方式。① 文献是其内容信息和物质形式的统一体，物质形式又分为记录符号、记录方式以及载体形式，而王余光提出的装帧形式可以并入载体形式，这样文献在物质形式上还是三个层次。

这里需要说明的是，记录内容信息的符号体系可归为物质形式，而由记录符号组成的具体文本则是内容信息的形式，也就是说文献的内容信息也有其构成层次。洪湛侯和王余光都注意到了这一点，并初步区分为知识、体裁和体例。在这一问题上，董恩林有一种看法，他将文献的内容信息分为学术思想内容和文本文字内容，认为传统文献学的研究对象仅仅是"文献的文本"，而不宜笼统地说成"文献"，而文献的学术思想内容是文学、历史学、哲学等学科的研究范围。② 这里"文献的文本"包括记录符号、记录方式、载体形式以及"文本文字内容"，所排除的仅是学术思想内容，不过用"文本"来概括这些是不够准确的，即使载体形式和记录方式可以算作文本的物质形式而包含在"文本"的概念中，那么被排除的文献的学术思想内容为什么就不算文本的内容呢？这种划分是不合适的，董恩林的关切和焦虑是可以理解的，他要为古文献学与哲学、史学、文学等学科的研究范围划界，找到古文献学学科成立的理由，这一问题王余光已经给出了很好的回答。但这种划分的尝试恰

---

① 《中国大百科全书·图书馆学、情报学、档案学》，中国大百科全书出版社，1993年，第465页。
② 董恩林：《论传统文献学的内涵、范围和体系诸问题》，《史学理论研究》2008年第3期，第49页。

恰说明文献内容信息也有构成层次的问题。首先它也有形式和内容的区别，形式即文本信息，内容即文本含义。

文本含义即我们对文本的理解和阐释也是有层次的。德国哲学家狄尔泰把理解分成三个层次：首先，理解是对于人们所说的、所写的和所做的东西的把握，这是对语言、文字、符号以及遗迹、行为——即所谓"表达"的领会；第二，理解是对于意义的把握，这是对一般表达所包含的观念或思想的领会；第三，理解是对人们心灵或精神的渗透。① 简单地说，理解对于文本来说的三个层次即文本的言语意义②、表达意义及蕴含意义，这里的蕴含意义既包括文本蕴含的事实、制度、文化背景等社会历史因素，也包括人物的性格、情感、价值观念等个人心理因素。我们举个例子来说明，《论语·八佾篇》中有一段话："孔子谓季氏：'八佾舞于庭，是可忍也，孰不可忍也？'"这句话是说孔子向季氏表达了对其"八佾舞于庭"的强烈不满，这就是文本的言语意义；然而从表达意义来看，孔子要表达的是对季氏违礼的强烈不满，因为孔子不满的深层原因是"八佾舞于庭"有违礼制，并且"八佾舞于庭"可能只是孔子在季氏违礼行为中选取的一个代表；再深入分析就到了蕴含意义，这段话不但表现出孔子对礼制及其所代表的忠孝之义的尊崇，以及他捍卫信仰的勇气和刚直不阿的品格，而且蕴含了周代社会礼制的内容。在古文献学研究中，我们主要涉及前两个层次，而文学、历史学、哲学等学科主要是研究后两个层次，尤其是第三个层次；从这个意义上讲，两者有交叉，但又各有侧重。

综上，古文献学的研究对象既包括古文献的内容信息，也包括其

---

① 参见洪汉鼎：《诠释学——它的历史和当代发展》，人民出版社，2001年，第107页。
② 言语意义下面还有语言意义，但是属于语言学研究范畴。例如，陆游的诗句"懒将白发对青铜"中的"青铜"为借代的修辞方法，语言意义是"一种合金"，而在诗句中的言语意义则为"镜子"。

物质形式,当然内容信息是核心。而内容信息又分为文本信息和文本含义,其中文本含义又有多个层次。上面提到的体裁、体例的确是内容信息的一种划分,但都同时涉及文本信息与含义,不适合用来分析文本的构成层次问题。

(二)古文献的分类问题

实际上,分析清楚文献的构成层次之后,其分类问题也就迎刃而解了,我们平时对文献的分类正是依据其构成层次。例如,有时以文本含义区分,比如"文学文献";有时以文本信息区分,比如"批校本文献";有时以文献载体区分,比如"简帛文献";有时以记录符号区分,比如"汉语文献";有时又以记录方式区分,比如"写本文献"。

另外,王余光很敏锐地指出史料包括文字史料、实物史料和口传史料,古文献就是文字史料的那一部分。① 与古文献相比,史料是一个更大的范畴,根据其记录或流传的方式不同可以分为口头史料(如民间传说、风俗习惯等)、实物及图像史料(如文物、遗迹、绘画等)以及文献史料。实际上文献史料从载体形式上看是一种特殊的实物史料,它同样为我们展示了其载体形式所记录的古代物质文化,但是文献史料所记录的文献信息才是其核心的部分。因此,"文献"与其他史料相比的核心种差是"记录符号",我们可以称之为"文献符号"。

按照记录方式的特点可以将文献分为三类,即典籍、文书档案和题铭(如甲骨刻辞、钟鼎铭文等),在古文献研究中这种区分很重要。但这三类也不是截然不同的,比如作者的稿本可以看作档案资料,石经既可以看作题铭,也可以看作以石为载体的典籍。其中在古文献学中占主体地位的是典籍,这是因为一方面典籍数量巨大,内容丰富,另一方面

---

① 王余光:《中国历史文献学》,武汉大学出版社,1988年,第1页。

文书档案和题铭经过整理都可以转化为典籍。不过在研究题铭和文书档案时，需要注意它们的独特之处。

（三）文献的生命过程

对文献的认识除了其纵向的构成层次外，还有一条横向的线索，王余光就指出："文献属于社会文化范畴，包括文献生产、整理、揭示、传播、收藏和利用等一系列的社会运动过程。"[①]文献的整个生命过程包括文献的生产、传播、整理和利用的过程，应当注意文献的生命过程是螺旋式的，在传播和整理过程中再生产、传播、整理，反复交错在一起。文献的存在不是静态的，也不是一成不变的；相反，它在传播和利用中不断变易，形成新的层次。可以说，每一部文献都有一部自己的历史。

古文献学以"古文献"为研究对象，那么这个"古"的断限是何时呢？我们一般将其定在清王朝灭亡的公元1911年，也就是说民国之前的文献称为"古文献"。但也有不同的意见，比如吴枫提出以五四运动为划界，"我们所说的古典文献，一般指'五四'运动以前雕版、活字版和手抄的古籍文献，同时包括文书、卷册、碑铭、拓本等。"[②]王宏理认为这么处理的原因可能"暗含了现代白话文之前的文言文阶段的文体界限"[③]，同时指出以文体划界有其问题，这是因为白话文文体也是连续发展的，很难这么简单的断限。另外，将民国时的文献称为"古文献"，就其时代而言也不合适。而曾贻芬、崔文印认为："（古代文献）在我国，其时间跨度大体指上自殷周'有册有典'之后，下到1840年鸦片战

---

① 王余光：《中国文献学理论研究百年概述》，《图书与情报》1999年第3期，第18页。
② 吴枫：《中国古典文献学》，齐鲁书社，1982年，第2页。
③ 王宏理：《古文献学新论》，中山大学出版社，2008年，第12页。

争之前或稍后。"① 这样处理可能考虑了中国历史的划分，1840年以后为近代，之前为古代。但我们知道清末诞生了不少古典研究的重要文献，这样划分存在更大的麻烦。因此，还是用民国之前这个时限最方便合理。当然"古文献"的"古"是相对的概念，比如数百年后，现在的文献就成为"古文献"，"古"的实质是历时性，古文献学的核心任务就是要解决"古文献"的历时性问题。

王余光指出：

> 文献整理的内容和方法主要要解决三个问题：一是要实证文献的真实性、原本性与完整性，这就有了辨伪、版本、校勘、辑佚等方法，我们称之为文献的实证；一是要解释文献的语言、内容，这就有了标点、注释、翻译等，我们称之为文献的解释；一是要解决文献的排列顺序，为人们认识和研究文献提供方便。……这就有了书目和索引，我们称之为文献的整序。②

郭英德、于雪棠也认为：

> 文献在长期的流传和积累过程中，出现三个突出的问题：一是文献的原本性和完整性，二是文献的可读性和可解性，三是文献的庞杂性和无序性。③

郭氏概括的前两项都与历时性相关，其中原本性和完整性问题正是由于文献的生产、传播甚至整理过程中的编纂、散失、错乱、变易形成的，

---

① 曾贻芬、崔文印：《中国历史文献学》，学苑出版社，2001年，第1页。
② 王余光：《中国历史文献学》，武汉大学出版社，1988年，第19页。
③ 郭英德、于雪棠：《中国古典文献学的理论与方法》，北京师范大学出版社，2008年，第5页。

而可读性和可解性问题主要是因为古今语言、社会文化的不同和语境的变迁造成的。至于庞杂性和无序性问题，则是针对文献的整理和利用。

从以上分析中，我们可以看出古文献学的基本任务正是要解决文献生命过程中产生的种种问题，因此，理解这些就非常关键。

（四）古文献学的基本方法

认识到古文献的构成层次和生命过程，其理论方法的范围也就随之划定，如何厘清文献文本的历史演化，如何整理和解读古文献，即构成古文献学的基本方法。我们认为其主要有二：文本解释和文本分析。

第一，文本解释，即解读古文献的理论和方法，实际上解释学是人文科学最基本的方法，狄尔泰就认为：

> 理解和解释是各门精神科学所普遍使用的方法。在这种方法中汇集了各种功能，包含了所有精神科学的真理。在每一点上，理解都打开一个世界。[①]

从我们的思想到文献的形成中间经历了两次转化，即从思维到语言再到文献的转化。"言意之辨"在中国拥有悠久的传统，"言不尽意"而又能产生"言外之意"，所以我们必须"得意忘言""以意逆志"。但我们所追求的"意"究竟是什么呢？传统的文献学认为即作者原意。董洪利指出这是不可实现的，除了"言意之辨"的原因外，解释本身离不开读者自身的"前理解"，而读者与作者的"前理解"无法完全重合，同时解释更离不开作者言说的语境，而这一语境也无法再现。解释本质上是

[①] 转引自洪汉鼎：《诠释学——它的历史和当代发展》，人民出版社，2001年，第93页。

一种创造性的理解活动，其创造性就在其解释过程之中，伽达默尔将这一过程称之为"视界融合"，即解释者视界与作品视界二者相融合成的一个新视界。当然，这不意味着解释活动是完全主观的，因为作品视界，包括作者的"前理解"与言说的语境虽然无法完全再现，但它毕竟是一种客观存在，解释者视界的活动范围受限于此，解释活动的目的即是将解释者视界与作品视界无限逼近。① 同样的，我们既然清楚解释是创造性的活动，那么在解释的过程中就需要尽量排除"先见"等因素，做"同情之理解"或者说"回到事实本身"，这与解释无法达到作者原意并不矛盾，创造性与还原性正是文本解释学内部张力所在。按照埃米利奥·贝蒂的看法，这种主观因素与客观要求的二律背反正构成解释过程的辩证法，并提供了一般解释理论的出发点。② 如何无限逼近地再现作品的视界就成为文本解释这一方法论的关键问题，我们要尝试再现作品所在时代从社会到个人的物质和精神世界，创造性地还原它们，试图理解它们。这必将涉及各个方面，因此社会生活史、知识与思想史、观念与心理史等都是我们需要还原和理解的，它们又彼此互相关联。其实在方法论层面这与传统学术是异曲同工的，"知人论世说"即是还原性的理解方法，而"以意逆志说"则是创造性的理解方法。文学理论家艾布拉姆斯提出艺术批评的四大要素，即作者、作品、读者、世界，③其理论对理解、分析文本解释的过程，构建文本解释学理论都极具参考价值。

第二，文本分析，即如何理解和分析古文献形成过程的理论和方法。虽然我们清楚的知道解释者视界与作品视界的差距，但是在文本解

---

① 参考董洪利:《古籍的阐释》，辽宁教育出版社，1993年，第41页—82页。
② 参见洪汉鼎:《诠释学——它的历史和当代发展》，人民出版社，2001年，第262页。
③ 〔美〕艾布拉姆斯:《镜与灯：浪漫主义文论及批评传统》，北京大学出版社，1989年，第5页。

释中能够确实依凭的归根结底还是文本。如果我们能够幸运地看到作者的手稿，虽然仍要凭借手稿对文本的形成进行分析，但毕竟这是文本的原貌。现实中我们往往只能获得经过历史流传形成的文本，这就需要文本还原。传统学术中对应这项工作的是版本学和校勘学，版本分析的目的是为了建立起文本流传的谱系即版本源流，为此要依据文献的载体、刻印、序跋、文本异文等诸多因素共同分析，其中文本异文对勘是校勘学的内容，版本源流不仅揭示了文献流变形成的复杂过程，也为进一步校勘还原文本奠定选择底本和参校本的基础。类似的，西方学术亦先后形成"折中法"、"谱系法"和"底本法"等文本还原方法，值得一提的是西方学术中校勘学对应的英文术语为"textual criticism"，《大英百科全书》的释义为"将文本尽可能接近地恢复其原始形式的一门技艺"①。这一定义将校勘学的文本还原原理讲得非常清晰。首先，必须明确我们需要还原的是文本的原始面貌，而并非所谓"正确"的面貌。关于这一点，清代学者段玉裁已有清楚的认识，他说：

> 校书之难，非照本改字，不讹不漏之难也，定其是非之难。是非有二，曰底本之是非，曰立说之是非。必先定其底本之是非，而后可断其立说之是非。二者不分，轇轕如治丝而棼，如算之淆其法实而瞀乱，乃至不可理。何谓底本？著书者之稿本是也。何谓立说？著书者所言之义理是也。②

实际上区分二者很难，对文本异文的取舍，我们常常难于判断是立说之非还是版本之非，一般情况只能谨守底本家法，在没有确切的版本依据

---

① 转引自苏杰：《西方校勘学论著选》，上海人民出版社，2009年，"编译前言"第3页、12页。
② （清）段玉裁：《与诸同志书论校书之难》，《经韵楼集》，凤凰出版社，2010年，第332页—333页。

之前不轻易改动底本。

文本流传过程中的文本变易仅是文本形成过程中的一种情况，有的文本变易是出于有意的篡改，包括内容损益和顺序的调整，这种篡改可能还不止一时一次，因此历史流传下来的文本构成相当复杂，是一种层累的叠加。文本变易还有一个重要的原因，就是校勘活动本身。南宋学者周煇在《清波杂志》中称"盖校书如扫尘，旋扫旋生"，就是说这种情况，校勘过程中的误改性质介于流变和篡改之间。

实际上，古文献的形成也往往不是单一层次的，而是不同时代、多位作者的叠加。由于掌握的材料有限，大多数情况下我们只是"尽可能"地恢复文本的原始面貌而已，但是这并不妨碍我们对文本形成过程的认识，不断被解析出来的文本形成过程中的层层叠加情况即是文本的发生过程，它蕴含了文本形成过程中的编纂史、研究史、社会史、思想史等诸方面问题，这与恢复文本的原始面貌一样重要，并行不悖。从这个意义上讲，西方学术使用"textual criticism"这一术语显然更贴切，文本分析的方法当然包括版本、校勘、辨伪等传统文献学的方法，但拓展的空间依然很大，许多基础的工作尚待开发。例如对文本的年代分析，可以使用的手段不少，如对特征词语、用字、音韵、专有名词、特征内容等诸多因素进行分析，但前提是对汉语词义及使用、汉字字形演变和用字习惯、音韵嬗变等已有全面的历史认识，否则仓促使用难免疏失。另外，一些新的方法如文本风格学等也值得借鉴。

总而言之，我们不妨借用清代学者姚鼐以"义理、考据、辞章"对传统学术的概括，称文本解释与文本分析为古文献学的"义理"与"考据"两个基本方法。当然，古文献的构成、发生发展、解释三种层次是相互关联、错综交汇的，这也正是古文献学的难点所在。

（五）古文献学的学科性质①

古文献学在上世纪建立之初，就不可避免地受到西方学术的影响，而在古文献学构建自己学科体系的同时，西方文献学及其相关学科图书馆学、情报学也迅速传入我国，并形成现代文献学及其相关学科。而古文献学与现代文献学有怎样的关系呢？我们说古文献学是"古文献"之"学"，而不是"古"之"文献学"。古文献学与现代文献学的区别不仅是时代古今那么简单，董恩林已经指出传统文献学和现代文献学名同实异。②在当今的学科体系中，现代文献学属于社会科学，而古文献学则属于人文科学，这正体现了两者学术旨趣和视角的不同。相应地，不同的学术旨趣和视角也导致两者有着各自迥异的核心研究方法。古文献与现代文献的本质区别在于古文献的历时性，因此我们对古文献的研究核心任务就是要解决古文献的历时性问题。只有解决了这些历时性问题，我们才能对古文献进行人文解读，从而了解古代社会的历史和思想文化。同时，历时性也决定了古文献学作为古典研究学科的人文性质，因为历史无法再现，我们对其遗留的古文献唯一能做的就是整理和解读。而现代文献学则不同，它是研究文献的生产、传播、整理、利用及其一般规律的学科，其基本任务是指导文献工作以便更有效地利用知识，因此它不关注文献文本的历时性问题以及文献的人文解读。在这个意义上，古文献学的学科性质是"人文文献学"，现代文献学的学科性质是"社会文献学"，与其说两者是时代古今的区别，不如说是人文科学与社

---

① 孙显斌：《古文献学之学科体系初探》，（2010-07-24）2021-01-19，https：//www.douban.com/note/82104384/。（2010年甚至更早，笔者在网上公布过这篇文章的早期版本，包含此节和本篇文章一部分内容，特此澄清。）

② 董恩林：《论传统文献学的内涵、范围和体系诸问题》，《史学理论研究》2008年第3期，第44页。

会科学的区别。

实际上,我们对一本现代小说做人文解读和文学研究时,也需要运用目录学、版本学和校勘学等古文献学方法;而我们对古文献所记录的信息进行分析、统计和组织时,同样需要运用统计学、知识挖掘和组织等现代文献学方法。正如现代文献一样需要人文解读,古文献也需要研究其生产、传播、整理以及利用的一般规律,其目的是为了描绘出一部古代文献文化史。古文献学既然以古文献为研究主体,就同样要拓展其研究方法,周少川指出:要研究"文献学对当代科技成果和国外文献学研究方法的吸收等问题。要考虑如何利用当代科学技术成果、引进相关学科和国外文献学学科的理论与知识来更新我国文献学的研究方法,同时也要考虑如何改进和发展文献学研究的传统方法"[①]。

三、古文献学的学科分支

(一)学科分支

在我国古代就形成了以目录学、版本学、校勘学为核心的传统文献学,随后又拓展出很多分支领域,比如辨伪学、辑佚学等。至今这种思路仍然是描述古文献学学科分支的主要模式,如王欣夫的讲稿《文献学讲义》基本内容围绕目录、版本、校雠三方面展开,这大体反映了上世纪六十年代前后学界的认识。[②] 上世纪八十年代以来出版的古文献学著作一方面仍以目录、版本、校勘为核心,另一方面又大大拓展了其分支领域。如张舜徽《中国文献学》,不仅论述了前人整理文献的具体工

---

① 周少川:《当前历史文献学学科建设刍议》,《淮北师范大学学报(哲学社会科学版)》2012年第6期,第3页。
② 王欣夫:《文献学讲义》,上海古籍出版社,1986年。

作：注释、翻译、考证、辨伪、辑佚等内容，还介绍了文献的编撰及散亡。①吴枫《中国古典文献学》则论述了文献的聚散、类别体式、辑佚、辨伪、典藏和阅读等内容。②周少川认为：

> 历史文献学的分支学科只包括目录、版本、校勘、辑佚、辨伪、注释等六门专学。其他的一些专学，应分属于边缘学科和相关学科。
>
> 所谓边缘学科，是指由两个或两个以上学科为基础发展起来的，同两种或两种以上学科都有交叉关系的学科。比如，以文献学和图书馆学为基础的典藏学。据此而论，典藏、编纂、考证、史源、避讳等专学皆应属于历史文献学的边缘学科。③

实际上，这里的边缘学科就是交叉学科，在古典研究领域不宜再分文献学、图书馆学、编辑出版学等，与文献相关的可以统一纳入古文献学，而像考证这类史学甚至人文研究的一般方法则可以考虑纳入相关学科讨论。

古文献学的应用部分分支众多，上面提到的就有：类别体式、编纂、目录、版本、校勘、辑佚、辨伪、注释、翻译、典藏、聚散、阅读、考证、史源、避讳等。如何分析和整合相关分支，我们还是可以利用认识文献本体的两条线索，即以文献的构成层次为纵向线索，以文献的生命过程为横向线索来重新划分和整合其分支领域，如下图所示：

---

① 张舜徽：《中国文献学》，中州书画社，1982年。
② 吴枫：《中国古典文献学》，齐鲁书社，1982年。
③ 周少川：《当前历史文献学学科建设刍议》，《淮北师范大学学报（哲学社会科学版）》2012年第6期，第3页。

	生产	传播	整理	利用
物质形式	版本	流通	典藏	
内容信息	编撰		整理	注释
		目录		
	校勘			

图 1　古文献学的学科分支

对于这种划分，试做说明如下：

1）版本分支研究文献的物质文化史，包括文献物质形式相关的内容，传统文献学中的版本学是这一分支的主要内容，所以用版本来概括。避讳的研究主要是为了分析文献写印的年代，属于此分支。

2）典藏分支研究文献的收藏、聚散以及修复、保护等方面的内容。

3）流通分支研究文献在社会中的传播和接受史，包括物质形式的流通如出版发行，内容方面的流通即阅读接受等，这一分支在传统文献学中少有独立涉及，需要加强研究。

4）编撰分支研究文本的形成过程，包括两个部分：其一是研究文献材料来源、编撰者、编撰时间及体例等问题，这个部分主要研究文献生产阶段的编撰情况。其二，文献在形成以后还存在增删、改编等种种情况，从而形成同源的不同文本，这些文本之间有一种层累的叠加过程，将这种过程按照其形成层次重新解析开来也是编撰学的任务，这个部分主要研究文献传播阶段的编撰情况。传统文献学的史源、辨伪也属于此分支。随着学者对文本形成过程复杂性的深入认识，李零指出所谓"辨伪"之学，从方法上就有问题。前人所论真伪，不但标准难以成立，作伪动机、诱因和手段的分析也多属误解。其实理应用"古书年代学"

去代替它。① 实际上，所谓的辨伪无非是要弄清文本的形成年代，再就是作者归属的问题，所以一方面是年代分析，另一方面文体风格分析可以帮助考察作者的问题。

5）校勘分支研究文本还原问题，也就是上文所说的文本分析。文本分析是为了钩沉出文本的发生过程，与编撰分支中的同源文本间的层次分析不同，这里主要分析文本在传播、整理过程中的层累构造。传统版本学中与版本源流相关的部分属于此分支。

6）整理分支研究文献信息的挖掘、资料的重编等整理问题，如对古文献的重新编纂、编制索引、辑佚、汇注汇评以及编撰各种分类资料汇编等。古文献数字化、统计分析、传统文献学的辑佚等属于此分支。

7）目录分支对应传统目录学，包括研究古文献的分类、编目等内容。

8）注释分支研究文本解读问题。这里之所以不称解释，而称注释，是因为在古文献学研究中我们主要涉及文本的字面意义和文本所表达的内容，而古典研究的上层学科如文史哲等主要研究文本所表达的内容以及文本蕴含的精神世界，尤其是后者。在这个意义上，我们将古文献学中的文本解释称之为注释，而将人文研究中全方位的文本解释称之为解释学。这一分支还包括文献的翻译。

总体来看这个学科分支的划分，典藏和流通的研究视角在于文献与社会的互动，实际上就是文献的社会研究，而其他几个分支则构成文献的本体研究。其中版本研究文献的物质形式，编撰与校勘共同构成文献形成研究，注释是文献的文本解读，这三个分支是针对文本形成和解读的层次的。目录和整理共同构成文献的整理研究，是文献利用的重要基础。

---

① 李零：《读〈孙子〉札记》，《孙子新探——中外学者论孙子》，解放军出版社，1990年，第189页。

这里补充说明一个问题，即普通文献学与专科文献学的关系。王余光指出：

> 文献学应以文献制作、文献工作、文献发展、文献价值作为自己研究的主要领域。……如果我们把上述内容称为"普通文献学"的话，那么，专科文献学即是运用普通文献学的框架对专科文献研究的结果。……学者们以某一学科的文献为研究对象，重点在于为该学科研究提供资料信息和检索途径。如文学、史学、档案学、社会科学、地理学、医学及科技等学科领域，均有文献学著作问世。虽然，这些著作在研究思路上不尽一致，但它们也都未超出普通文献学的框架。①

也就是说，专科文献学不能作为文献学的分支看待，应该视为文献学在其他学科中的应用。

（二）相关学科

古文献属于古代史料，而古代史料是古典研究的材料基础，我们对古代社会文化的认识都源于此。上文提到，根据史料的记录或流传的方式不同可以分为口头史料（如民间传说、风俗习惯等）、实物及图像史料（如文物、遗迹、绘画等）以及文献史料。对古文献的研究构成了古文献学，对实物、图像史料的研究构成了考古博物馆学和艺术史，对口头史料的研究构成了民俗学、人类学，这些古典研究学科共同构成了古典研究的基础。试以下图表示古典研究学科之间的关系：

---

① 王余光：《再论文献学》，《图书情报知识》1997年第1期，第4页。

文学	哲学	历史学	......	
古文献学 （文献文化史）	考古博物馆学 （物质文化史）	艺术史	民俗学、人类学 （非物质文化史）	
语言文字学				

图 2　古文献学相关学科关系图

　　上图中，文学、历史学、哲学以及其他学科都构建在这些基础学科之上，同时这些基础学科中又包含了对该类史料的文化史研究。文学、历史学、哲学等上层学科的研究都依赖于基础学科，拿古文献学来说，就是要依赖于古文献的整理与解读，而对古文献整理与解读的理论和方法是古典研究共通的，不属于某一上层学科，只能归属于作为基础学科的古文献学。也就是说，利用古文献进行古典研究的共通理论和方法应划归古文献学的研究范畴。从这个意义上讲，古文献学等古典研究基础学科对古典研究起到了整合的作用，各史料学科一方面揭示了文学、历史学、哲学等上层学科是不同视角下对古代史料的研究，另一方面又为古典研究提供了利用古代史料的共通的理论和方法。安平秋指出，我们在重建古文献学学科体系时，既要借鉴西方的学术分类方法，同时又要很注意避免用现代西方的学科体系来肢解中国古代的学术。[①] 在我们构建古文献学的学科体系时，就是要从古典研究的全局着眼来确立古文献学的基本任务以及研究范畴。

---

① 安平秋：《古文献学新论序》，王宏理：《古文献学新论》，中山大学出版社，2008年，"序"第2页。

四、古文献学的历史研究

古文献学的历史研究包括两个部分，首先是古文献的发展史，这包括古文献的物质文化史、典藏保护史等方面；其次是古文献研究的发展史。

（一）古文献史

古文献史的研究有一个"中国书史"的传统，最早以"书史"命名的是 1931 年商务印书馆出版的陈彬龢、查猛济撰写的《中国书史》；而影响较大的是刘国钧在建国后出版的讲义《中国书史简编》，该书在很长时间里作为图书馆学"中国书史"课程的教材使用。这一传统重点放在文献技术方面，包括记录的文字符号、载体变迁以及记录和复制方式，如简帛载体、造纸和印刷技术等等，还包括书籍制度等方面。这其实是一个比较全面的古文献史的内容框架。其后代表性的著作还有郑如斯、肖东发《中国书史》，钱存训《书于竹帛：中国古代的文字记录》等。另外，古文献学专著对古文献史的内容也多有涉及。张舜徽《中国文献学》、张家璠等《中国历史文献学》、张三夕《中国古典文献学》讲述了古文献载体以及版本学的内容，吴枫《中国古典文献学》、董恩林《中国传统文献学概论》除上述之外还专门写了古文献的体裁、体例方面的内容。杨燕起等《中国历史文献学》、黄爱平《中国历史文献学》在版本学中述及古文献的发展史。洪湛侯《古文献学新编》设立"形体编"，详述古文献的载体、体裁、体例和体式四个方面发展史；其中体裁和体例，我们认为放在古文献编纂学里面讨论更合适。王余光《中国文献史(第一卷)》①序言中称将写绪论、先秦文献至清代文献等十编,但第一卷只完成前两编。不过绪论部分介绍了作者对古文献史内容的界定和历史分期的意见,其中"中国文献史研究"一节回顾了20世纪90年代以前的相关研究。古文献史的阶段划分方面,大多学者认为可以从文献形态的演变角度来划分,即先秦两汉的简帛时代、魏晋隋唐的写本时代、宋元明清的刻本时代以及近现代的新技术时代。

张家璠、黄宝权认为"历史文献学应研究历史文献产生和发展的历史"以外,还要"考察它与社会的政治经济等诸方面的相互关系"②。也就是说,古文献史还要研究古文献的社会文化史。张升提出西方新书籍史不仅开创了文化史研究的新角度,更重要的是对我国古文献史的撰写富有启发意义。我们传统的文献学只强调整理和收藏,而西方新书籍史强调对流通的关注:

> 文献只有放在流通中考察,才有生命力。这样,就能扩大文献学的研究视野,书价、书商、书坊、书船、行业公约、行业神、公私流通、流通渠道(赐、赠、购)等等,都应进入我们的研究范围。

西方新书籍史还更多关注读者角色和接受的历史,不只关心藏书家的文献学,还关心普通民众的收藏和阅读,关心普通书籍如通俗读物、小册子等的生产、流通等情况,关心下层的印刷工人和书贩。而书籍作为流通对象的基本属性就是其商品性,它不仅是文化的载体,更是满足人们阅读需求的商品。另外,正如西方其他人文学科一样,西方新书籍史受自然科学和社会科学方法的影响很大,在研究中广泛应用计量和多学科

---

① 王余光:《中国文献史(第一卷)》,武汉大学出版社,1993年。
② 张家璠、黄宝权主编:《中国历史文献学》,广西师范大学出版社,1989年,第7页。

交叉的方法，这些都给我们很多启示。① 赵益也指出西方新书籍史启发我们拓展"文献文化史"研究：

> 第一，以"文献"取代"书籍（书本）"，扩大对象范围，涵括从近代的"印刷书籍"一直到"惟殷先人"的"典册"的整体文献。……
>
> 第二，在"书籍"的社会性内涵之外，更加关注中国古代文献的"文化性"亦即文献与知识、思想、学术、文学、政治、权力等之间的互动，以及文献对中国传统的深层作用。……
>
> 第三，推进方法的借鉴、继承与融合。海外汉学中国书籍史研究的重要贡献就是引领了中国古代文献图书史研究的社会、文化转向，采用了丰富的社会学和文化人类学方法。……
>
> 第四，突破人为限定的畛域，极大地扩充材料。……
>
> 这些拓展在根本上是从"文献史"的传统继承到"书籍史"的参照借鉴、再到"文献—文化"视野构建的结果，是在深刻理解对象自性并从中发现问题的基础上引发的。②

（二）古文献学史

对古文献学发展史的研究非常重要，它可以帮助我们了解古文献研究的学术源流，只有不断梳理总结、继承发扬古文献学的学术遗产，才能更好地推进古文献学学科的持续发展。

---

① 张升：《新书籍史对古文献学研究的启示》，《廊坊师范学院学报（社会科学版）》2013第2期，第44页。
② 赵益：《从文献史、书籍史到文献文化史》，《南京大学学报（哲学·人文科学·社会科学）》2013年第3期，第120页—121页。

在以往的专著中有不少对古文献学发展史的总结和梳理，如杨燕起等《中国历史文献学》、张家璠等《中国历史文献学》、洪湛侯《中国文献学新编》等。王余光《中国文献学史要略》①，收在《国学知识指要》中，非常简略。孙钦善《中国古文献学史》②是目前唯一一部内容充实的古文献学史，分为先秦、两汉、魏晋南北朝、隋唐五代、宋辽金、元明、清及近代七个时段。在每个时段前面有一个概述，介绍学术背景、各类典籍整理概况以及这一时段取得的学术成就，其后是以学者为纲的详细论述，构成展现古文献学发展史的内容主干。我们认为，该书的时段划分和写法都很可取。首先，写这一时段的历史和学术背景，尤其是与这一时段古文献学发展的互动关系。其次，要写清楚这一时期古文献学发展的成就，以人为纲或者以书为纲都可以，还要兼顾重大的文献学活动，如《四库全书》的编撰，以及一些机构制度方面的情况，比如国史馆、秘书监等的设置和运作。最后，需要概括这一时段古籍整理的概况，尤其是列举代表性著作。这样，大概可以全面反映各个时期古文献学的发展情况和特征。

另外，还有一些著作专门撰写或者包含古文献学学科分支发展史的内容，如姚名达《中国目录学史》、来新夏《古典目录学》、赵仲邑《校勘学史略》、曹之《中国古籍编撰史》、杨绪敏《中国辨伪学史》、曹书杰《中国古籍辑佚学论稿》、潘树广《古籍索引概论》、汪耀楠《注释学纲要》等等，撰写综合的古文献学史时应该吸取这些研究成果。与古文献史研究一样，古文献学史的研究也要与社会史、文化史相结合，周少川就指出：

> 文献学的发展是与社会发展、历史文化发展密切相联的，因

---

① 王余光：《中国文献学史要略》，李国祥等：《国学知识指要——古籍整理研究》，广西人民出版社，1993年，第521页—578页。

② 孙钦善：《中国古文献学史》，中华书局，1994年。

此，文献学史的研究如能与社会史、文化史的研究相结合，会相得益彰，有利于加强文献学史研究的分量。①

　　古文献学至今未能完成其学科体系的建构，虽然学界对此问题亦未完全达成共识，但仍有一些基本的结论，如古文献学学科由理论、历史及其学科分支三部分构成。其中，理论方面最重要的是对文献构成的静态层次和生命过程的动态层次的认识；相应地，古文献学的基本任务则是研究古文献的本体及其发展、整理和利用。古文献学的分支主要包括从传统文献学基础上逐步扩大的八个分支：即目录、版本、校勘、编撰、典藏、流通、整理、注释。目前，我们尚需不断在上述八个分支领域的应用部分坚持不懈地探索，通过丰富扎实的具体研究总结提炼理论与方法，逐步将其系统化，不断拓展和完善古文献学的学科体系。

---

① 周少川：《新世纪古文献学研究的交叉与综合》，《文献》2010年第3期，第25页。

写刻之间:《汉书》文本面貌之嬗变浅议*

众所周知,古书的形态面貌由古书的载体、记录的文字以及记录方式所决定;实际上,这些技术层面的因素也同样深刻影响着古书的文本面貌,而古书的文本面貌最终呈现其内容。这一启示来源于对《汉书》文本面貌的研究,在对比《汉书》传世刻本与现存写本的文本差异后,笔者发现,写本所呈现出的纷繁面貌,到了刻本时代逐渐趋同,虽然差异仍然存在。

传世的《汉书》刻本几乎清一色是颜师古注本,这来源于宋代以来对《汉书》的传刻,当时颜注本已经确立了统治地位,其文本面貌可参考中华书局标点整理本。① 而宋以前的写本甚为罕见,只有敦煌吐鲁番写本残卷共十二件,另外已知日本藏写本残卷六件。这些写本抄写于印刷术产生之前,或者其来源为古写本;与来源于刻本的抄本不同,它们为我们展现了《汉书》在写本时代的面貌与流传情况。为讨论方便,将已知《汉书》写本的情况罗列于下面的表1、表2:

---

* 原载《济南大学学报·社会科学版》2013年第5期,第27页—30页,收入本书时有少量改动。
① (汉)班固:《汉书》,中华书局,1962年。

表1 《汉书》写本存世情况汇总表

出处	卷次	情况说明	出版情况
法藏 P.3557、3669	卷二十三刑法志	残卷	《法国国家图书馆藏敦煌西域文献》① 第25册262页—263页、第26册278页—279页
俄藏 дx.3131	卷二十六天文志	残叶	《俄罗斯科学院东方研究所圣彼得堡分所藏敦煌文献》② 第10册192页
法藏 P.5009	卷三十一项籍传	残叶	《法国国家图书馆藏敦煌西域文献》第34册13页
法藏 P.2973A③	卷三十九萧何曹参传、卷四十张良传	节选本残卷	《法国国家图书馆藏敦煌西域文献》第20册293页—294页
德藏 Ch.938、大谷文书	卷四十张良传	残叶	《新疆师范大学学报》2004年第1期载荣新江《〈史记〉与〈汉书〉——吐鲁番出土文献札记之一》
法藏 P.2485	卷七十八萧望之传	残卷	《法国国家图书馆藏敦煌西域文献》第14册267页—268页
英藏 S.2053	卷七十八萧望之传	残卷	《英藏敦煌文献(汉文佛经以外部分)》④ 第3册212页—217页
罗振玉《敦煌石室碎金》	卷八十一匡衡张禹孔光传	残卷	《敦煌石室碎金》,东方学会,1925年
英藏 S.20	卷八十一匡衡传	残叶	《英藏敦煌文献(汉文佛经以外部分)》第1册17页

---

① 法国国家图书馆:《法国国家图书馆藏敦煌西域文献》,上海古籍出版社,1994年—2005年。
② 〔俄〕孟列夫、钱伯城:《俄罗斯科学院东方研究所圣彼得堡分所藏敦煌文献》,上海古籍出版社,1992年—2001年。
③ 诸家著录皆为P.2972B,根据IDP(http://idp.bl.uk)图像编号应为P.2937A。
④ 宁可:《英藏敦煌文献(汉文佛经以外部分)》,四川人民出版社,1992年—2009年。

续表

出处	卷次	情况说明	出版情况
英藏S.10591	卷八十二王商史丹傅喜传	只存尾题	《英藏敦煌文献(汉文佛经以外部分)》第13册70页
法藏P.2513	卷九十九王莽传	残卷	《法国国家图书馆藏敦煌西域文献》第15册40页—41页
石山寺藏(滋贺)1	卷一高帝纪		《汉书》东京古典保存会影印"古典保存会复制书"2册之第一、二册,1941年
石山寺藏(滋贺)2	卷三十四韩彭英卢吴传		《汉书》东京古典保存会影印"古典保存会复制书"2册之第二册,1941年
真福寺宝生院藏(爱知)1	卷二十四食货志		《古逸丛书》第十一种 东京古典保存会影印"古典保存会复制书"1册,1928年
真福寺宝生院藏(爱知)2	卷二十八地理志		未见
大明王院藏(和歌山)	卷四十张陈王周传		未见
不忍文库藏	卷四十二申屠嘉传	残叶	附于《古逸丛书》第十一种
景西宫武居氏藏	卷八十七扬雄传	残卷	京都帝国大学文学部影印钞本第2集,1935年;大阪市立美术馆编《唐钞本》,1981年

表2 《汉书》写本面貌情况汇总表①

编号	卷情况	注本情况	抄写时代	内容完整与行款
法藏P.2973A	卷三十九《萧何曹参传》、卷四十《张良传》	蔡谟注本	唐高宗以前	节抄本,行三十二字左右

---

① 诸写本具体情况的讨论参见孙显斌:《〈汉书〉颜师古注研究》,北京大学中国古典文献学专业博士论文,2011年,第128页—146页。又作修订,见孙显斌:《〈汉书〉颜师古注研究》,凤凰出版社,2018年,第197页—223页。

续表

编号	卷情况	注本情况	抄写时代	内容完整与行款
英藏 S.2053 英藏 S.20	卷七十八《萧望之传》 卷八十一《匡衡传》	蔡谟注本	唐高祖至太宗时期	行十六字左右
罗振玉《敦煌石室碎金》	卷八十一《匡衡张禹孔光传》	蔡谟注本	唐高宗至武后时期	行款不详
法藏 P.3557、3669	卷二十三《刑法志》	蔡谟注本	唐高宗以后	行二十字左右
不忍文库藏	卷四十二《申屠嘉传》	旧注本	不详	行十四字
法藏 P.5009	卷三十一《项籍传》	旧注或白文本	不详	节抄本，不详
景西宫武居氏藏	卷八十七上《扬雄传》	颜注本	唐太宗时期	行十六字左右
法藏 P.2485	卷七十八《萧望之传》	颜注本	唐太宗至武后时期	行十四字左右
法藏 P.2513	卷九十九《王莽传》	颜注本	唐太宗以后	行十五字左右
石山寺藏	卷一下《高帝纪》	颜注本	唐高宗、武后时期	行十三字左右
真福寺宝生院藏	卷二十四下《食货志》	颜注本	唐高宗、武后时期	行十三字左右
石山寺藏	卷三十四《韩彭英卢吴传》	颜注本	唐太宗以后	行十四字左右
英藏 S.10591	卷八十二《王商史丹傅喜传》	不详	不详	不详
德藏 Ch.938、大谷文书	卷四十《张良传》	白文本	不详	行三十六字左右
俄藏 дx.3131	卷二十六《天文志》	不详	不详	节抄本，行三十三字

从上表可以看出，我们今天能看到的《汉书》写本呈现众多形态，有节抄本也有完整抄本，有白文无注本也有注本，还有注本的节抄本。

在现存写本中，最主要的还是蔡谟和颜师古两种注本，这是因为古书流传的首要目的是为了阅读和研习，注本显然更方便理解，同时也是重要的学术研究资料。另外，我们看到一些《汉书》写本为节抄本，可见当时流传不少《汉书》的节抄本，这是因为其篇幅太大，不方便流传。魏晋以来多有节抄的行为，如东晋葛洪作《汉书钞》三十卷，① 南朝梁袁峻抄《史记》、《汉书》各为二十卷。② 同样是葛洪，还节抄过《史记》和《后汉书》，③ 可见限于当时的书写技术条件，无论是简帛还是后来流行的纸张，抄写长篇幅的古书都受到限制。在印刷术流行以后，古书在流传中节抄现象便大大减少了。

上述《汉书》各写本都不同程度地使用俗体字，如"苐、畱、冠（冠）、坐、礼、迋（廷）、觧、蹋（嚻）、愆（怨）、誉（稽）"等等。大量使用俗字是先唐写本的一个特点，肖瑜统计《三国志》六种古写本使用俗字的平均比例为43.2%④，这是一个相当大的比例；而《汉书》的写本一样存在不少俗字。相比之下，颜注本所用俗字较蔡注本为少，应是颜师古对写本俗字进行勘正的结果。冯靓云也指出：

（古写本《群书治要》抄录《汉书》部分所保留的）这些异文材料中能反映文字发展的还有两种材料：一是从古今字的角度而言，一大批《汉书》中的"古字"，在《群》中被抄为"后起本字"，例如：表示"喜悦"义的"说"多作"悦"、表示"悬挂"义的"县"写作"悬"、表示"坠落"义的"队"写作"坠"、表示"引导"义的"道"多作"导"、表示"积蓄"义的"畜"写作"蓄"等等。第二是《群》中出现了许多俗文字，与《汉》中的"正字"形成佚文，例如："禮"字有时写作"礼"、"鄧通"写作

---

① 见《隋书·经籍志》史部著录。
② 《梁书·袁峻传》称袁峻"抄《史记》、《汉书》各为二十卷"。
③ 亦见《隋书·经籍志》史部著录。
④ 肖瑜：《〈三国志〉古写本用字研究》，复旦大学汉语言文字学专业博士毕业论文，2006年，第8页。

"邓通"、"灾害"写作"灾害"等等。①

也就是说，各种古写本所改用的俗字或通用字，在传世刻本中大都保留了原始的文本面貌。

另外，蔡注本中所用的"今字"，在颜注本中多被改回"古字"，并加以注释。我们以英藏 S.2053 卷七十八《萧望之传》为例，王重民已指出：

> 是籀于《汉书》本文，曾考核众本，改从古作，如有难识，再加音读，故史文与蔡本多异。卷子本："导民不可不慎也"，颜本导作道，师古曰："道读作导"。"虽有周邵之佐"，颜本邵作召，师古曰："召读曰邵"。"永惟边境之不赡"，颜本境作竟，师古曰："竟读曰境"。"望之仰天叹曰"，颜本仰作卬，师古曰："卬读曰仰"。卷子本盖即颜氏诋为"弥更浅俗"之本也。颜本"归其真正"，又"从而释之"，今持两本对阅，师古未免多事矣。②

相比之下，法藏 P.2485 为颜注本，其作"卬天叹曰"。又如"踞慢不逊让"，今颜本作攘，师古曰："攘，古让字。"冯靓云还指出西周早期的《大盂鼎》通假字比率约为24%，西周晚期的《毛公鼎》约为16%，先秦早期传世文献中《诗经》为18%左右，《尚书》为6%左右，而战国晚期的《荀子》为1.16%左右。因此，冯氏指出：

> 通假字比例的相对减少，是汉代通假字发展的主要演变轨迹之

---

① 冯靓云：《〈汉书〉通假研究》，复旦大学汉语言文字学专业博士毕业论文，2006年，第121页。

② 王重民：《敦煌古籍叙录》，商务印书馆，1958年，第80页。

一,也是整个通假史的发展轨迹。①

而据冯氏统计《汉书》通假字比率为0.61%,而成书早于它的《史记》通假字约为0.35%,②当然这个数据是依据经过历代传写流传至今的本子统计的,但仍可以看出今本《汉书》用通假字的反常现象。另外,冯氏还给出两个例子:

> 从沿用旧有的通假字来看,《汉书》中无论使用频率还是使用数量,都相对高于其他文献。例如:表示"闲暇"义的"遑",《汉书》全部借用"皇",《史记》却偶尔用"遑";表示"示意"义的"示",《汉书》常借"视",而《史记》则多用"示"等等。③

同时冯氏指出:

> 《汉书》中的通假字,在《群书治要》中大多被改抄为本字。④

《汉书》这些用字特点当然有班固崇古的原因,但恐怕颜师古"曲核古本,归其真正"的行为是更重要的原因。然而并非如王重民所言颜氏"未免多事",颜师古曾校定《五经定本》,又作《颜氏字样》,在汉字使用方面有很强的崇古心理和规范意识,对《汉书》文本的刊定正是颜氏这一思想的体现。裘锡圭对《汉书》多使用古字的问题做了如下的论述:

---

① 冯靓云:《〈汉书〉通假研究》,复旦大学汉语言文字学专业博士毕业论文,2006年,第53页—54页。
② 同上,第137页。
③ 同上,第53页—54页。
④ 同上,第122页。

一般人都认为司马迁作《史记》多用今字，班固作《汉书》多用古字。《汉书》的确有用古字的地方。但是，有些人举出来的《史记》用今字《汉书》用古字的例子，如《史记》用"烹"《汉书》用"亨"，《史记》用"早"《汉书》用"蚤"等，却是有问题的。从我们现有的关于古代用字情况的知识来看，在司马迁和班固的时代，从"火"的"烹"根本还没有出现；把早晚的{早}写作"蚤"，在班固的时代是很常见的，在司马迁的时代更是普遍现象。《史记》原来一定也跟《汉书》一样，是以"亨"表{烹}，以"蚤"表{早}的，后来才被传抄、刊刻的人改成了"烹"和"早"。就这两个例子来说，《史记》、《汉书》都用了当时的通行字，根本不存在一古一今的问题，只不过《史记》所用的字被后人改成了他们所用的今字而已。《汉书》里被后人改成今字的字，要比《史记》少得多。人们所以会产生《史记》多用今字《汉书》多用古字的印象，这是一个重要的原因。[①]

因此，颜氏的刊定在一定程度上恢复了《汉书》的原貌，称得上是班氏功臣。而相比于《汉书》，《史记》则没有人做这种刊定，我们今天所见之本已远非其本来面貌，司马迁当时所用之字大都被替换为后世的通用字了。

根据上文的分析，我们虽然不能忽略传世《汉书》文本构成的两个层次，即班固的撰作和后世的传抄，然而综合今本《史记》、《汉书》用字的差别，以及《汉书》诸写本以及《群书治要》古写本所节抄《汉书》部分的用字情况来看，传世刻本《汉书》基本上继承了颜注写本的文本面貌，保留了更多《汉书》原始的用字风貌，与其他古写本形成显著的差异。所以说在《汉书》的传抄、刊刻中，颜师古的刊定尤为特殊

[①] 裘锡圭：《文字学概要》，商务印书馆，1988年，第271页—272页。

和重要。

　　产生这种现象的原因正是写刻技术的差别。具体来说，写本时代的记录方式为抄写，抄写的行为是非常个人化的，理论上讲，古书在经过每次抄写后就生成了一种新版本，因为抄写者往往根据实用原则，按照自己的用字习惯来抄写古书，这样古书的原始文本面貌就在不断的变化，以致在各种写本中呈现得纷繁各异。当然不能排除部分抄写者按照古书的原始文本面貌抄写，但即使如此，古书写本的文本面貌仍是各种各样的。考虑到抄写者的用字习惯多根据实用原则，因此用字往往使用俗字或通行字，又由于抄写者学术素养的参差不齐以及态度认真程度的不同，抄写产生的错误必然也是各种各样的。因此，在写本时代古书的文本面貌具有多样性的特点就不难理解了。这种情况在印刷术流行以后发生了巨大的变化，刻本时代的记录方式为刻印，与抄写最大的不同之处在于刻印可以保证多次复制之后的一致性，也就是说通过同一版刻印出来的古书文本面貌是完全相同的。并且正因为这一特点，每次刻板都会异常慎重，选择善本作为底本，经过校勘，一般初次刻印后还要经过校改再进行大量印刷，这就大大降低了古书在传播过程中的个人化和随意性，因此古书的文本面貌不再像写本时代那样纷繁各异。再进一步讲，刻印的数量可以非常庞大，传播范围就非常广，影响当然非写本可比，一种刻本得到的推崇和模仿可以进一步扩展其影响，甚至逐渐遏制其他刻本系统的再流传，从而达到一种统治性的地位。因此，印刷术流行以后，古书的文本面貌从纷繁各异状态中迅速收敛，逐渐趋同。在此过程中，善本得到垂青，拙劣的本子迅速淘汰，但一些有其价值的写本系统也不可避免地在这一进程中逐渐消亡，虽然它们部分有价值的异文可能已被最终胜出的刻本系统吸收。

　　总之，《汉书》写本和刻本文本面貌的差别颇具代表性。推而言之，古书在流传过程中，写本时代往往面貌多样，并有从俗从众的特点；而进入刻本时代，由于精校精刻之善本被推崇和追捧，写本时代的众多面貌则迅速趋同。这正是古书从写本时代发展到刻本时代文本面貌变化的总趋势。

古籍整理

中国科技典籍整理的回顾与思考*

作为一个拥有数千年悠久历史的古老文明，中华文明曾经在世界东方创造了辉煌的文化，其中包括众多的技术发明和科学发现。又因印刷术的发达，有着浩繁的典籍文献流传至今，其中当然不乏科学技术文献。整理这些科技典籍是历史研究不可或缺的基础工作，同时也是世界理解中华科技传统的重要途径。

一、现存数量及整理概况

近年出版的《中国古籍总目》摸清了家底，现存1912年[①]以前出版的古籍约20万种，50万个版本。我们按图索骥，对其中与科技相关的典籍数量做了粗略估算，这些典籍主要分布于如下几个类属：史部地理类总志之属（444种）、政书类考工之属（81种）以及水利之属（314种），子部兵家类（约230种）、农家类（467种）、谱录类花木鸟兽之

---

* 原载《科学史研究论丛》第4辑，科学出版社，2018年，第201—211页。英文版 Review on the Collation of Premodern Chinese Sources on Science and Technology, *Chinese Annals of History of Science and Technology*, 2017（2）: 113-131.

① 在世界历史中，1912年已经是"现代"了。虽然早在17世纪西方近代的科学知识已经传入，19世纪下半叶中国更是开始了工业尤其是军工的现代化探索，但兼顾典籍传统与政体的变革，在中国文献学界一般以1912年作为"古籍"的划分点。

属（339种）、医家类（6684种）、天算类（1656种）、术数类（约140种）、新学类（884种），合计约11239种。西学东渐典籍除此处"新学类"，又据《近代汉译西学书目提要（明末至1919）》估算，合计1678种，其中心理学25种，地理272种，自然科学1381种。当然，"汉译西学"和"新学类"有部分重合，由此估计现今留存古代（pre-modern）科技典籍数量在1.2万种以上，约占古籍总量的6%左右。

这些传统典籍由于使用文言，基本上没有标点，还常常拥有众多版本，非常不便于阅读和研究，需要进行必要的整理。当然除了点校整理，为保存和传播古籍的原貌进行的影印和扫描是另外一种整理方式。这两种整理方式的传统可以说源远流长，影印方面如影抄和影刻，点校整理如元代岳浚《九经三传沿革例》称："建本始仿馆阁校书式从旁加圈点，开卷了然，于学者为便，然亦但句读经文而已。惟蜀中字本、兴国本并点注文，益为周尽。"①这里所说的建本、蜀中字本、兴国本等版本，可能就是较早的句读式整理的典籍。从20世纪"新文化运动"以来，"科学"地"整理国故"便成为传统学术向现代学术转型的一部分，胡适在1919年《新青年》第7卷第1号《"新思潮"的意义》一文中提出"研究问题、输入学理、整理国故、再造文明"的口号，拉开了"整理国故运动"。同年，北京大学国文系下设语言文字、文学、整理国故三科，也拉开了古籍整理人才培养的序幕。现代古籍整理正是在这一大背景下展开的。1920年，民国教育部发布《通令采用新式标点符号文》；汪原放在胡适等人的支持下为宣传新式标点，点校、分段并由上海亚东图书馆排印出版了《水浒传》，这是第一次使用新式标点整理出版古籍，②时至今日已经将近百年。同年，胡适在讲演中提出整理古书

---

① 胡适等：《请颁行新式标点符号的议案》，《北京大学月刊》1919年第1卷第4期，第143页。

② 吴永贵：《民国出版史》，福建人民出版社，2011年，第285页。

应包括加新式标点、分段、校勘以及作者与书内容的简介和评价等。①商务印书馆王云五依据胡适的理念推出了《学生国学丛书》，1930年出版了点校整理的《徐霞客游记》，可能是最早的新式整理的科技典籍。应该说"整理国故运动"从理念和实践奠定了中国现代古籍整理的范式。虽然如此，民国时期的古籍整理包括《四部丛刊》《丛书集成》等大部头丛书，除了影印，多是旧式句读排印本，也较少多个版本的汇校，真正大规模地实践这一新的范式是在新中国成立以后。1958年，国务院古籍整理出版规划小组制订《整理和出版古籍草案》时，在前言中明确指出：整理时将以最完备的最好的一种版本作为底本，并参考其他各种本子，比勘对校，作出校勘记。写出新的序文，对作品加以批评与研究。标点和索引也很必要。②一些学者如夏鼐也指出整理古籍第一步是整理出一个精心校勘过的本子，作为定本。③这种方式可以称为"定本式整理"，逐步成为现今通行的古籍整理范式。

据粗略统计，截止2002年，新中国整理出版的古籍图书总计已逾1万种，其后每年保持500种左右，④这样计算，新世纪的近十五年也有7000余种，那么，民国以来整理古籍应该超过2万种，约占存世总量的十分之一。据《新中国古籍整理图书总目录》（数据截止2003年）统计，整理科技典籍1876种。⑤由于每年整理的科技典籍数量不多，加上近些年新整理的也就在2000种左右，其中医学、农学类典籍因为涉及

---

① 胡适：《再论中学国文的教学》，《胡适文存二集·卷四》，1924年，第256页—258页。
② 许逸民：《古籍影印出版的规范问题》，《古籍整理出版十讲》，2002年，岳麓书社，第262页。
③ 夏鼐：《关于古籍整理出版的一些意见》，《文献》1982年第4期，第25页。
④ 杨牧之：《新中国古籍整理出版工作的回顾与展望》，《功在千秋的事业——新中国古籍整理出版成就》，中华书局，2003年，第5页。
⑤ 李娜华、曾主陶：《书林之盛，图苑之幸——评〈新中国古籍整理图书总目录〉》，《高校图书馆工作》2011年第5期，第84页。

应用，无论留存还是整理数量都最多，其他科技典籍整理十分有限。应该强调的是，这其中有很大一部份是影印，点校整理的并不多，比如农学类典籍，也就百余种。① 对于科技史研究来说，基础文献的整理仍然是亟待解决的瓶颈问题。

二、整理成果的回顾

新中国成立后，为了加强古籍整理出版工作的计划性，1958年国务院科学规划委员会成立了古籍整理出版规划小组，主持制定了《三至八年（1960—1967）整理和出版古籍的重点规划》（草案）。② 但是此计划只包括文史哲典籍，不包括科技典籍。然而，当时恰逢"向科学进军"运动，整理祖国科技遗产，为社会服务成为时代的旋律，中医和农学古籍的整理也就首当其冲被提上日程。

1954年10月26日，《中央文委党组关于改进中医工作问题给中央的报告》提出："出版中医中药书籍，包括整理、编辑和翻印古典的和近代的医书……"遵照指示，人民卫生出版社等影印或重印了一大批的中医古籍，也出版了一些中医古籍的点校本，如《本草纲目》《古今图书集成医部全录》等。卫生部为落实国家《1963～1972年科学技术规划纲要》中"整理语译中医古典著作"的任务，决定对《素问》《灵枢》《难经》《针灸甲乙经》《脉经》《诸病源候论》《针灸大成》7种古籍进行校释，但由于"文革"被迫中断，直到1979年—1984年才陆续完成出

---

① 肖克之、李兆昆：《农业古籍整理出版概况》，《古今农业》1990年第1期，第167页—172页；黄建年：《新中国农业古籍整理出版简目》，《古籍计算机断句标点与分词标引研究》，安徽师范大学出版社，2011年。

② 杨牧之：《新中国古籍整理出版工作的回顾与展望》，《功在千秋的事业——新中国古籍整理出版成就》，中华书局，2003年，第3页。

版。①1955年4月，农业部召开了"整理农业遗产座谈会"，根据古籍整理出版规划小组的统一计划，农业出版社制定出包括200余种典籍的《中国古农书丛刊选题计划（草案）》，至改革开放前出版了约50种，有石声汉与万国鼎分别辑佚的《氾胜之书今释》《氾胜之书辑释》，胡道静辑录的《种艺必用》，石声汉校注《四民月令校注》，万国鼎校注《陈旉农书校注》等。②这一时期整理的科技典籍还有钱宝琮《算经十书》、高亨《墨经校诠》、胡道静《梦溪笔谈校证》、中华书局编辑部《历代天文律历等志汇编》等。

改革开放以后，1982年古籍整理出版规划小组恢复工作，制定了《古籍整理出版规划（1982—1990）》，并做出了"古代医、农、科技以及少数民族古籍的整理与出版，将分别请由卫生部、农牧渔业部、中国科学院和中央民族事务委员会另行制订规划"的决定。因此，卫生部单独制定了《1982—1990中医古籍整理出版规划》，拟整理出版中医古籍686种（整理出版592种，影印出版94种）。这一时期先后出版了11种重点医书的校注本和语译本系列，也点校、编辑整理了大批医书，中医古籍出版社影印的古本、善本、孤本医书《中医珍本丛书》、上海科学技术出版社的《中国医学珍本丛书》及《珍本医书集成》、中国书店的《中医基础丛书》、上海书店的《中医古籍善本丛刊》、上海三联书店的《历代中医珍本集成》等，也都是质量不错的影印本。③农业方面也制定了《农业古籍整理九年规划（草案）》，重要的有：《中国农书丛刊》，接续和继承了之前的《中国古农书丛刊》，如今已出版了近40种，

---

① 张效霞：《中国中医古籍整理的历史、成绩与经验》，《医海探骊——中国医学史研究新视野》，中医古籍出版社，2012年，第244页—276页。
② 朱洪涛：《农业古籍整理出版工作的回顾与展望》，《古籍整理与出版专家论古籍整理与出版》，凤凰出版社，2008年，第134页—137页；肖克之、李兆昆：《农业古籍整理出版概况》，《古今农业》1990年第1期，第167页—172页。
③ 张效霞：《中国中医古籍整理的历史、成绩与经验》，《医海探骊——中国医学史研究新视野》，中医古籍出版社，2012年，第244页—276页。

如王毓瑚整理的《王祯农书》、石声汉整理的《农政全书校注》、缪启愉整理的《齐民要术校释》《元刻农桑辑要校释》等；《中国农学珍本丛刊》，对孤本、善本的影印，后来仅出版了3种。①

1992年5月，国家古籍整理出版小组召开了第三届全国古籍整理出版规划会议，在全面规划文史哲古籍整理的同时，亦将科技古籍纳入其中，从而形成了延续至今的文史哲科技古籍全方位统筹的局面。② 中医古籍整理出版仍然是一枝独秀，以丛书突显规模效应，比如，人民卫生出版社出版的《中医古籍整理丛书》自80年代初至今约有300余种，还有中医古籍出版社的《中医古籍孤本大全》，中国中医药出版社的《明清中医临证小丛书》，湖南科学技术出版社的《中医古籍珍本集成》等等。最近中华书局出版的《海外中医珍善本古籍丛刊》收录散佚海外的珍稀中医古籍427种，非常难得。

改革开放以来，科技典籍的整理出版迎来了快速发展的时期。80年代，巴蜀书社策划出版的《中华文化要籍导读丛书》即包括不少科技典籍，如吴应寿《徐霞客游记导读》、闻人军《考工记导读》等。90年代，中国科学院自然科学史研究所组织上百位专家遴选并整理中国古代科技基本文献，编成共约四千万字的《中国科学技术典籍通汇》。它共影印科技基本典籍541种，编者为每种古文献都撰写了提要，概述作者、主要内容与版本等方面，受到国内外中国科技史研究者的欢迎。科技典籍的出版在医学和农业外也呈现系列化的趋势，如李迪主编《中华传统数学文献精选导读丛书》出版了6种，上海古籍出版社策划的《中国古代科技名著译注丛书》至今仍在出版，有近20种。黄兴涛、王国荣主编《明清之际西学文本》与周振鹤主编《明清之际西方传教士汉

---

① 朱洪涛：《农业古籍整理出版工作的回顾与展望》，《古籍整理与出版专家论古籍整理与出版》，凤凰出版社，2008年，第134页—137页。

② 呼素华：《中医古籍整理出版的现状与展望》，《中医药文献研究论丛》，中医古籍出版社，1996年，第102页。

籍丛刊》（已出版前两辑）有不少重合，收录了30余种汉译西方科技著作，如《几何原本》《坤舆格致》《视学》《自鸣钟表图说》等。张柏春、孙显斌主编《中国科技典籍选刊》前两辑也已出版。近期还出现了一些文献汇编的整理，如王世襄《清代匠作则例汇编》、冯立昇主编《畴人传合编校注》、陈雷主编《中国水利史典》等。其他重要的整理成果如梁思成《营造法式注释》、潘吉星《天工开物校注及研究》、郭书春《九章算术汇校》、李继闵《九章算术校证》、潘鼐重辑《崇祯历书》、朱维铮与李天纲主编《徐光启全集》等。

  典籍的整理与研究是密不可分的，目录和提要的编撰就是很重要的基础工作，这方面比较突出的是数学、医学和农业三个领域。20世纪以来裘冲曼、李俨、钱宝琮、严敦杰等都做过中算书目编撰的工作，李俨的工作最有代表性，包括《中算书录》《明代算学书志》《近代中算著述记》以及中国科学院自然科学史研究所以其藏书编纂的《李俨收藏中算书目录》等，李迪在各家书目的基础上主持编纂《中国算学书目汇编》。[①]
医学类典籍的代表性目录有冈西为人（Okanisi Tameto）《宋以前医籍考》，丹波元胤（Taki Mototsugu）《医籍考》，余瀛鳌、傅景华主编《中医古籍珍本提要》，裘沛然主编《中国医籍大辞典》等提要目录，以及郭霭春主编《中国分省医籍考》，中国中医研究院、北京图书馆主编《中医图书联合目录》与在此基础上不断更新的薛清录主编《全国中医图书联合目录》《中国中医古籍总目》等综合目录。农业类典籍的代表性目录有王毓瑚《中国农学书录》、天野元之助（Amano Motonosuke）《中国古农书考》等提要目录，以及先后编纂成的北京图书馆主编《中国古农书联合目录》、中国农业历史学会和农业博物馆主编《农业古籍联合目录》、南京农业大学中国农业遗产研究室编《中国农业古籍目录》等综合目录。

---

① 吴文俊主编：《中国数学史大系·副卷第二卷·前言》，北京师范大学出版社，2000年，第1页—4页。

另外,海外也有一些中国科技典籍的整理成果,如葛瑞汉对《墨经》的研究和译注。[①] 最值得一提的是日本学者,如京都大学人文科学研究所的中国科学史共同研究班,前后延续数十年,成为当时国际上中国科技史研究的中心之一,研究班的一项重要工作就是"会读",例如在薮内清(Yabuchi Kiyoshi)主持期间先后花费了20年的时间,集体研读了《天工开物》《齐民要术》《梦溪笔谈》《物理小识》等典籍,[②] 除结集相关论著外,还出版了薮内清译注的《天工开物》、梅原郁(Umehara Kaoru)译注的《梦溪笔谈》等。此外,在中国、德国和美国先后举办了六次中国科技典籍国际会议,中国科技典籍研究已渐渐地成为国际学界关注的研究方向。

三、问题与思考

这些整理工作为读者提供了方便利用的科技典籍文本和相关研究成果,也为文化传播做出了重要贡献。不过,由于客观条件和整理目标等方面的限制,不少整理成果不同程度地留下了缺憾。

首先,整理时使用底本和校勘过程中不规范的问题比比皆是,章培恒在《关于古籍整理工作的规范化问题——以底本问题为中心》中指出至少有底本选择不善、点校失误、所用底本说明不清、不忠实地以其交代的底本为底本、改动底本文字不说明等几方面的问题。[③] 影印本就

---

① 〔英〕葛瑞汉:《晚期墨家的逻辑、伦理和科学》,香港中文大学,1978年。(A.C. Graham, *Later Mohist Logic, Ethics and Science*, The HongKong Chinese University Press, 1978.)

② 〔日〕川原秀城(Kawahara Hideki):《日本における中国科学史研究の動向》,《中国—社会と文化》第7号,东京大学中国学会,1992年。

③ 章培恒:《关于古籍整理工作的规范化问题——以底本问题为中心》,《中国典籍文化论丛(第七辑)》,北京大学出版社,2012年,第50页—59页。

常常存在所用底本说明不清的问题，如1955年人民卫生出版社影印的《针灸大成》整理说明称是"明刊本"，实际上是用清重修本、递修本拼合而成。1961年上海科学技术出版社的《针灸聚英》排印本称以日本翻刻本为底本，参校嘉靖初刻本，实际上与两种版本都不同，除字句外，篇名、按语都进行了改写而未做任何说明，后来点校明以后的针灸典籍，又均用此排印本做参校本，产生了严重的不良影响。①

再举一个更典型的例子，囊括了章文指出的种种问题。《王祯农书》在20世纪80年代就出版过王毓瑚的整理本，王氏利用了嘉靖本和四库本两个版本系统，并且给出了大致不错的版本源流情况，应该说是同类整理成果中的上乘之作。这个整理本出版以后，影响很大，比如缪启愉译注本即以此本文字为据。②我们在重新整理的过程中发现王氏的整理本限于当时条件，问题还是不少。③比如，按王氏所说文字以四库本作底本，插图以嘉靖本作底本。很遗憾，王氏没有指出他用的四库本具体是哪个本子，在王氏整理时，藏在台北故宫博物院的文渊阁本还没有出版，文溯阁本恐怕也难看到，他最可能见到的就是藏在国家图书馆的文津阁本。但是我们将文渊阁、文津阁两个四库本与王本比对后，发现其与两个四库本都有大量文字差异，而这些差异往往与武英殿聚珍本系统（四库本系统的子系统）相合。这说明王氏起初的工作底本不是某个四库本，而是某个聚珍本系统的本子。王氏后期虽然用文津阁本做了对勘，但做得很不彻底。王本甚至还有一些异文不同于所有四库本系统，而与嘉靖本系统相同的情况。另外，王氏最初用作工作底本的嘉靖本恐怕也是后来翻刻的某一版本，而非祖本。与王氏的结论不同，我们通过重新校勘发现，无论是文字还是图像，嘉靖本都优于四库本系统。嘉靖

---

① 黄龙祥：《建国以来古医籍整理若干问题的初步考察》，《古籍整理与出版专家论古籍整理与出版》，凤凰出版社，2008年，第380页—388页。
② 缪启愉：《东鲁王氏农书译注》，上海古籍出版社，1994年。
③ 参考孙显斌、攸兴超点校《王祯农书》"导言"，湖南科学技术出版社，2014年。

本的缺点在于有不少明显的讹误，所以初判之下，容易得出"舛讹漏落，疑误宏多"的结论；但是这些讹误多为形近音近而讹，校正并不困难。相比之下，四库本系统经过严格的校改，这种低级失误很少。但是嘉靖本的异文相比之下往往更优，四库本系统则多有妄改。如《农器图谱·田制门》"沙田"："近习梁俊彦请税沙田"，"近习"二字为受宠信之人的意思，语见《礼记·月令》《后汉书·皇甫规传》，四库本或因不解而误删。又如《谷谱·粟》"早田净而易治，晚者芜薉难出"，"出"四库本作"治"，与通行本《齐民要术》同；此段虽是《齐民要术》文字，却是从《农桑辑要·种谷》转引，嘉靖本与元刻《农桑辑要》同为"出"，并且《齐民要术》金泽抄本亦作"出"。① 实际上"芜薉"用"出"字表示除去之意更为妥帖，"治"古义是治理的意思，反而不搭配，且有上下重文之嫌。又如《谷谱·大小麦》"惟快日用碌碡碾过"，缪启愉注："'快'，各本作'伏'，后人所改。按本段出于《要术·大小麦》篇，《要术》的两宋本及元刻本《辑要卷二·大小麦》所引《要术》都作'快'，而辑自《永乐大典》的殿本《辑要》作'映'；但查《永乐大典》卷22181'麦'字下引录王祯《谷谱》也是'快'，而'伏''映'为后人误改。今按：'快'是'好'的口语。"② 缪氏的分析无疑是正确的，但受王毓瑚整理本误导，实际上嘉靖本和《永乐大典》引文此处正作"快"，可能又是四库本系统不解"快日"而误改。

究其原因，最重要的还是由于条件的限制，不能遍阅各版本，并对其进行全面的校勘和分析。根据学者的研究，不仅不同版本之间的差异需要重视，甚至不同印次之间有时都有不少重要的差异，而这些信息往往提示了研究该文献的重要线索。③ 随着时代的发展，藏书机构越来越开放，更多的古籍图像得以数字化上网共享，所以在今天的条件下，即

---

① 缪启愉：《元刻农桑辑要校释》，农业出版社，1988年，第59页。
② 缪启愉：《东鲁王氏农书译注》，上海古籍出版社，1994年，第511页—512页。
③ 郭立暄：《中国古籍原刻翻刻与初印后印研究》，中西书局，2015年。

使以前整理过的典籍，我们也需要重新评估和检视。

其次，无论是古籍影印还是排印点校的整理方式，都有不同程度的局限，但同时它们又是互补的。众所周知，影印可以最大程度地保留典籍的原貌，但是既不方便阅读，也不方便展示点校成果。而做过点校整理的同仁都有体会，百密一疏，再仔细认真也难免出现漏校等问题，以致形成对读者的误导。另外，古籍的书叶里蕴含了更多的信息，这些往往会在排印本中遗失，应该说影印图像和文本点校排印两种整理方式对研究者来说都很重要。因此，有专家指出要想真正达到既整理典籍，又保护典籍原貌的双重目的，必须在整理方法上有所突破。在现在的条件下，采用影印—排印对照的点校、批注整理方式可较好地解决这一问题，而且不同水平的整理者可相应地选用不同难度的操作方式。① 真是英雄所见略同，张柏春、田淼与雷恩（Jürgen Renn）、马深孟（Matthias Schemmel）等国际同行合作整理的《传播与会通——〈奇器图说〉研究与校注》，就采取图文对照的版式，将书影与录文、校释文字对照排版，这样既最大限度地保留了典籍原貌，同时又提供了点校整理成果，方便研究和阅读，将这一理念最先在中国付诸实践。按照这种新的整理方式，中国科学院自然科学史研究所组织策划了《中国科技典籍选刊》，以图文对照的方式整理中国科技典籍，提供高质量、可靠的文献整理成果，为学术研究和利用提供方便。②

最后，我们在整理实践中发现被学界遵从的"定本式整理"也有一定的局限性，这涉及校勘目的的问题。一般我们都认为校勘的目的是回到"作者"，倪其心指出："校勘古籍的目的和任务是力求存真复原，努

---

① 黄龙祥：《建国以来古医籍整理若干问题的初步考察》，《古籍整理与出版专家论古籍整理与出版》，凤凰出版社，2008年，第388页。
② 张柏春、孙显斌：《中国科技典籍选刊·总序》，《王祯农书》，湖南科学技术出版社，2014年，第1页—3页。

力恢复古籍的原来面貌，提供接近原稿的善本。"① 这种旨趣正与鲍尔斯（Fredson Bowers）、坦瑟勒（Thomas Tanselle）提出和推动的"作者意图理论"（authorial intentions rationale）相呼应。② 这当然是历史研究的必然取向，我们希望还原作者的原稿形态，才有可能以最忠于历史的实际情况来研究该文献。问题还不是我们能否达到这一理想状态，实际上我们只能也必须尽可能地恢复其本来的面貌；真正的问题是这仅仅是历史研究的一部分，尽管它很基础很重要。绝大多数的文本在流传中都会发生各种变异，这也是我们需要校勘的原因；但是每一种变异的文本都可能有它独立的影响，即有它的读者和研究者，也就是说每一个文本有它的传播史和研究史。无论是源自法国的"文本发生学"（genetic criticism）还是麦根（Jerome McGann）提出的"文本社会学理论"，目标不是建立一个最终文本，而是以实证的方式，重建文本形成过程的事件链条。③ 而回到"作者"的文本消除了传播中的文本变异，仅仅依靠它，我们对文本的流传和影响将一无所知，有时候反而会被误导而感到困惑。还是举《王祯农书》的例子，它问世后多有流传，影响广泛，通过考察包括《农政全书》在内的十数种典籍的引用，发现全都依据嘉靖本系统，四库本系统诞生后几乎毫无影响。例如《农器图谱·田制门》"区田"："又参考《氾胜之书》及《务本书》"为《农政全书》所引，石声汉《农政全书校注》校记称王祯引文作"务本新书"；"诸山陵、倾阪及田丘城上"，石校称王祯引文"丘城"上无"田"字。④ 实际上石声汉依据的是王毓瑚整理的四库本系统，嘉靖本系统与《农政全书》引文全同，

---

① 倪其心：《校勘学大纲》，北京大学出版社，1987年，第86页。
② 参考苏杰：《西方校勘学论著选（Western Textual Criticism: An anthology）》"编译前言"，上海人民出版社，2009年，第VIII–IX页。
③ 参考苏杰：《西方校勘学论著选（Western Textual Criticism: An anthology）》"编译前言"，上海人民出版社，2009年，第IX–X页。
④ 石声汉：《农政全书校注》，上海古籍出版社，1979年，第126页。

这种例子不胜枚举。① 根据《农政全书》引《王祯农书》的异文特征，可以推断徐光启依据的正是嘉靖本系统。我们暂不论嘉靖本和四库本系统文本的优劣，只讲嘉靖本在历史上的影响，不清楚其面貌，就会像石氏那样因为仅依据四库本系统，得出王祯原书不作此的错误结论。而这正是因为四库本系统民国《万有文库》本和王毓瑚整理本的出版流行，反使此前流行的嘉靖本淹没无闻了。

　　通过版本源流的分析，选择最善本作为底本进行汇校的"定本式整理"，对于回到"作者"的目的来说自然是最有效、最省力的方式，版本源流提纲挈领，校勘记撰写要言不烦。但是它的局限就在于无法全面展现文本流传过程中的变异情况，大量丢失考察文本传播史和研究史的重要线索。因为在"定本式整理"的范式下，对于错误或者意义不大的异文是不需要在校勘记中都繁琐地罗列的，它们无助于还原文本原始面貌。但如果从发生学方面考察，即使不是一个善本，特别是通行本，考察和记录它的异文情况也是十分必要的，因为这些异文特征可以提示我们在传播中的文本形态，帮助我们揭示各种文本形态的传播与影响。早有学者指出"定本式整理"的这一问题，如乔秀岩（Hashimoto Hidemi）就指出乾嘉以前与道咸以后，流行的版本有较大差别，道理很简单，乾嘉时期出现的大批古籍整理成果，遂成为后来主要流行的版本，而这些版本自然不是乾嘉学者平常使用过的。至于道咸以后学者使用过的书与版本，时间越晚越接近我们现在的藏书。例如段玉裁《说文解字注》，"耽"字下引《淮南子·坠形训》"夸父耽耳在其北"，高诱注"耽耳，耳垂在肩上。耽读衣褶之褶。或作摄，以两手摄其肩之耳也。"高注末句费解，现通行本作"以两手摄耳，居海中"，不言有以上异文，后查张双棣《淮南子校释》才知"王溥本、朱注本"作此，说明段玉裁自有

---

① 参考孙显斌、攸兴超点校《王祯农书》"导言"，湖南科学技术出版社，2014年。

所本，所以校书必须注意作者用过的书和版本。[①]"定本式整理"无法解决这一需求。

当然，有了提纲挈领的版本源流情况，我们一样可以将异文罗列做得高效省力，不需要大量重复地罗列各本的异文，只需要罗列各版本子系统祖本的异文特征就完成了绝大部分工作，每种版本在其子系统中特殊的异文才须罗列，但是数量不会太多，并且这部分异文罗列不用放在图文对照的页面，可以附在每卷之后或者全书之后，以供查考。

四、结论

现今通行的古籍整理方式的理念和实践肇始于百年之前的"整理国故运动"，在新中国成立后古籍整理更是不断制定规划，总结和完善理论，铺开实践，产出了大量包括科技典籍在内的整理成果，但仍有数量巨大的典籍宝藏等待我们去挖掘整理，理论和实践也需要不断提炼和总结。对于已经整理过的典籍，在今天这样一个学术条件更开放、更优越的时代，也需要重新评估和检视。根据整理古籍的实际经验，我们提出一种典籍整理的新范式，称之为"图（像）定（本）异（文）参照式整理"。这一新范式反映了我们在典籍整理中希望贯彻的"三心二意"：三处用心，即影印最大限度保持典籍原貌的图像，配以对应的标点文本和校勘成果，最后辅以各版本的特征异文；两个用意，即回到"作者"的文本还原和文本传播的发生学网络。也只有这样，才足以支撑我们对典籍全面的历史的研究。

[①] 〔日〕乔秀岩（Hashimoto Hidemi）：《古籍整理的理论与实践》，《版本目录学研究（第一辑）》，国家图书馆出版社，2009年，第26页—27页。

中国科技基本典籍刍议*

中华民族创造了灿烂悠久的文明，又因印刷术的发达，浩繁的典籍文献流传至今。其中当然不乏科技典籍，它们代表了我国传统科技举世瞩目的成就，承载着优秀传统文化，使后人有充分的资源去探索和认知前人的神奇创作。整理这些科技典籍，既是科技史研究不可或缺的基础工作，也是理解中华民族杰出智慧的重要途径。根据全国古籍普查的最新成果，现存1912年以前出版的古籍约20万种，其中科技典籍在1.2万种以上，约占总量的6%。粗略统计，整理出版的也就2000种左右，其中医学、农学典籍因为涉及应用，整理数量最多，其他科技典籍整理则十分有限。还应强调的是，其中很大一部分是影印，点校整理的并不多，如农学典籍，也就百余种。从科技史研究和古籍保护工作两方面看，科技典籍整理都是亟待解决的瓶颈问题。①

一、"基本典籍"的思想

这一问题的解决显然不能一蹴而就，需要理性地分析，科学地制定规划，然后循序渐进地推进落实。而"基本典籍"的概念有助于我们分

---

* 原载《科学史研究论丛·第7辑》，科学出版社，2021年，第173页—179页。
① 孙显斌：《中国科技典籍整理的回顾与思考》，《科学史研究论丛·第4辑》，科学出版社，2018年，第201页—203页。

析、解决这一难题，虽然科技典籍总量卷帙浩繁，我们可以先从中选取最具代表性的部分，即中国科技基本典籍。基本典籍的选取要全面，能从点到面代表传统科技文化，涵盖绝大部分传统科技知识的精华，而数量上又远远少于科技典籍的总量。这样就可以为我们"全面地"整理科技典籍提供一条可行的路径。"基本典籍"这一思想可以推源于古代的推荐书目，现存最早的推荐书目为元代程端礼《程氏家塾读书分年日程》，该书详列应读书目和读书次序，不过内容主要是经学著作，种类也不多。明末清初陆世仪《思辨录辑要·格致类》中的推荐书目扩展到四部典籍，包括天文书、地理书、水利农田书等。[①] 清中期以后几位曾任地方学政的学者则将这一传统持续推进，山东学政阮元《示生童书目》共推荐四部典籍219种，[②] 湖北学政龙启瑞《经籍举要》收录四部典籍250余种，而四川学政张之洞《书目答问》则扩大到2200余种，还收录了新学典籍。[③] 实际上，清乾隆时修《四库全书》就采用了"基本典籍"的思路，《四库全书总目提要》著录典籍近12000种，而《四库全书》最终收录仅3400余种，这即是根据当时的价值标准进行选择的结果。

古籍整理和科技史学界也是按照这一思路推进典籍整理的。1958年2月，国务院科学规划委员会在北京召开了成立古籍整理出版规划小组大会，古籍整理出版小组下设文学、历史、哲学三个分组；6月，《整理和出版古籍计划草案》完成，共计收入6791种古籍整理项目，其中

---

① 何官峰：《中国阅读通史·清代卷上》，安徽教育出版社，2017年，第287页—288页。

② 黄政：《哈佛大学所藏〈山东学政阮云台示生童书目〉考论》，《古典文献研究（第20辑上）》，凤凰出版社，2017年，第274页—291页。

③ 王美英：《中国阅读通史·清代卷下》，安徽教育出版社，2017年，第266页—268页。

文学部分3383种，历史部分2095种，哲学部分1313种。[①] 这应该是新中国第一次全面盘点文史哲学科的基本典籍，不知道这些古籍目前是否都完成了点校整理。

20世纪90年代，在时任北京图书馆馆长任继愈先生的支持下，由中国科学院自然科学史研究所牵头，影印出版了50册的《中国科技典籍通汇》(以下简称《通汇》)，按现代学科分为数学、天文、物理、化学、地学、生物、农学、医药、技术、综合以及索引，共十一卷，收录先秦到清末科技文献540种，并为每种写了提要。同一时期上海有关专家组织编撰了十卷本《中国学术名著提要》(以下简称《名著提要》)，由周谷城担任主编，包括民国时期，共收书3000余种。其中"科技卷"收录典籍349种。《通汇》和《名著提要》对典籍的种类划分和选目互有参差，去除重复，合并计算，共660种。需要说明的是，《名著提要》收录了少量民国时期撰写的传统科技典籍，我们也将其列入。

二、科技基本典籍的遴选思路

有了"基本典籍"的概念，遴选标准就成为首当其冲的问题。对于科技典籍来说，我们认为有如下几项标准：

首先，即各学科初创的典籍，标志着学科开创时的知识起源。例如医学类的《黄帝内经》《伤寒杂病论》《神农本草经》、数学类的《九章算术》、技术类的《考工记》、农学类的《夏小正》《氾胜之书》《四民月令》、地理类的《禹贡》等等。或者学科知识早已广泛应用，而集结成文本却较晚，例如最早的茶书《茶经》、最早的法医学专著《洗冤集录》

[①] 齐浣心：《不能忘却的纪念——古籍整理出版规划小组成立六十载记》，《中华读书报》，2018年1月17日，第14版。

等。传世文献一般系统性比较强，相比之下，出土文献就显得多为断简残篇了。不过由于其成书年代早，对研究知识的起源和早期传播有特别价值，所以也非常重要。例如马王堆汉墓医书、成都老官山西汉医简、北大藏西汉古医简，虽然都有不同程度的残损，但内容非常丰富，记载了最早的经络、诊脉、医方等学说，成书时间也较传世典籍更早。而清华简《病方》虽然仅残存33字，记载3个医方，却是迄今所见抄成年代最早的医学类文献。再如清华简《算表》、岳麓书院藏秦简《数》、张家山汉简《算数书》、北大藏汉简《算书》甲乙丙本等出土文献为我们揭示了《九章算术》写成之前中国数学的形态，弥足珍贵。又如《马王堆地形图》被认为是目前世界上现存最早的实测地图，《敦煌星图》甲本是世界上现存最古老、星数最多的星图。

其次，是在学科发展中代表阶段性创新成果的典籍。以农学为例，汉代开创了以《氾胜之书》代表的综合性农书和《四民月令》代表的月令体农书两个传统。《氾胜之书》之后，北魏贾思勰的《齐民要术》总结前代农学知识，成为当时农学的集大成者。唐宋开始我国经济中心南移，宋代出现总结南方农学知识的曾安止《禾谱》和陈旉《农书》。元代官修的《农桑辑要》对《齐民要术》后的北方农学知识进行再次总结，稍后的王祯则以《农桑辑要》和陈旉《农书》为基础综合南北农学传统，并沿南宋楼璹《耕织图诗》、曾之谨《农器谱》的传统撰写《农器图谱》，成为《齐民要术》后我国农学知识的第二次大总结。到了明末，徐光启主编的《农政全书》囊括《王祯农书》、明代的《救荒本草》《便民图纂》《野菜谱》以及西洋的《泰西水法》等，汇聚各种文献二百余种，成为我国传统农学的集大成者。清初官修《授时通考》则是综合性农书传统的最后一次大规模总结。另一传统月令体农书则从《四民月令》开始到唐代的《四时纂要》，再到元代的《农桑衣食撮要》以及明代的《月令广义》，连绵不绝。在这一知识创新的接力过程中，后修的农书在前人的基础上不断创新，成为农学知识发展链条中的一环，即代表阶段性创新成果的典籍。再如北宋苏颂主持编撰的《新仪象法要》用图文详细记述了世界上第一台具有擒纵机构的机械时钟。元代朱世杰《四元玉鉴》阐述的"四元术"为四元以下高次方程组的解法，代表我国传统代数知识的高峰。明代朱载堉《乐律全书》里提出并精确计算的十二等程律，开创了现代乐律的先河。

再次，是传统科技发展到明清进入成熟期，涌现出的总结性集大成著作，如物理类的《乐律全书》《物理小识》、农学类的《农政全书》《授时通考》、医学类的《本草纲目》、技术类的《天工开物》、水利类的《河防一览》、军事类的《武备志》等，天文类的《崇祯历书》和数学类的《数理精蕴》更是融中西知识于一体。

最后，还应该包括中外交流的重要科技典籍。我国古代中外科技交流以明末清初和清末为两个最活跃期。清末即鸦片战争后的自强运动开始，与近现代科学在中国的本土化连贯为一个整体，这一时期以引进西方科技知识为主，重要的传统科技典籍很少。相比之下，明末清初传入的科技知识经过中国学者的消化吸收，对我国古代科技传统有很大影响，这些中西交流典籍宜多选取。这方面，《中国科技典籍通汇》和《中国学术名著提要》可能囿于"中国原创"的思路，选目很少。

需要补充说明的是，对重要传统科技创新的零星记述，实际上也非常重要，但是不能因为一部典籍有个别段落记载，就认定其为科技典籍，这类文献材料应该进行分类汇编。例如《汉书》对温室栽培的记载，王充《论衡》对"司南之杓"的记载，《后汉书·张衡传》对"候风地动仪"的记载，《后汉书·蔡伦传》对造纸术的记载等等。《通汇》中王应麟《六经天文编》即是这类典籍。另外，有些重要的科技典籍已经散佚，但还有不少内容可以辑佚，我们都应该在前人辑佚的基础上进行重新辑佚整理，实际上农学类的《氾胜之书》《四民月令》等都是今人重新辑佚的成果。以上这两种新编传统科技资料也要列入科技基本典籍之中。

三、科技基本典籍选目的补充

按以上遴选思路，根据科技史研究、出土文献和古籍普查的最新动态，我们以《中国科技典籍通汇》540种选目为基础进行补充。为节省篇幅，《通汇》选目不再罗列，但将《名著提要》"科技卷"新增的120种补充列出。《通汇》医学卷选目较少，林文照曾做少量补充，[①] 此处又参考《传世藏书》"医部"[②] 等进行增补。简帛类文献情况主要参考《二十世纪出土简帛综述》和《当代中国简帛学研究（1949—2019）》[③]。中外交流的重要科技典籍补充选目主要参考《明清之际西学文本》和《明清之际西方传教士汉籍丛刊》，[④] 这类选目在《通汇》的分类之外另加"新学卷"收录。最终结果按《通汇》的分卷列表补充如下，共计751种，当然这只是一种抛砖引玉式的尝试，不妥之处一定不少，好在选目可以吸收各界意见不断删补。

[①] 林文照：《科技文献整理出版摭谈》，《古籍整理出版漫谈》，上海古籍出版社，2004年，第148页。
[②] 季羡林主编：《传世藏书》，海南国际新闻出版中心，1996年。
[③] 骈宇骞、段书安：《二十世纪出土简帛综述》，文物出版社，2006年；李均明等：《当代中国简帛学研究（1949—2019）》，中国社会科学出版社，2019年。
[④] 黄兴涛主编：《明清之际西学文本》，中华书局，2013年；周振鹤主编：《明清之际西方传教士汉籍丛刊》(第1—2辑)，凤凰出版社，2013年、2017年。

学科分卷	补充选目 （先用宋体列提要新增选目，再用仿宋体列最新补充选目）	种数小计 （通汇种数＋提要新增＋补充）
数学卷	梅文鼎《筹算》《笔算》《度算释例》、华蘅芳《行素轩算稿》； 清华简《算表》、岳麓书院藏秦简《数》、张家山汉简《算数书》、北大藏汉简《算书》甲乙丙本、阜阳双古堆汉墓《算数书》、李笃培《中西数学图说》、李长茂《算海说详》	89+4+7=100
天文卷	张衡《灵宪》《浑天仪图注》、刘洪《乾象术》、郗萌《宣夜说》、姚信《昕天论》、虞耸《穹天论》、虞喜《安天论》、李之藻《浑盖通宪图说》、徐光启等《崇祯历书》、梅文鼎《历学疑问》《历学疑问补》《揆日候星纪要》《交会管见》《五星纪要》《二仪铭补注》、王贞仪《地圆论》、张作楠《新测中星图表》、王韬《西学图说》、康有为《诸天讲》、张云《变星研究法》、高鲁《星象统笺》、朱文鑫《历法通志》； 清华简《四时》《司岁》、荆州周家台秦墓《秦历谱》、马王堆汉墓《星占书》、阜阳双古堆汉墓《天文历占》、银雀山汉墓《占书》、《敦煌星图》甲乙本、王安礼等《灵台秘苑》、《明大统历法汇编》《回回历法》	82+22+9=113
生物卷	刘攽《芍药谱》、周师厚《洛阳花木记》、范成大《桂海虞衡志》、黄省曾《养鱼经》、吴宝芝《花木鸟兽集类》； 阜阳双古堆汉墓《相狗》、敦煌悬泉汉简《相马经》、黄省曾《兽经》、王世懋《学圃杂疏》	42+5+4=51
物理卷	《律吕正义》《律吕正义续编》	19+0+2=21
化学卷	《阴真君金石五相类并序》、清虚子《太上圣祖金丹秘诀》、《金石簿五九数诀》、《修炼大丹要旨》、李光玄《金液还丹百问诀》、窦蘋《酒谱》； 归耕子《神仙炼丹点铸三元宝照法》、沈知言《通玄秘术》	47+6+2=55
地学卷	《放马滩地图》、东方朔《五岳真形图》、裴秀《禹贡地域图序》、燕肃《海潮论》、徐兢《宣和奉使高丽图经》、黄裳《地理图》、李寿鹏《平江图》、《桂州城图》、宣龙子《雨旸气候亲机》、《海道经》、《顺风相送》、《指南正法》、《王士性地理书三种》、王嘉谟《北山游记》、陈祖绶《皇明职方地图表》、蒋友仁《乾隆内府地图》； 北大藏汉简《雨书》、熊人霖《地纬》、魏源《海国图志》	59+16+3=78

续表

学科分卷	补充选目 （先用宋体列提要新增选目，再用仿宋体列最新补充选目）	种数小计 （通汇种数＋提要新增＋补充）
农学卷	蔡襄《茶录》、宋子安《东溪试茶录》、黄儒《品茶要录》、熊蕃《宣和北苑贡茶录》、楼璹《耕织图诗》、俞宗本《种树书》、袁黄《劝农书》、徐光启《甘薯疏》《北耕录》《农遗杂疏》、鲍山《野菜博录》、戴羲《养余月令》、巢鸣盛《老圃良言》、蒲松龄《农桑经》、陆燿《甘薯录》、杨秀元《农言著实》、姜皋《浦泖农咨》； 青川郝家坪秦代木牍《为田律》、冯应京《月令广义》、沈秉成《蚕桑辑要》、卫杰《蚕桑萃编》、汪曰桢《湖蚕述》、范铜《布经》	43+17+6=66
医学卷	马王堆古医书、《中藏经》、王叔和《脉经》、雷敩《炮炙论》、《刘涓子鬼遗方》、苏敬等《新修本草》、孟诜《食疗本草》、王焘《外台秘要》、《颅囟经》、王怀隐《太平圣惠方》、王惟一《铜人腧穴针灸图经》、苏颂《图经本草》、《苏沈良方》、《圣济总录》、许叔微《普济本事方》、刘完素《素问玄机原病式》《素问病机气宜保命集》、张元素《医学启源》、张杲《医说》、张从正《儒门事亲》、宋慈《洗冤集录》、王好古《阴证略例》、忽思慧《饮膳正要》、危亦林《世医得效方》、朱震亨《丹溪心法》、朱橚《普济方》、薛己《正体类要》、沈之问《解围元薮》、杨继洲《针灸大成》、张介宾《景岳全书》、吴有性《瘟疫论》、傅仁宇《审视瑶函》、陈士铎《辨证录》、吴谦等《医宗金鉴》、陈复正《幼幼集成》、叶桂《临证指南医案》、赵学敏《本草纲目拾遗》、曹廷栋《老老恒言》、王士雄《霍乱论》、唐宗海《血证论》《中西汇通医书五种》、张锡纯《医学衷中参西录》、恽树珏《药庵医学丛书》； 清华简《病方》、荆州周家台秦墓医简、张家山汉简《脉书》《引书》、成都老官山汉墓医简、北大藏西汉古医简、海昏侯墓古医简、武威旱滩坡东汉医简、《吴普本草》、《素女经》、陶弘景《养性延命录》、《太清导引养生经》、孙思邈《千金翼方》、《烟萝子体壳歌》、《太平惠民和剂局方》、朱肱《类证活人书》、赵逸斋《平冤录》、刘文泰等《本草品汇精要》、李时珍《濒湖脉学》、《傅青主女科、男科》、张琰《种痘新书》、朱奕梁《种痘心法》、王又槐《补注洗冤录集证》	26+43+22=91

续表

学科分卷	补充选目 （先用宋体列提要新增选目，再用仿宋体列最新补充选目）	种数小计 （通汇种数＋提要新增＋补充）
技术卷	陶弘景《古今刀剑录》、黄伯思《燕几图》、郭子章《蠙衣生剑记》、陈丁佩《绣谱》、《清式营造则例》； 云梦睡虎地秦简《工律》《效律》等、张家山汉简《二年律令》之《金布律》《效律》等、香港中文大学藏汉简《河堤》、居延破城子汉简《相宝剑刀》、苏易简《文房四谱》、陆友《墨史》、费著《蜀锦谱》、温纯等《利器解》、郭子章《城书》、何汝宾《西洋火攻神器说》、傅浚《铁冶志》、钟方《炮图集》、金简《钦定武英殿聚珍版程式》、何良焘《祝融佐理》、《中外火法部》	73+5+15=93
综合卷	屠隆《游具雅编》、周嘉胄《装潢志》； 阜阳双古堆汉墓《万物》、《上清明鉴要经》	60+2+2=64
新学卷	艾儒略《西学凡》、《几何要法》、南怀仁《穷理学》《坤舆图说》《坤舆外纪》《不得已辨》、熊三拔《泰西水法》《表度说》、邓玉函《泰西人身说概》、罗雅谷《人身图说》、汤若望《测食》《坤舆格致》《新历晓或》、龙华民《地震解》、傅汎际《名理探》、高一志《空际格致》、穆尼阁《天步真原》、闵明我《方星图解》、《律吕纂要》	0+0+19=19
总计	540+120+91=751种	

科技典籍整理的现状相对滞后是有其客观原因的，林文照将其概括为四点：第一，科技文献的内容分散；第二，整理科技文献的队伍弱小；第三，搜集科技文献的分散资料所需经费支出要比一般人文古籍多；第四，科技文献的出版难度比一般人文文献大，读者却更少。[①] 一方面，这些困难需要逐步克服；一方面，科技史和古籍研究者也应该多想办法，迎难而上。从现存1.2万种科技典籍中遴选出基本典籍后，我们就可以进行分级整理，对基本典籍采用点校等深度整理方式，对普通

---

① 林文照：《科技文献整理出版摭谈》，《古籍整理出版漫谈》，上海古籍出版社，2004年，第166页—168页。

科技典籍则可以采用影印的办法初步整理，这必然会加快推进科技典籍的整理工作。尤其是在数字技术的支持下，可以对全部典籍进行初步整理，即高清扫描和对照录文，建成数据库。在古籍汉字OCR技术已经基本成熟的今天，这项工作可以分工合作。为了方便阅读和研究，还可以对录文进行自动标点和命名实体标记。此外，目前《中国古籍总目》已经完成，《总目》分省卷和《海外中文古籍总目》也正在陆续出版，在此大好条件下，分学科编撰古籍总目提要则是摆在我们面前最为重要的全局性古籍整理工作。

方以智《物理小识》与近代"科学革命"*

一、《物理小识》的编撰及其时代背景

明末清初的前后百年"天崩地坼",是中国历史上大动荡、大变革的时代,风起云涌的朝代鼎革间挟着个人命运的跌宕起伏,"痛定思痛,痛何如哉!"与此同时,西学东渐带来前所未有的世界地理和知识图景,冲击着士人阶层的世界观。悲壮与冷峻交织激荡,为后世绘就了一幅无比绚丽的思想画卷,方以智(1611—1671)恰是其中极富代表性的一章,他一生颠沛流离,却始终思学不倦,最终铸就"借远西为郯子""融会百氏"的知识和思想格局,成为那个时代的代表性学人。晚明之际,中国的传统知识和学术发展到一个相对成熟的阶段,催生出总结的需要,于是先后出现了《本草纲目》《天工开物》《农政全书》等划时代著作,方以智编撰的《通雅》《物理小识》也属此类。

方以智《膝寓信笔》称:

> 少所比辑经史之业,前在荻港沉舟,尽失之矣。欲属友人共编

---

* 原载《中国文化》2019年秋季号,第191页—196页,收入本书时有少量改动;第二作者为京都大学王孙涵之。

之,人更懒于我。于是剪书令仆粘之,或删而抄之。①

可见以智少时起就有杂抄所读书,汇为一编的习惯。钱澄之《通雅序》中引以智的话:

> 吾于此疑有夙习焉,吾小时即好为之。吾与方伎游即欲通其艺也,遇物欲知其名也,物理无可疑者吾疑之,而必欲深求其故也。以至于颓墙败壁之上有一字焉,吾未之经见则必详其音义,考其原本。既悉矣而后释然于吾心。故吾三十年间目之所触,耳之所感,无不足以恣其探索而供其载记,吾盖乐此而不知疲也。

《通雅》与《物理小识》应都是如此不断积累成书的。除以上两书外,方以智还曾经编纂《医学会通》,但只是停留在初编阶段。实际上,他青年时曾经有比这更宏大的编纂计划。《通雅》"卷首之二"《藏书删书类略》"子部"下有:

> 说之通者,俱附经下,诸子各约一条,明其长短,不过一帙。而农书、医学、算测、工器乃是实务,各存专家,九流各食其力,听之而已,总为物理,当作《格致全书》。②

说明他曾经想编纂涵盖范围远超《物理小识》的《格致全书》。不仅如此,在《膝寓信笔》中他提到:

> 舒章(李雯)言,乐事莫过于好友同读书。愚者若得世资,当

---

① (明)方以智:《浮山文集》,华夏出版社,2017年,第505页。
② 侯外庐主编:《方以智全书·第一册·通雅》,上海古籍出版社,1988年,第40页。

> 建草堂养天下之贤才，删古今之书而统类之：经解、性理、物理、文章、经济、小学、方技、律历、医药之故，各用其所长，各精其极致，编其要而详其事，百卷可举。①

则是拓展到天下学问，无所不包，也正能反映他撰写《七解》前，准备以学术为一生追求的心境和抱负，同时也反映出传统学术知识面临总结的时代精神。从这一计划能看到一些端倪，如《通雅·凡例》：

> 经传字义连用者，此则引之，以为原本。至于解经大指，大经大制，此不及也。别载《经学编》中。②

他并没编撰《经学编》，当初却是如此规划的。不过中年出仕，又复倾国之难，至遁入空门，学术志趣早已大变。除《通雅》《物理小识》二书早成之稿由子弟最终编成，其余志业也就随风而逝了。

《物理小识》原附《通雅》之后，后独立成书。全书共十二卷，除卷首总论外，分天、历、风雷雨旸、地、占候、人身、医药、饮食、衣服、金石、器用、草木、鸟兽、鬼神方术、异事等十五类，类下又有若干条目，共计九百八十条。③阐说十五大类，称引三百余家，可谓"删古今之书而统类之"，"坐集千古之智"。此书兼采西学，但是总体上还是一种"借远西为郯子，申禹周之矩积"的态度。在称引三百余家中，算上熊明遇只有西学七家，包括艾儒略《职方外纪》(34处)、穆尼阁(2处)、金尼阁(1处)、李之藻《浑盖通宪图说》(2处)、熊三拔《泰

---

① （明）方以智：《浮山文集》，华夏出版社，2017年，第505页。
② 侯外庐主编：《方以智全书·第一册·通雅》"凡例"，上海古籍出版社，1988年，第5页。
③ 周瀚光、贺圣迪：《我国十七世纪的一部百科全书——方以智的〈物理小识〉》，《中国科技史料》1986年第6期，第43页。

西水法》(1处)、汤若望《主制群征》(2处)、熊明遇《格致草》(9处),7家合计51处,还不及其称引《本草纲目》一书的数量。方以智曾问学于熊明遇,熊氏《格致草》的编纂即是将西学基于中国传统学术之上进行总结和汇通,其学术旨趣与方以智类似。除熊明遇外,方氏引用西学知识主要来源于《职方外纪》,其旨趣与中国博物学的传统相类;方以智引用它,也只是停留在"质测"的阶段。当然除此之外,方以智还暗引了一些西学的内容,如"地圆说""地动说""天河之说""三际说""四行说"等,再如卷八提到的"起重法""转水法""运机"等应出自《远西奇器图说》。① 方以智在《膝寓信笔》中称:

> (利玛窦)著书曰《天学初函》,余读之,多所不解。幼随家君长溪见熊公《则草》,谈此事。顷南中有今梁毕公,诣之,问历算、奇器,不肯详言,问事天则喜。盖以"七克"为理学者也,可以为难。②

说明早年以智学习西学的需求并没有得到满足,其后历经家国之难,遁入佛门,既没有了兴趣,也不方便再接触西学。方中通《陪集》卷二《与西洋汤道未(汤若望)先生论历法》"汉法推平子,唐僧重一行"句下自注:

> 先生崇祯时已入中国,所刊历法故名《崇祯历书》,与家君交最善,家君亦精天学,出世后绝口不谈。③

---

① 参见张永堂:《明末方氏学派研究初编》"第三篇 方以智与西学",文镜文化事业有限公司,1987年,第107页—138页。
② (明)方以智:《浮山文集》,华夏出版社,2017年,第506页。
③ (明)方中通:《陪集》,《清代诗文集汇编》第133册,上海古籍出版社,2010年,第83页。

正说明壮年以后以智已经与西学基本绝缘。当然这也和他的一种认识有关，即其在《物理小识自序》中的观点：

> 万历年间，远西学入，详于质测而拙于言通几。然智士推之，彼之质测犹未备也。

方以智不但不满意此时传入的西学对"道（通几）"的解说，并且对"器（质测）"的解说也不甚满意。这是有其时代背景原因的：一方面，这一时期西学东传的主体耶稣会士们有碍于教规，对传播新的科学知识有限制；另一方面，开普勒、牛顿等开拓的"新物理学"在欧洲刚刚展开，也来不及传到中国。①

方以智的《物理小识》无论从旨趣上还是内容上，都还是中国传统博物学的总结之作。其中虽有吉光片羽之论，②但总体而言于具体科学知识方面成就不高。在传统博物学的基础上，方以智有很强的理论意识，博于志物外，他写了很多篇论理之作，作为其知识体系的统摄，如《物理小识总论》《药性总论》《神鬼变化总论》《象数理气征几论》《气论》《光论》《声论》《四行五行说》《水火本一》《水患说》《人生通理》《饮食通理》《金石通理》《养花通理》《草木通理》《鸟兽通理》《藏智于物》《医药通类约几》等等。在具体的知识记述中，他也强调探寻其中之理，如在"潮汐"条中指出："潮之应月，月行有南北陆，地异或不同耳。"另外，前人已注意到，方氏有些论述言及"试"与"未试"、"验"与"不验"，似亲测。虽可知其"质测"之旨趣，但在具体知识方面还是不宜评价过高，如此书卷七"金石类"之"锡"条《博物志》：'积草三年后烧

---

① 参见侯外庐主编：《中国思想通史》（第四卷下册）第二十七章，人民出版社，1960年，第1189页—1290页。

② 参见张永堂：《明末方氏学派研究初编》"第二篇 方以智的物理研究"，文镜文化事业有限公司，1987年，第73页—106页。

之，津液下流，成铅、锡。'试之，验。"看不出有何道理。但这些方面还是足以表现方以智的学术旨趣在传统博物学基础上的开拓，强调运用从"质测"到"通几"的研究方法。不仅如此，从对世界的总体理论认知上讲，方氏达到了超越其具体知识和所在时代的高度，令人赞叹。

二、《物理小识》自然哲学思想述评

张永堂指出：李约瑟在其《中国科学技术史》中提出宋明理学之程朱学派在面对佛学挑战下，演绎出一套一元的世界观，使人文哲学与实践观察的科学都有立足之地，这种世界观与自然科学的世界观，极为一致，对自然科学研究有很大的帮助。而陆王学派却无法把握到科学方法中最重要的观念，反而为中国科学之反动增张声势。方氏学派以阳明学立宗，却反对阳明末学的"舍物言理""扫物尊心"，提出"挽朱救陆""藏陆于朱"的主张。程朱学因而在方氏学派中不断得到发展，甚至提出通几与质测的方法以补程朱与陆王两派格物方法之不足。[①] 这是很敏锐的论断和概括，方学渐以来的方氏家学的确在程朱理学的基础上，创立了一套非常高明的自然哲学和方法论体系，使其在"物理"方面取得突出成就。

首先，方以智继承了其父方孔照、老师王宣等"两间皆气"、理在气中、以心即理的一元论哲学观。《周易时论合编·图象几表》卷七：

> 潜老夫（方孔照）曰：……两间皆气也。所以为气者且置勿论，论其质测。气贯实中而充塞虚廓。

---

① 张永堂：《明末方氏学派研究初编》，文镜文化事业有限公司，1987年，"序"第3页。

《物理小识总论》引《潜草》(方孔炤)曰：

> 然物理在一切中，而《易》以象数端几格通之。即性命、生死、鬼神，只一大物理也。舍心无物，舍物无心，其冒耳。

"两间皆气"即天地间一切无非是物，而一切物又皆受其理支配。又《物理小识总论》引虚舟子(王宣)曰：

> 道无在无不在也。天有日月岁时，地有山川草木，人有五官八骸，其至虚者即至实者也。天地一物也，心一物也，惟心能通天地万物，知其原即尽其性矣。……本末源流，知则善于统御，舍物则理亦无所得矣，又何格哉！

通过"天地一物也，心一物也"，王宣强调了"心"亦是物，舍物无理。同时又说"惟心能通天地万物"，强调了意识的特殊性，即只有意识能认识万物、探求万物之理。上面方孔炤说的"舍心无物，舍物无心"似应从这个方面理解。方以智在《物理小识自序》中称：

> 盈天地间皆物也。人受其中以生，生寓于身，身寓于世，所见所用无非事也，事一物也。圣人制器利用以安其生，因表理以治其心，器固物也，心一物也。深而言性命，性命一物也。通观天地，天地一物也。

正是继承了其父、师的一元论哲学观，在"物""理""心"三者的关系上首先标举"心"亦是"物"。又在此书卷二"占候类""藏智于物"条中称：

> 故必明六合五破之宇，处处皆然，乃知物之则，即天之则，即心之则也。

指出"理"在"物"中，一切理首先是物理。在《物理小识总论》中他又说：

> 心之所至，即理之所至。……信一在二中之理，一不坏，二亦不坏，则交轮之几，一然俱然者也。

则说出了以"心"即"理"的见解。而"一在二中"即"一在二中，寂历同时"（亦即公因藏反因），从哲学上说，亦即本体（"理"）在现象（"物"）中，本体与现象同时存在，"理"不坏则"物"不坏，有"理"必有"物"来寄托；反之亦然，有"物"必有"理"蕴其中。[①]这是非常高明的自然哲学认识。

其次，方以智继承了乃父将万物之理三分为"至理、物理、宰理"的认知。《周易时论合编》卷十：

> 智曰：两间皆气也，而所以为气者在其中，即万物其一太极，而物物各一太极也。儒者不得已而以理呼之。所谓至理，统一切事理者也。有精言其理御气者，有冒言其统理气者。故老父分宰理、物理、至理以醒之。而宰即宰其物理，即以宰至理矣。此所以为继善成性之大业主也。

更明确的阐释来源于方以智《青原志略》卷三《仁树楼别录》：

---

① 参见张永堂：《明末方氏学派研究初编》，文镜文化事业有限公司，1987年，第18页。

《知言鉴》(方孔炤著)曰："诂家沾滞，彼遁簧鼓久矣。曰宰理、物理、至理，曰公性、独性、习性，曰质测，曰通几。"

问宰理，曰：仁义；问物理，曰阴阳刚柔；问至理，曰所以为宰，所以为物者也。①

"至理"与"物理"是一般与个别的关系，"所谓至理，统一切事理者也"，一般在个别之中，而同时存在。在两者之间加一"宰理"，"宰即宰其物理，即以宰至理"，则是以"宰理"沟通"至理"与"物理"。"至理"是"所以为宰，所以为物者"，"宰理"和"物理"最终统一于"至理"。按道理说，"宰理"既然不是"至理"，即应属于"物理"范畴，为什么将其单独划分出来？从方氏所说"宰理"即仁义来看，应该指伦理道德与社会治理。方氏虽然认识到"心"亦是物，但觉得"心"之理与"物理"还是有些差别。或者说探求"物理"就是为了把握"宰理"，即所谓"大学之道，在明明德，在亲民，在止于至善"，才是最终的归宿，"格物穷理"正是格"物理"以穷"宰理"和"至理"。在这里虽然如前段引用的"物之则，即天之则，即心之则"，但从价值取向上"心之则"和"天之则"才是目的，而"物之则"只是认知过程中的阶段，无独立的价值。而西方科学的发展受其自然哲学的鼎力支撑，古希腊的唯理论成为后世重要的思想资源，包括中世纪伊斯兰教穆尔太齐赖派思想以及基督教阿奎那的自然神学理论，他们将探究自然知识作为获得真理的必然途径，对自然的探究并不附属于对伦理道德的追求，有其自己独立的崇高价值。在追求绝对真理的强大感召下，对自然知识的探索受到巨大的支持，取得良好的发展。《周易时论合编》卷十四：

潜老夫曰：圣人因物明物，而因以理之。因立宰理而即以物理

---

① （明）方以智：《青原志略》，华夏出版社，2012年，第86页。

藏之，此至理也。……放者废宰理而任自然，早已不知物理矣。有守宰理而不穷物理者，触途跋掣固所不免。

这里强调"立宰理而即以物理藏之"，坚持"宰理"在"物理"中，一元论哲学观贯彻得很彻底。但实际上"物理"仅是一种实然之理，"宰理"则包含应然之理，即人的自由意志，能否从"物理"推出"宰理"，则是一元论哲学需要回答的问题。尽管如此，三"理"体系的划分依旧非常高明。

第三，方氏父子阐发了一套"质测"与"通几"的方法论体系。张永堂指出方孔炤提出"质测"与"通几"，主要是受《易·系辞》中"质"与"通"两个观念的启发，是很有道理的。《周易时论合编》卷十二《易·系辞》"《易》之为书也，原始要终，以为质也，六爻相杂，唯其时物也"下解说：

> 潜老夫曰：…故前常曰通，此特言质。吾故分一切语，皆有质论、通论、隐论、费论。

"以为质也"应为"质测"概念的来源。而所谓"前常曰通"则是说上文"通"的概念，"通几"应取自《易·系辞》上文"夫《易》圣人之所以极深而研几也，唯深也，故能通天下之志；唯几也，故能成天下之务"。似乎最早称为"质论""通论"，不过后来皆称作"质测""通几"。如此书卷一"天象原理"：

> 鹿湖潜老夫曰："执气质而测之，则但显各各不相知，而各各互相应之通几，犹晦也。"

方以智《药地炮庄》：

> 惟我环中老人，公因代错，以质测、通几统类发凡。①

而明确的解释来自于方以智《物理小识自序》：

> 寂感之蕴，深究其所自来，是曰通几。物有其故，实考究之，大而元会，小而草木螽蠕，类其性情，征其好恶，推其常变，是曰质测，质测即藏通几者也。

简单地说质测对应于物理，而通几对应于至理，这里没有与宰理对应的方法，也说明它的独特与不同。而"质测即藏通几"，与至理在物理中道理相同。如《周易时论合编》卷十三所说：

> 智曰：……故以通论贯质论，而不执以坏质论。果大通乎，随物现形，藏通于质。

同时不能因质测而废通几，《青原愚者智禅师语录》中《示侍子中履》提出"以通几护质测之穷"②。个别是无穷尽的，总是要从个别上升到一般，才能以简驭繁，"引触如响，即见神明之几"。方以智《游子六天经或问序》总结道：

> 神无方，而象数其端几也，准固神之所为也。勿以质测坏通几，而昧其中理；勿以通几坏质测，而荒其实事。③

最后，如何从质测到通几是关键的问题，这是开启近代科学革命的

---

① （明）方以智：《药地炮庄》，华夏出版社，2011年，第241页。
② （明）方以智：《冬灰录（外一种）》，华夏出版社，2014年，第326页。
③ （明）方以智：《浮山文集》，华夏出版社，2017年，第389页。

关节所在，即归纳实验和数理演绎的方法体系。方氏当时还不能窥此，只能依靠已有的哲学资源，即方氏数代所传之易学哲学，尤其是受到黄道周、王宣等影响，其重心由义理学转移到象数学，成为其理论核心。方氏父子曾多次将探寻至理的方法归结于易学。如：

> 《易》包古今，总此人心，总此气运，总此物理。(《周易时论合编》"凡例")
>
> 《易》无非费隐弥纶之至理，即藏于动龠屈伸之物理，要用于继善安心之宰理，三而一也。(《周易时论合编》卷十二)

由于方以智以物理为根基探究至理，他已经感觉到处理复杂的万物之理，一般的哲学方法无法奏效，只有象数学是可以凭借的。如：

> 潜老夫曰：明谓天地间之万理万事毕于象数。(《周易时论合编》卷十)
>
> 就气以格物之质理，举其所以为气者以格物之通理，亦二而一也。费而象数，隐而条理，亦二而一也。合费隐而言之，分费隐而言之，亦二而一也。自非神明，难析至理。(《周易时论合编·图象几表》卷七)
>
> 图象为格通万一之约本，无言语无文字，而天下理得，秩序历然，随时随位开物成务，而于穆其中。(《周易时论合编·图象几表》卷一)
>
> 两间物物皆河洛也，人人具全卦爻，而时时事事有当然之卦爻，无非象也。(《周易时论合编》"凡例")

同时方氏越发看重物理中的数量关系，希望从数量关系推出至理，这与近代科学革命发生于数理科学不谋而合。如：

> 冒言之理与数相倚也。……依数而理寓焉。示人研极，则倚数穷理。(《周易时论合编》卷十三)
>
> 盖不可数之天地，尽于可数之天地。(《周易时论合编》卷十)

有鉴于此，在方氏父子的《周易时论合编》中专门编写了《图象几表》，做了探赜至理的尝试。虽然由于其理论基础没有超越传统象数学，新的数理科学方法又没有从西方传来，所以这一尝试是不成功的。但是用"象数"的方法钻研至理的思路是完全正确的方向。方以智一直鼓励方中通研究数学，也可以说是这种认识的一种体现。方中通在《与梅定九书》中称"三式者，通几也；数度者，质测也"①，强调了"数度"即数理模型的重要性。方以智《青原志略》卷三《仁树楼别录》有段对"数度"方法精妙的论述：

> 《易》以象数为端几而作者也，虚理尚可冒曼言之，象数则一毫不精，立见舛谬，盖出天然秩序，而有损益乘除之妙，非人力可以强饰也。②

方以智对运用"数度"探求至理的必然性认识深刻，正是因为其坚定的理在气中、"质测即藏通几"的一元论哲学立场。当然，如何质测也非常重要，近代以来西方为此逐渐建立起来精密的实验方法体系。方氏虽然强调探究物理，在此书中也多处提及"试"与"未试"、"验"与"不验"，但在实验方法上认识有限。

---

① （明）方中通：《陪集》，《清代诗文集汇编》第133册，上海古籍出版社，2010年，第43页。
② （明）方以智：《青原志略》，华夏出版社，2012年，第87页。

总而言之，虽然《物理小识》仅是传统博物学的总结之作，但由于其中贯穿了方氏极其高明的自然哲学与方法论认识而依然光彩夺目。方以智理论的高明远超其具体科学知识的成就，认识水平在其所处时代，世界范围内也是卓尔不群的。可以说，方氏为"科学革命"的到来做好了思想准备，可惜其后一度繁荣的西学东渐却戛然而止。中国传统自然哲学有认知"物理"的思想资源，对自然知识并不排斥，但自然知识缺乏独立的价值，得不到足够的重视，社会的支持投入也就不够，很难得到大的发展。从方法论看，中国传统缺乏数理模型的思维方式，而数理演绎不可能凭空构建，其基础是近代发展起来的精密实验方法体系。实际上，人类对自然知识的探求到了 16 世纪，东西方传统知识都到了一个成熟的阶段，发展趋缓，古希腊唯理论和数理演绎的思想资源在中世纪的伊斯兰世界得而复失，而欧洲通过文艺复兴却失而复得，加之近代以来在精密实验方法上的突破，最终成就了"科学革命"。

略论《[嘉靖]隆庆志》*

《[嘉靖]隆庆志》十卷,是目前所能见到最早的延庆县志书,也是留存最早的北京志书之一。谢庭桂纂修,苏乾续纂,明嘉靖刻本,浙江宁波天一阁有藏本,1962年上海古籍书店据以影印,此次据此影印本标点。书后有明成化十一年(1475)谢庭桂《隆庆志·后序》和明嘉靖二十八年(1549)苏乾《隆庆续志·序》。卷末"嘉靖二十七年七月巡按察院案验修志"处列有北京刻工邓纪等6人名,可知为北京刻本。此志修于嘉靖二十七年(1548),续成并刻于嘉靖二十八年。此书卷端已残目录从卷三开始,今据正文补全目录。乾隆《延庆州志》卷首有成化《隆庆州志》主修知州李鏊自序,或原存于此志卷首,因残而现缺。成化《隆庆州志》主修知州李鏊,字廷器,陕右秦州人。因有德政,东吴人翰林院检讨张泰撰《知州李君政绩记》,载本志卷十《艺文》。纂修谢庭桂,字时芳。李鏊序称名梦桂,明张弘道、张凝道辑《皇明三元考》作谢廷桂,山西蒲州人,为永乐癸卯举人。参加修纂的还有州人庠生倪云、王容、苏英。嘉靖《隆庆志》主修巡按御史程軏,字信甫,号古川子,山东临清人。纂修苏乾,延庆州人,字体健。参加修纂的还有州人主簿程万里,监生王钦,庠生张世敏、黄麻、杨愈,新任知州王尚友主持刊刻。该志十卷,分别记述延庆的地理、官署、食货、职官、文事、武备、人物、宫室、恩命、艺文等情况,除卷九《恩命》为苏乾新立之

---

* 原载《中国地方志》2012年第8期,第52页—53页;第二作者为北京方志馆金玲。

卷外，每卷都全文移录旧志原作小序，其他各处亦有所援引，并注明旧志，这就使成化《隆庆州志》的一部分内容得以保存下来。志中各项内容均分别以本州和永宁加以记述，所记截至嘉靖二十八年。延庆县志书的撰修及续修情况可以参考冯秉文主编的《北京方志概述》[①]和谭烈飞主编的《北京方志提要》[②]。

下面谈一下该志的价值：

首先，嘉靖《隆庆志》是现存最早的延庆方志，此前有成化十一年谢庭桂修本，但成化《隆庆州志》今已不存，而该志继承成化《隆庆州志》很多内容，保留大量最早关于延庆的资料。其后顺治、康熙、乾隆、光绪历朝所续修或重修《延庆州志》皆以此志资料为基础。从成化《隆庆州志》谢序可知当时利用赵羾《佹父集》、怀来旧志以及《大明一统志》等资料，而今赵羾《佹父集》已佚，怀来、宣府镇、宣化府等相关旧志现存最早修本皆晚于成化年间，所以该志的材料尤其珍贵。

其次，该志部分内容较详尽，史料价值也较高。例如卷一《地理》详细记载明代当地的疆域、山川形胜、里至、城池、隅屯、桥梁、驿传等情况，卷八《宫室》则详细记载当地的亭台楼阁、坛壝、祠庙、寺观、冢墓以及其他古迹等情况。而这些在《大明一统志》中则由于体例原因记载相对简略。卷三《食货》保存从永乐二十年（1422）至嘉靖二十八年（1549）当地的户口、土地、赋税等详细数据，其后又详细罗列当地的物产，为研究明代当地经济史提供重要依据。此后续志沿袭这种体例，使得当地的经济数据从明代以来有连续的记载。卷四《职官》、卷五《文事》、卷六《武备》详细记载明初至嘉靖二十八年当地的文武职官、科举贡生等名录，有的还有字、号及籍贯，为现存数据中最详尽的，但是有别于其他志书按年代列表的体例，对相应的年代信息则有所

---

① 冯秉文：《北京方志概述》，吉林省地方志编纂委员会，1985年。
② 谭烈飞：《北京方志提要》，中国书店，2006年。

缺略。由于延庆地临边塞，边防非常重要，卷六《武备》记载屯堡等军事要塞情况较详。卷七《人物·风俗》记述明中叶当地的风俗习惯，为民俗研究提供资料。卷九《恩命》则保留朝廷对当地名宦等的制、诰、敕以及谕祭文，相当于档案资料，也很珍贵。卷十《艺文》有黄潛、陈孚、王恽、刘赓、金幼孜、叶盛、李东阳、赵羾、苏乾、徐溥等共计36人诗文。以诗为例，存明代17人诗；其中只有金幼孜、杨士奇与苏志皋三人有文集传世，可见其辑佚的价值之高。赵羾诗作所收较多，其于《明史》中有传，《明史·艺文志》载其《佋父集》十卷，今佚，该志《职官》"赵羾"条则称为二卷，未知孰是。赵氏于永乐中督纳隆庆、保安、永宁诸郡治，故该志中存其在隆庆所作诗文，可为辑佚之一助。其他的如刘赓，《元史》本传亦未言有文集，已出版的《全元文》从该志中辑出《龙山水谷太玄道宫真大道五祖太玄真人郦君本行碑》一文。其中妫川八景诗、永宁八景诗详细记录八景的名称，如妫川八景为榆林夕照、岔道秋风、独山夜月、海陀飞雨、古城烟树、妫川积雪、远塞飞鸿、平原猎骑，并分列各家题咏于其后，这对于了解当地风光和开发当地旅游资源都有很高价值。乾隆《志》所载诗文数量大大减少，光绪《志》则从略。

　　再次，该志校对精审，刻印清晰。与乾隆、光绪刊刻续志的艺文相比，每每以嘉靖《志》为优，具有较高的版本价值。例如卷十《艺文·诗》：冯清《隆庆道中二首·其一》"自古安危常倚伏"句，"倚伏"乾隆《志》作"倚仗"，又《其二》"重伤储蓄频年歉"句，"重伤"乾隆《志》作"重阳"，"逢人赢得笑飘萍"句，"笑"乾隆《志》空缺，相较之下以本志为佳。又如《苏乾序》，乾隆、光绪《志》皆有错漏。因为隆庆州（隆庆元年改称延庆州）明属宣府（今张家口市），所以除延庆方志外，校点整理时还参考《宣府镇志》及《宣化府志》，它们都有较高的参考价值。现列举如下：明王崇献纂修《宣府镇志》，正德刻嘉靖增修本，十卷，收入《南京图书馆孤本善本丛刊：明代孤本方志专辑八种》，2003年北京线装书局影印本。明孙世芳修《宣府镇志》，嘉靖四十年（1561）刊本，收入"中国方志丛书"，1968年台北成文出版社影印本。清吴廷华修《宣化府志》，乾隆八年（1743）修，二十二年（1757）订补重刊本，收入"中国方志丛书"，1968年台北成文出版社影印本。今举一例，说明其参考价值。本志卷十《艺文·诗》所录《永宁八景》诗有赵玒《苗乡秋稔》："嘘落山之阳，风景类盘谷。泉□土壤肥，偏宜播百谷。白雨足春耕，黄云卷秋熟。家家涤场饮，含哺歌鼓腹。"其中"泉□土壤肥"缺字，而正德《宣府镇志》卷九也录有《永宁八景诗》，这句作"泉甘土壤肥"，另外首句"嘘落山之阳"作"墟落山之阳"，应是。嘉靖《宣府镇志·山川考》"苗乡西岭"条录有此诗，正与正德《宣府镇志》同。

目录学

古籍引书目录浅说 *

中国传统目录学的特点为"辨章学术,考镜源流",也就是说其不只是簿册之学,更是反映一代学术之学。现今存世的古籍目录虽然为数不少,但大多为清人著作,元代以前的只留下几部而已。于是在我们研究元代以前的学术问题时,往往会发现可以利用的目录资料非常有限。而古籍引书资料的利用可以在一定程度上弥补这个缺陷,实际上前人早已发现古籍引书资料价值,并大量地运用到他们的著作和研究中。把分散的古籍引书资料汇集到一起,编纂为古籍引书目录,就会形成一套与传世古籍目录并行的目录系统,为学术研究提供更多的方便。遗憾的是,这方面的研究还没得到充分的重视,虽然已经有了一些研究成果,但相对于需要研究的范围来说,还只是一小部分,并且其体例精粗也不尽相同。

一、古籍引书的源流、特点及功用

称引文献是中国古代文献的一大特点,先后出现了修辞引用,传载篇籍、汇注补注、类书和辞书等几种引书形态。作为一种修辞手法,其

---

* 原载《北京大学中国古文献研究中心集刊》(第六辑),北京大学出版社,2007年,第 264 页—273 页。

在先秦诸子中就已被广泛使用。例如：儒家经典《论语·学而》篇引《诗》云"如切如磋，如琢如磨"，《为政》篇引《书》云："孝乎惟孝，友于兄弟，施于有政"。这种引用经典的目的是借助引文的权威性加强论证，使观点阐述简明而生动。其后司马迁作《史记》虽无艺文之志，却于列传之中述传主所著篇籍，为后世传记列载传主著述开启端绪。如《史记·孙子吴起列传》："孙膑以此名显天下，世传其《兵法》。""世俗所称师旅，皆道《孙子》十三篇、《吴起兵法》。"需要说明的是这种情况只是称引文献名称，与其他连同引文的情况略有不同。东汉以来的学者作了大量的经典注释，到了东汉后期，师法、家法也不再那么严格，作为学术研究的一种方式，汇注一体开始出现。今所存集解一体，以曹魏何晏《论语集解》为最早，稍后有西晋杜预《春秋左氏经传集解》。南朝刘宋裴松之《三国志注》不拘注书以音义训诂为主，开创了广征博引、补充缺略的注书新体例。其后有梁刘孝标的《世说新语注》、北魏郦道元的《水经注》等，补注一体遂蔚为大观。魏晋以来，文学渐入自觉之时代，基于作文写诗中用事和采择辞藻的目的，类书便应运而生，摘抄群书，以类为聚。初有曹魏王象等编纂的《皇览》，其后类书之编纂一时成为风尚，有南朝梁徐勉等《华林遍略》、北齐阳休之等《修文殿御览》、隋虞世南《北堂书钞》等。魏晋南北朝以来，字书、韵书、训诂书等辞书涌现，现存南朝梁顾野王《玉篇》残卷，唐玄应、慧琳《一切经音义》等征引大量书籍，多已亡佚，也成为引书的一种重要形态。

　　古人引书的方式和今人有很大不同，今人的引用一般要求准确无误，而在古代则大量存在意引、节引等方式。意引的方式即引用时按照原文的意义，或者转述大意，或者经过训释。例如贾谊《过秦论上》原文："然后践华为城，因河为池"，《太平御览》卷一九三引作"秦践华以为城，因河以为池"。这里的引用就是转述大意，字句稍作改动。节引的方式是摘录原文某些字句重新组合成文。例如《太平御览》卷六〇七引《韩非子》："加脂粉则膜母进御，蒙不洁则西施弃野，学之为脂粉亦厚矣。"而《韩非子·显学》篇原文为："故善毛嫱、西施之美，无益吾面，用脂泽粉黛则倍其初。言先王之仁义，无益于治，明吾法度，必吾赏罚者，亦国之脂泽粉黛也。"则《太平御览》引文乃系《韩非子》原文节录改作之文。这是我们在利用古籍引书资料时应特别注意的问题。

对于古籍引书资料的功用，近现代学者早有论述。马念祖认为引书目录的功用主要有二：辑佚与校勘。① 朱迎平在其论文《古籍引书索引的功用和编纂》中讲了三方面的用途：第一，考查文献流传，即补充传世目录记载之阙；第二，辑录古籍佚文，即辑佚亡书；第三，校勘古籍异文。② 既然古籍引书主要起到保存书名、引书文字两方面作用，那么其功用也可以按此分为三大部分，第一部分就是对于古籍保存书名的利用，即考查古籍的流传，具体包括补充传世目录记载之阙和进一步考查古籍亡佚之时代；第二部分就是对于古籍保存引书文字的利用，具体包括辑佚和校勘；第三部分为综合利用书名和引书文字辨证古籍文献相关问题。以下试简单举例说明：

第一，补充传世目录记载之阙。如司马迁《史记·十二诸侯年表》："太史公读《春秋历谱谍》"称引书名，在《汉志》中就不见著录，可补《汉志》之阙。又如裴松之《三国志注》引书二百零三种，③ 见于《隋志》不到四分之三，另有六七十种文献可补《隋志》之阙。④

第二，进一步考查古籍亡佚之时代。古籍亡佚的现象大量存在，考

---

① 马念祖：《〈水经注〉等八种古籍引用书目汇编》"序言"，中华书局，1959年。
② 朱迎平：《古籍引书索引的功用和编纂》，《辞书研究》1994年第2期，第92页—97页。
③ 马念祖：《〈水经注〉等八种古籍引用书目汇编》"序言"，中华书局，1959年。
④ 朱迎平：《古籍引书索引的功用和编纂》，《辞书研究》1994年第2期，第92页—97页。

查古籍亡佚的时代也是很有学术意义的，从中可以分析一部古籍影响的时代断限，同时可结合其亡佚的时代背景考查其亡佚的原因。我们一般考查古籍亡佚时代的方法是通过调查其在传世目录中的著录，依靠传世目录成书的年代大体界定古籍亡佚的时代。但是由于传世目录数量有限，尤其是元以前，因此所界定的结果也往往断限很宽。运用引书目录联合考查古籍亡佚的时代，有时会得出更精细的断限。如《隋志》史部杂传类著录："《宣验记》十三卷，刘义庆撰。"其后书目均不见著录。而《艺文类聚》《辩正论》《一切经音义》《初学记》《太平广记》《太平御览》等皆有引文。《太平广记》《太平御览》所引条目有些为前代类书所不载，且两书书前引用书目中具载《宣验记》，可知其于北宋初年似仍未亡，至少在唐代还应存在。考查古籍亡佚时代时运用类书要注意类书的编纂特点，其多采用前代类书作为取材，因此所引用书籍未必当时尚存。近人刘文典举例说：

> 如宋《太平御览》实以《修文御览》《艺文类聚》《文思博要》诸书参详条次修纂而成，其所引用书名特因前代诸类书之旧，非宋初尚有其书，陈振孙言之详矣。若《四民月令》一书，唐人避太宗讳改民为人，《御览》亦竟仍而不改。①

第三，辑佚亡书与佚文。辑佚包括两个部分：辑佚亡书和辑佚佚文。古籍的形成和流传是非常复杂的，有些在流传过程中全部亡佚了，有些则亡佚部分篇章字句，前者则是亡书，后者则是佚文。无论亡书和佚文，前人尤其是清人都做了很多工作，成果丰富。著名的辑佚丛书有清马国翰《玉函山房辑佚书》、清王仁俊《玉函山房辑佚书续编》等，专科辑佚丛书有清王谟《重订汉魏地理书钞》、鲁迅《古小说钩沉》等。

---

① 刘文典：《三馀札记》卷一《类书》，黄山出版社，1990年。

亡书的辑佚如《隋志》史部杂传类著录:"《列异传》三卷,魏文帝撰。"《水经注》《三国志注》《齐民要术》《文选李善注》《后汉书李贤注》《史记司马贞索隐》《北堂书钞》《艺文类聚》《初学记》《太平御览》《太平广记》等皆引,鲁迅从中辑得五十则,编入《古小说钩沉》中。佚文的辑佚如《山海经》,今存。《水经注》《文选李善注》《艺文类聚》《太平御览》《太平广记》《一切经音义》有引文。郝懿行《山海经笺疏·山海经订讹附》、孙志祖《读书脞录续编》、王仁俊《经籍佚文》辑有佚文。

第四,校勘异文。古籍引书尤其是宋以前的古籍引书多据古本,而现今传世刻本皆为宋以后,因此古籍引书异文有较大校勘价值,但同时也要考虑到上文所述古籍引书的特点,有意引、节引,类书的引书更是粗疏。因此使用时引书异文可作为校勘的重要旁证,仍不可等同于版本依据。例如:《韩非子·外储说左上》:"楚人有卖其珠于郑者,为木兰之柜,薰以桂椒之櫝,缀于珠玉,饰以玫瑰,辑以羽翠。郑人买其椟而还其珠。"《北堂书钞》卷一三三,《艺文类聚》卷八四,《初学记》卷二七,《太平御览》卷七一三、卷八〇三、卷八二八所引皆无"之椟"二字,从意义上看,"薰以桂椒之椟"不通,从结构上看,无二字则正好连用四字句式,且结构相同,因此可据改并出校记。①

第五,辨证古籍文献相关问题。可以利用古籍之间的相互引用,辨证古籍成书年代、作者、材料来源等诸问题。例如《隋志》史部杂传类著录:"《汉武内传》三卷。"《四库全书总目》称:

>旧本题汉班固撰。《隋志》著录二卷,不注撰人,《宋志》亦注曰不知作者;此本题曰班固,不知何据。殆后人因《汉武故事》伪题班固,遂并此书归之欤?《汉书·东方朔传赞》称:"好事者取奇言怪语,附著之朔。"此书乃载朔乘龙上升,与传赞自相矛盾,其

---

① 管锡华:《汉语古籍校勘学》,巴蜀书社,2003年,第175页。

不出于固,灼然无疑。其文排偶华丽,与王嘉《拾遗记》、陶宏景《真诰》体格相同。考徐陵《玉台新咏序》有"灵飞六甲,高擅玉函"之句,实用此传"六甲灵飞十二事,封以白玉函"语,则其伪在齐、梁以前。

鲁迅《中国小说史略》称:

> 其一曰《汉武帝内传》,亦一卷,亦记孝武初生至崩葬事,而于王母降特详。其文虽繁丽而浮浅,且窃取释家言,又多用《十洲记》及《汉武故事》中语,可知较二书为后出矣。[①]

四库馆臣和鲁迅以引书考证其作者、成书年代问题,鲁迅更通过引书内容指出其材料来源。

二、古籍引书研究的重要资源

理论上讲,所有古籍的引书都是要研究的对象,并且都有价值。但是在现阶段,还是需要首先研究引书资源丰富的古籍。同时,对于一部古籍的专门研究者来说,引书研究也应该成为其研究的一个重要部分。下面列举、说明古籍引书研究的重要资源,全面的调查清点工作需要做专门的研究。比如,对于一类引书资源,做全面仔细的清查,对其中每一部古籍的编撰情况、成书年代、增益补缀等项都要做细致研究。这样不仅提供了重要资源的清单,同时还为进一步的引书研究打下基础。

第一,类书。上文已经提到,类书是引书的一种重要形态,魏晋

---

① 吴俊编校:《鲁迅学术论著》,浙江人民出版社,1998年,第25页。

以来留存的类书是我们研究引书的重要资源。赵含坤编撰的《中国类书》①汇编、介绍有类书性质的书籍1600多种，按时代排序，分别考证成书年代、编撰情况等内容，对古代类书资源做了基本的总结。该书可作为研究类书资源的重要参考。

第二，注书。注释类古籍也是引书的一种重要形态，汉唐以来的注书保存的引书资源也非常丰富。如《十三经注疏》、南朝宋裴松之《三国志注》、《史记三家注》、唐颜师古《汉书注》、唐李贤《后汉书注》、北魏郦道元《水经注》、唐李善《文选注》等。和类书情况不同，现在还没有关于古代注书情况的基本总结。

第三，辞书。辞书类古籍不同于注释类古籍，不是专书的注释，而是通用的辞书。这类辞书例文往往引书证，于是保存了不少引书资源。如南朝梁顾野王《玉篇》残卷、隋陆法言《切韵》残卷、唐玄应《一切经音义》、唐慧琳《一切经音义》、唐孙愐《唐韵》残卷、北宋陈彭年等《广韵》、北宋丁度等《集韵》等。辞书方面的总结情况可以参考曹先擢、陈秉才主编的《八千种中文辞书类编提要》，该书传统辞书部分分字书、韵书、训诂书、专科及百科辞典、类书和其他几个部分，对我国古代的辞书做了比较全面的介绍。还可以参考刘叶秋《中国字典史略》、高小方《中国语言文字学史料学》以及其他介绍文史工具书的辞典。②

第四，传记资料。从司马迁《史记》开始，历代传记类资料保存了大量传主的著述篇籍名称，相关的传记资料有史传、墓志、行状和传记

---

① 赵含坤：《中国类书》，河北人民出版社，2005年。
② 曹先擢、陈秉才主编：《八千种中文辞书类编提要》，北京大学出版社，1992年；刘叶秋：《中国字典史略》，中华书局，1983年；高小方：《中国语言文字学史料学》，南京大学出版社，2005年。

专书等。现在已经有了从唐代到清代人物传记资料的索引①，既方便查找，又相当于汇总了断代的传记资料。北京图书馆出版社还在陆续出版《地方志人物传记资料丛刊》。利用这些资料，可以对传记资料中所载篇籍有一个系统全面的清点调查。

第五，其他特殊著录。除上述几类，还会有一些古籍或者篇章大量称引篇籍，这些也是古籍引书研究的重要资源。比如，东汉班固《白虎通义》就是一部引征群书就经义等问题进行阐述的专著，类似一种杂抄。性质类似的如唐法琳《辩正论》《破邪论》、唐道宣《集古今佛道论衡》、唐智昇《续集古今佛道论衡》、唐玄嶷《甄正论》，都是有关宗教论争的，驳斥异教，阐述佛教教义，其中引用了大量宗教和世俗典籍，上文所述《宣验记》存世大半即因《辩正论》引用得以留存。还有一些书序也称引了大量相关篇籍，尤其是在原书已不存的情况下，很多篇籍名称全赖书序保存。如南朝梁阮孝绪《七录序》附录《古今书最》保留了魏晋以来多部重要目录的情况，唐颜师古《汉书叙例》叙录了唐代以前《汉书》的诸家注解。再如唐《一切道经音义妙门由起序》则引用了大量道经篇籍，《一切道经音义》现已不存，书序称引的篇籍也多已亡佚。还有一些古籍中存有目录，如《抱朴子内篇·遐览》篇著录了大量道经，实质是一篇道经目录。又如道藏《洞玄灵宝三洞奉道科戒营始》中《法次仪》记录了按规定授予与道士品位相当的符箓和经典，相当于一部道经目录。②其他的特殊情况应该还有很多，但不是那么有规律，

---

① 傅璇琮等编：《唐五代人物传记资料综合索引》，中华书局，1982年；昌彼得等编：《宋人传记资料索引》，台北鼎文书局，1976年；李国玲编：《宋人传记资料索引补编》，四川大学出版社，1994年；王德毅等编：《元人传记资料索引》，台北新文丰出版公司，1979年—1982年；梅原郁、衣川强编：《辽金元人传记索引》，日本京都大学人文科学研究所，1972年；台湾中央图书馆：《明人传记资料索引》，中华书局，1987年；周骏富编：《清代传记丛刊索引》，台北明文书局，1986年；周骏富编：《明人传记资料丛刊索引》，台北明文书局，1991年。

② 朱越利：《道经总论》，辽宁教育出版社，1991年12月，226页。

所以需要在研究中不断积累和总结这方面经验。目录学研究者可以参考专科文献研究者在其领域获得文献著录的方法，来丰富普通文献学的研究方法。

三、古籍引书目录的编纂

引书目录由若干引书条目组成，先谈一下引书条目的著录。引书目录的编纂是为了揭示古籍引书的名称、数量、频度和位置，所以其著录就要能够准确反映这些内容。其中引书名称的问题最多，因为引用书名时常常使用简称，又往往不同时称引作者，或者直接使用篇名、某某人名云、诗、书之类，另外还客观存在同书异名和同名异书的问题，所以引书名称的情况非常复杂。这就要求著录时考虑这些情况。首先要对书名和作者的情况做调查考证，尽可能地分清书名和篇名、同书异名和同名异书的情况。注意不要把存世古籍的篇名误以为书名，也不要把书名误以为篇名；可以通过称引作者和引文内容解决一部分同书异名和同名异书的问题，如果不能准确区分，也只能按照称引名称著录；对于疑似同一本书的情况，可以采用互注参见法；对于某某人名云、诗、书之类要考查是否为已知著作内容，如果不清楚，可径直著录为某某人名云、诗、书。引书名称还有一个特殊问题，就是转引之书的问题，即引文中再称引某书的情况，这种情况一般出现在注书和类书中，如裴骃《史记集解·五帝本纪》引臣瓒曰："《孔子三朝记》曰：'蚩尤，庶人之贪者。'"。对于这种情况，最好也进行著录，因为很可能被转引的书已亡佚或残缺，抑或保留了佚文和有价值的异文。对于引书的著录要尽量无遗漏，这样就可以统计出引用某书的数量、篇章内容和频度，这在研究先秦两汉著作的引书时尤其有意义，比如"现存先秦古籍引《诗》研究"这种题目。还要说一下的是引书位置的著录，当然是采用书中自然位置的方法比较好，比如篇卷、类书的类目、辞书的辞条等等。这样可以通用于各种版本，但却没有使用页码那样方便快捷；可以考虑同时附带一种常用善本的页码，就可以兼顾了。引书位置可以有多处，按照一定的次序排列即可，一般是按照在书中出现的顺序。为了清楚起见，每个引书名称最好有引书编号，这样一本书的引书数量便一目了然了，而且便于引书目录索引标示位置。综上所述，为了充分体现引书目录的学术价值，著录每个引书条目时就要尽量全面地标引相关信息，可包括的项目有引书编号、引用名称、通用书名、参见条目、引用篇名、通用篇名、引用作者、作者通名、引书位置（篇卷、其他类目条目、页码）。这样著录也便于使用计算机辅助编纂时构建信息完整的数据库。

引书条目著录完成后，依次排列就组织成为引书目录的主体部分；为了方便使用和参考，引书目录还应该有其他附属部分。这里就谈一下引书目录的体例。现有的引书目录大多是单书的，但也有多书综合的。单书的大多只著录到引书位置，但也有把引文摘出编纂的，后者如程金造《史记索隐引书考实》。多书综合的有只著录到引书名称的，如马念祖《水经注等八种古籍引用书目汇编》，也有著录到引书位置的，如大渊忍尔等《六朝唐宋的古文献所引道教典籍目录·索引》。综合看，著录到引书位置就可以满足学术需要了，新近编的引书目录一般都附有索引。上述大渊忍尔的引书目录就是一部体例较完备的多书综合古籍引书目录，可以作为古籍引书目录的范式：它包括采用古籍简介、采用古籍的篇目和类目、每部引书目录、索引四个部分。采用古籍简介要对古籍的作者、编撰时代等情况做简要介绍；采用古籍的篇目和类目是配合简介使读者进一步了解古籍的内容框架；每部引书目录依次著录每部古籍的引书条目；索引部分最好有书名、篇名、作者综合索引，这样使用起来比较方便。

最后，简单讨论一下计算机的使用对于编纂工作的助益。单部古籍引书目录的编纂可以分为标称著录引书、按引书名称分类编排、编制索引三个步骤。其中第一步是关键，但是这恰恰是计算机无法自动完成的，因为没有很好的算法让计算机自动识别古籍中的引书和引文，同时也说明这方面工作由专业人员来做的必要性，即使将来很长一段时间也无法用计算机自动完成。虽然如此，在有原书电脑文字版的情况下，计算机的引入也可以大大提高编纂工作的效率。计算机可以辅助完成第一步骤，在电子版中可以任意搜索，加快了人工搜索的速度，然后可以使用软件对书中引书条目进行逐条摘录，接下来两步就可以都通过计算机自动完成了。多部古籍引书目录的编纂不过是单部古籍步骤的重复，索引虽然是多部共同索引，但仍可以通过软件自动完成。计算机的引入带来质的变化是综合查询功能，引书条目录入后可以形成一个数据库，通过软件可以对于该数据库做各式的查询和统计，这个数据库在软件的配合下可以随时生成各种排序、统计和查询结果，就给引书目录的研究和使用带来很大方便和空间。

附录：知见古籍引书目录

古籍引书目录是古籍引书研究的重要研究成果。北宋《太平御览》书前有《经史图书纲目》，《太平广记》书前有《引用书目》。南宋高似孙在所著《纬略》卷九叙录刘孝标《世说新语注》引用书目，清赵翼在《廿二史札记》卷六叙录裴松之《三国志注》引用书目，清汪师韩在《文选理学权舆》中叙录李善《文选注》引用书目。[①] 但以上引用书目都没有单独成书，清末沈家本有《文选李善注引用书目》《世说注所引用书目》《三国志注所引用书目》《续汉书志注所引书目》古书目四种，其后此类书目编撰渐多。

---

① 马念祖：《水经注等八种古籍引用书目汇编》"序言"，中华书局，1959年。

现就各书著录及所知见列于下，供研究者参考：

《太平御览引书目》一卷，章钰编，燕京大学图书馆藏章氏四当斋旧藏稿本一册。

《太平广记引用书目》一卷，章钰编，燕京大学图书馆藏章氏四当斋旧藏稿本一册。

《太平广记引用书籍增订目录》一卷，梁氏慕真轩藏钞本一册。

《艺文类聚引用书籍目录》一卷，梁氏慕真轩藏杨氏观海堂旧藏稿本一册。

《唐宋类书引用书目》，杨守敬编，南城李氏宜秋馆藏稿本，梁氏慕真轩藏传钞本九册。

《嘉业堂所藏永乐大典引用书目》，刘承干编，"中央研究院"史语所藏北京人文研究所旧藏打字本，梁氏慕真轩藏钞本一册。

《永乐大典征引用书目残本》，北平图书馆藏该馆传钞本一册，梁氏慕真轩藏钞本一册、

《永乐大典内辑出之书目》，赵万里编，载《北海图书馆月刊》。

《引证群书目录》，章钰编，燕京大学图书馆藏章氏四当斋旧藏刘履芬写金风亭长书目五种本，四册。

《文选李善注引用书目》，清沈家本编，大兴王氏藏文禄堂稿本二册，梁氏慕真轩藏钞本二册。

《一切经音义引用书目》，清费寅编，江安傅氏双鉴楼藏稿本一册，梁氏慕真轩藏稿本一册。

《齐民要术引用书目》，杨守敬编，南城李氏宜秋馆藏原稿本，梁氏慕真轩藏传钞本一册。

《世说注所引用书目》三卷，清沈家本编，民国间归安沈氏家刻《沈寄簃先生遗书乙编》中古书目四种本。

《世说新语注引用书目》，叶德辉编，附载王先谦校刻《世说新语》后。

《续汉书志注所引书目》三卷，清沈家本编，民国间归安沈氏家刻《沈寄簃先生遗书乙编》中古书目四种本。

《后汉书李贤注引书目》一卷，清金武祥编，燕京大学图书馆藏章氏四当斋旧藏霜根老人抄本一册。

《续汉志刘昭注引书目》一卷，清金武祥编，燕京大学图书馆藏章氏四当斋旧藏霜根老人抄本一册。

《后汉书志注引用书目》，贺昌群编，载《图书季刊》三卷四期。

《后汉书注引书考附三国志并注中引用书名》，日本刚田孝若编，国立北平图书馆藏日本钞本一册，梁氏慕真轩藏王有三先生手钞本一册。

《后汉书注引用书目》，北京大学研究所国学门编，北京大学文科研究所藏稿本一册，梁氏慕真轩藏钞本一册。

《三国志注所引书目》二卷，清沈家本编，民国间归安沈氏家刻《沈寄簃先生遗书乙编》中古书目四种本。①

哈佛燕京学社引得编撰处所编引书引得：
正刊6号，《仪礼引得附郑注及贾疏引书引得》，1932年。
正刊12号，《世说新语引得附刘注引书引得》，1933年。
正刊15号，《太平广记篇目及引书引得》，1934年。

---

① 以上据梁子涵编：《中国历代书目总录》特种书目之引用书目，台北中华文化出版委员会，1955年。

正刊 17 号,《水经注引得》,1934 年。
正刊 23 号,《太平御览引得》,1935 年。
正刊 26 号,《文选注引书引得》,1935 年。
正刊 29 号,《春秋经传注疏引书引得》,1937 年。
正刊 30 号,《礼记注疏引书引得》,1937 年。
正刊 31 号,《毛诗注疏引书引得》,1937 年。
正刊 33 号,《三国志及裴注综合引得》,1938 年。
正刊 36 号,《汉书及补注综合引得》,1940 年。
正刊 37 号,《周礼引得附注疏引书引得》,1940 年。
正刊 38 号,《尔雅注疏引书引得》,1941 年。
正刊 41 号,《后汉书记注释综合引得》,1949 年。

其他:

《太平御览索引》,钱亚新,商务印书馆,1934 年。
《五代史记注引书检目》,班书阁,《女师学院期刊》2 卷 3 期,天津河北省立女子师范学院出版课,1934 年。
《南唐书笺注引书表》,班书阁,《女师学院期刊》3 卷 2 期,天津河北省立女子师范学院出版课,1935 年。
《齐民要术引用书目考证》,胡立初,《齐鲁大学国学汇编二》,1935 年。
《慧琳一切经音义引用书索引》,国立北平大学研究院文史部,商务印书馆,1938 年。
《游仙窟注引用书目索引》,吉田幸一,日本《书志学》十五卷一号,1940 年。
《百子全书地名官职爵名引用书名索引》,矢岛玄亮,日本东北大学支那学研究室,1953 年。
《十三经经名篇名引用书名索引》,矢岛玄亮,自刊于仙台,

1955年。

《水经注等八种古籍引用书目汇编》，马念祖，中华书局，1959年。

《司马迁所见书考》，金德建，上海人民出版社，1963年。

《太平广记引书引得补正》，叶庆炳，台北《辅仁大学人文学报》，1972年（2）。

《真诰书名地名索引》，石井昌子，载《日本东洋学术研究》11—1期，1972年。

《古今图书集成引用书目稿》，枥尾武，日本汲古书院，1972年—1977年。

《北堂书钞引书索引》，山田英雄，日本采华书林，1973年。

《初学记引书引得》，中津滨涉，自刊，1973年。

《太平广记人名引书索引》，周次吉，台北艺文印书馆，1973年。

《中国高僧传索引》，牧田谛亮等，日本京都平乐寺书店，1973年—1978年。

《艺文类聚引书索引》，中津滨涉，日本中文出版社，1974年。

《广雅疏证引书索引》，周法高等，香港中文大学出版社，1978年。

《风俗通义人名引书索引》，吴树平，天津人民出版社，1980年。

《初学记索引》，许逸民，中华书局，1980年。

《太平广记人名引书索引》，彭庄，台北文史哲出版社，1981年。

《太平广记索引》，罗锡厚等，中华书局，1982年。

《艺文类聚索引》，李健雄等，上海古籍出版社，1982年。

《史记三家注引书索引》，段书安，中华书局，1982年。

《事类赋注引书索引》,王秀梅、马蓉,附载《事类赋注》,中华书局,1989年。

《太平广记索引》,王秀梅、王泓冰,中华书局,1996年。

《史记索隐引书考实》,程金造,中华书局,1998年。

《六朝唐宋的古文献所引道教典籍目录·索引》,大渊忍尔、石井昌子、尾崎正治,日本国书刊行会,1999年。[1]

---

[1] 以上据潘树广:《古籍索引概论》,书目文献出版社,1984年;卢正言:《中国索引综录》,上海辞书出版社,2000年。

东汉之前的道书叙录*

一、东汉之前道书的概况与分类

　　道教研究一个很重要的方面就是典籍方面的研究，本文所提的道书就是从这个意义上说的，即道教的典籍。道教研究的前辈们已对道书概况、道藏、敦煌道书等做出了不少杰出的研究。

　　道教的自由造经时代基本上在西汉之后，东汉之前的典籍在后世道藏中的存在是将其吸收入道书的结果。其中在后世道书中占重要地位的主要有两大类：道家经典和修炼方法。道家经典后世成为道教哲学的基础，自不必说，而先秦以来的修炼方法亦开创了后世道教修炼的法门，成为道书中举足轻重的部分。虽然北魏寇谦之"去三张伪法及合气之术"，其实后世房中术被吸收到内丹修炼中，只是更加隐蔽而已。而同时吸收的医术、占卜、术数、阴阳等典籍一方面没有在道书中占据重要的位置，另一方面亦一直为儒家、民间所运用，则不能简单地将其列入道书。

　　因此，本文将东汉之前的道书分为两大类：道家类和神仙类①，其

---

* 原载《道家文化研究》第二十五辑，三联书店，2010年，第284页—327页。
① 此处神仙类只是采取与《汉志》相同的名称，实际内涵并不相同。

中神仙类下辖炼养、服食、房中和仙经四小类，前三小类都是修炼方法，这种分类主要是根据修炼方法的不同而设。蒙文通将战国时期的仙道分为南方地区的行气派、燕齐地区的药饵派和秦中地区的宝精派，大致与本分类相同。① 其中炼养包括行气、导引、存想等，这类修炼方式强调自身的修炼，不假外物；服食主要是服食丹药，后来发展为黄白外丹书；房中则是通过房事达到修炼养生的一种方法。仙经则包括其他与神仙相关的典籍。

本文依据上述标准辑录东汉之前道书，以《汉志》诸子略中的道家类，方技略中的神仙类和房中类作为主干，同时以历代文献著录称引、出土文献及可信之传世文献进行补充。然后根据内容进行分类叙录，进而展现东汉之前道书之大概以及现今的流传存佚情况。

本文东汉之前道书的叙录内容大致包括如下几个方面：

1）典籍存、残、亡、疑的情况：对于存世无可疑者，只做简单著录；对于残、亡典籍，考其残、亡篇卷，结合历代著录情况和被称引的情况，考订其残、亡时代，并著录其辑本情况；对于存世典籍被疑为作伪增窜的，则列其疑点与学术论争情况。

2）典籍的作者：不著名者，考其时代事迹。

3）典籍的内容：对于残、亡典籍，考其内容大概。

4）篇卷的分合演变。

以上所列各项内容，是笔者叙录的凡例，但限于学力及所见，加上有些文献实在可考无多，对一时不能确考者也只能付之阙如，等待有新发现时再做补充。为行文方便，本文采取新撰叙录方式，除随文注释外，引用诸家著作见文后参考书目。另，以下叙录中汉、隋诸史经籍、艺文志为行文方便不加书名号。

---

① 蒙文通：《晚周仙道分三派考》，《蒙文通文集》（第一卷）：《古学甄微》，巴蜀书社，1987年。

二、东汉之前的道书叙录

（一）道家类

〖汉志著录〗

《伊尹》五十一篇　汤相①。

今亡，隋唐志皆不著录，盖亡佚甚早。辑本有：马国翰《玉函山房辑佚书·子编道家类》，严可均《全上古三代文》卷一。《史记·殷本纪》有言伊尹从汤，"言素王九主之事"。裴骃《集解》引刘向《别录》曰："九主者，有法君、专君、授君、劳君、等君、寄君、破君、国君、三岁社君，凡九品，图画其形。"实即所谓君王南面之术。1973年湖南长沙马王堆汉墓出土《老子》甲本后有《九主》，共52行，约有1500字。原无篇题，"九主"是整理者根据该篇内容所定。该篇的内容是记述伊尹论九主（法君、专授之君、劳君、半君、寄主、破邦之主二、灭社之主二）的言论，篇中肯定法君，否定其他八主，整理小组认为是战国后期作品。其言九主大体与刘向记载相同，当即此五十一篇中之文字。《吕氏春秋·本味篇》亦有伊尹与汤问答，《吕氏春秋》多引先秦典籍，或亦源自此。汉志小说家类有"《伊尹说》二十七篇。其语浅薄，似依托也"，而此处未注依托，若《逸周书》《吕氏春秋》《说苑》称引伊尹言行为此，则早在战国末年前已成书。

《太公》二百三十七篇　吕望为周师尚父，本有道者。或有近世又以为太公术者

---

① 书名后小字为《汉志》班固自注，今存之备考，以下同。

所增加也。《谋》八十一篇，《言》七十一篇，《兵》八十五篇

今残，存《六韬》六十篇。有宋《武经七书》本，为传世通行本。另有敦煌唐写本，见伯3454号卷子，又有《群书治要》本，皆有不小差异。①1972年山东临沂银雀山汉墓出土竹简有《六韬》文字十四组，文字有见今本者，亦有见《群书治要》等诸书本所引者，另有残简零简文字于两者皆不见者。1973年河北定县八角廊汉墓竹简有《太公》。辑本《太公六韬佚文》有：孙志祖《读书脞录续编》卷三，孙同元《平津馆丛书·六韬附》，严可均《全上古三代文》卷六，顾观光《武陵山人遗稿·古书逸文》，黄奭《汉学堂丛书·子史钩沉·子部兵家类》，王仁俊《经籍逸文》。《太公金匮》有：洪颐煊《问经堂丛书·经典集林》，严可均《全上古三代文》卷七，顾观光《武陵山人遗稿·古书逸文》。《太公兵法》《太公阴谋》《太公阴符》有：严可均《全上古三代文》卷七，顾观光《武陵山人遗稿·古书逸文》。顾观光《武陵山人遗稿·古书逸文》并载《太公伏符阴阳谋》。严可均《全上古三代文》卷七并载《太公阴秘》《太公决事占》。王宗沂《汪仲伊所著书》载《太公兵法逸文》一卷。总其成者，辑佚《太公六韬》有周凤五辑《太公六韬佚文》②。辑佚《太公》三书佚文有郑廷焯《先秦诸子考佚》③。《谋》或即太公之《阴谋》，《言》或即太公之《金匮》，古者善言常书诸金版，《文选·广绝交论》李善注引《太公金匮》："屈一人之下，申万人之上。武王曰：'请著金版。'"《文选·宣德皇后令》李善注引《六韬》："太公曰：'屈一人之下，伸万夫之上，唯圣人能焉。'"《大戴礼记·践阼篇》《吕氏春秋》《新书》《淮南子》《说苑》等引太公言或即是。《兵》者即《太公兵法》，《说苑·指武篇》引《太公兵法》。

---

① 此篇叙录参考张大超：《〈太公书〉与〈六韬〉》，北京大学中文系2000年硕士论文。
② 周凤五辑：《太公六韬佚文》，《毛子水先生九五寿庆论文集》，幼狮文化事业公司，1987年。
③ 郑廷焯辑：《先秦诸子考佚》，台湾鼎文书局，1980年。

隋唐宋志、《通志》著录太公书多种，《文献通考》仅余《六韬》。隋志子部兵家类著录有："《太公六韬》五卷（梁六卷，周文王师姜望撰），《太公阴谋》一卷（梁六卷，梁又有《太公阴谋》三卷，魏武帝解），《太公阴符钤录》一卷，《太公金匮》二卷，《太公兵法》二卷（梁三卷），《太公兵法》六卷（梁有《太公杂兵书》六卷），《太公伏符阴阳谋》一卷，《太公三宫兵法》一卷（梁有《太一三宫兵法立成图》二卷），《太公书禁忌立成集》二卷，《太公枕中记》一卷。"两唐志子部兵书类著录有："《太公阴谋》三卷。《太公金匮》二卷。《太公六韬》六卷。《太公阴谋三十六用》一卷。《黄帝太公三宫法要诀》一卷。"宋志子部兵家类著录有："《太公兵书要诀》四卷。《黄帝太公兵法》三卷（虞彦行进）。《六韬》六卷（不知作者）。朱服校定《六韬》六卷。"《武经七书》本《六韬》六卷与《群书治要》所载异，或源于此。《庄子·徐无鬼》言《金板》《六弢》，《淮南子·精神训》亦言《金縢》《豹韬》。《文选·王文宪集序》李善注引刘歆《七略》云："《太公金版玉匮》，虽近世之文，然多善者。"《太公》三书之文与《管子》、《黄帝书》内容互有掺杂，二百三十七篇中恐不少为齐稷下学派所作，又或有后世所增。又《太公》三书之文与《六韬》时相出入，《六韬》盖总《太公》三书之文揉合而成，故宋以后独存。《六韬》乃文、武、龙、虎、豹、犬六韬。

《辛甲》二十九篇 纣臣，七十五谏而去，周封之。

今亡，隋唐志皆不著录，盖亡佚甚早。辑本有：马国翰《玉函山房辑佚书·子编道家类》，严可均《全上古三代文》卷二。《史记集解·周本纪》引刘向《别录》曰："辛甲，故殷之臣，事纣，盖七十五谏而不听，去。至周，召公与语，贤之，告文王。文王亲自迎之，以为公卿，封长子。"《左传·襄公四年》载魏绛对晋悼公语中有云："昔周辛甲之为太史也，命百官，官箴王阙。"并述其《虞人之箴》，或即在此中。

《韩非子·说林上》有"周公旦已胜殷，将攻商、盖，辛公甲曰：'大难攻，小易服，不如服众小以劫大。'"作辛公甲。若《韩非子》称引为此，则早在战国末年以前已成书。

《鬻子》二十二篇 名熊，为周师，自文王以下问焉，周封为楚祖。

今本疑，今本《鬻子》存十四篇，唐逢行珪注。辑佚文有：杨之森《百子全书·鬻子附》，钱熙祚《守山阁丛书·子部·鬻子附》，严可均《全上古三代文》卷九，叶德辉《郋园先生全书》。《史记集解·周本纪》引刘向《别录》曰："名熊，封于楚。"

隋唐宋志皆载一卷。《四库全书》有《鬻子》一卷，《道藏》本为两卷。《崇文总目》作十四篇，高似孙《子略》作十二篇，陈振孙《直斋书录解题》称陆佃所校十五篇。今本凡十四篇，盖即《崇文总目》所著录。汉志所载《鬻子》当出于战国时人所缀辑。今本《鬻子》乃系唐逢行珪于永徽四年（653）"缮写奉献"，并为之注。然贾谊《新书》所引《鬻子》七章皆不见于今本，《列子》中的《天瑞》、《黄帝》、《力命》三篇引鬻子言，今本亦无。庾仲容《子钞》、马总《意林》并云《鬻子》六篇，而今本十四篇，叶梦得疑逢行珪有所附益（见《文献通考·经籍考》引）。《群书治要》本所载之三段，皆见于今本。今本《鬻子》十四篇出魏晋以后，而非汉志道家类《鬻子》之旧貌。严可均《铁桥漫稿》以为《鬻子》非专记鬻熊语，乃杂鬻熊后世至周成王时熊绎语，系史官或子孙所编，以为今本除妄为标题，犹存古帙。考汉志小说家又有《鬻子说》十九篇，是当时本有二书。四库馆臣认为《列子》引《鬻子》凡三条，皆黄老清静之说，与今本不类，疑即道家二十二篇之文；今本所载与贾谊《新书》所引六条文格略同，疑即小说家之《鬻子说》也。

《管子》八十六篇 名夷吾，相齐桓公，九合诸侯，不以兵车也。有《列传》。

今本残，存七十六篇；今本中《封禅》乃唐人注本据《史记》补入，实存七十五篇，亡佚十一篇。辑佚文有：严可均《全上古三代文》卷七，顾观光《武陵山人遗稿·古书逸文》。

刘向《管子叙录》今存。《史记正义·管晏列传》引"《七略》云：《管子》十八篇，在法家。"《管子叙录》称"道约言要"，则应入道家。《史记正义·老子韩非列传》两引"阮孝绪《七略》"，一为"《申子》，三卷"，一为"《韩子》，二十卷"。考《七录序》"儒部六十六种，七十五帙，六百三十卷。道部六十九种，七十六帙，四百三十一卷"，则《七录》皆称卷，而《七略》称篇。此处称卷，盖将阮孝绪《七录》误引作《七略》。所谓"《管子》十八篇，在法家"云者亦为《七录》之误，否则《索隐》应出注。此处"篇"亦应为"卷"。《史记正义·管晏列传》又引"《七略》云：《晏子春秋》七篇，在儒家"。虽亦称篇，然汉志不称春秋，且著录为八篇，隋唐志《晏子》皆著录为七卷，则此处亦为《七录》之误。由是知阮孝绪《七录》著录："《管子》十八卷"，在法家。隋志因《七录》，以后著录皆在法家，隋志、新唐志为十九卷，旧唐志为十八卷。十九卷者，或为叙录单独成卷。马端临《文献通考·经籍考》引《崇文总目》曰："《管子》十九卷，唐国子博士尹知章注。按《吴兢书目》，凡书三十卷，今存十九卷，自《形势解》篇而下十一卷已亡。"据张固也考证乃为尹注残本，《通志·艺文略》、宋志著录二十四卷，实为北宋杨忱合十九卷尹注残本与十八卷本，编刻成二十四卷本，并据杜佑之说改题房玄龄注。① 今本所亡佚十一篇盖于唐前，《文选·猛虎行》李善注曰："江邃《文释》云：'《管子》曰：夫士怀耿介之心，不荫恶木之枝，恶木尚能耻之，况与恶人同处？'今检《管子》，近亡数篇，恐是亡篇之内而邃见之"。四库馆臣据以为初唐已亡，江邃为刘宋时人，则亡于南朝、隋之时。《管子》内容驳杂，盖为齐稷下学派所作。

---

① 此篇叙录参考张固也：《管子研究·管子早期流传考》，齐鲁书社，2006年。

《老子邻氏经传》四篇　姓李，名耳，邻氏传其学。

《邻氏传》今亡，隋唐志皆不著录，盖亡佚甚早。经文有存世《老子》上下篇八十一章。辑经文佚文有：王仁俊《经籍佚文》，马叙伦《老子覈诂附》。1973年湖南长沙马王堆汉墓出土《老子》甲、乙本，与传世本文字有不少差异，皆不分章，《德经》在前，《道经》在后。1993年湖北省荆门市郭店出土《老子》甲、乙、丙三组残篇，文字与章次都与传世本、帛书本差别很大。

《道藏》本宋董思靖《道德经集解序说》引《七略》云："刘向定著二篇八十一章，《上经》三十四章，《下经》四十七章。"《道藏》宋谢守灏《混元圣纪》引《七略》云："刘向……定著八十一章。《上经》第一，三十七章；《下经》第二，四十四章。"未知孰是。今《道藏》本《道德真经》如谢氏说。

《老子傅氏经说》三十七篇　述老子学。

今亡，《傅氏说》隋唐志皆不著录，盖亡佚甚早。

《老子徐氏经说》六篇　字少季，临淮人，传《老子》。

今亡，《徐氏说》隋唐志皆不著录，盖亡佚甚早。

刘向《说老子》四篇

今亡，刘向《说老子》隋唐志皆不著录，盖亡佚甚早。今刘向《说苑》《新序》有述老子语。

《文子》九篇　老子弟子，与孔子并时，而称周平王问，似依托者也。

今本残，存十二篇。辑佚文有：顾观光《武陵山人遗稿·古书逸文》。隋志著录："《文子》十二卷（《七略》有九篇，梁《七录》十卷，亡)。"隋志以下皆著录为十二卷。1973年河北省定县西汉墓出土汉简《文子》，其中大部分不见于今本，然《道德》一篇有六章与今本大体相同，另有少量文字与《道原》、《精诚》、《微明》、《自然》中的内容相似。简本中平王问文子，今本作文子问老子，据班注，当为后人改篡。敦煌写卷六种：分别为斯2506号，伯2380、2456、2810、3768、4073号。①

《史记·货殖列传》："昔者越王句践困于会稽之上，乃用范蠡、计然。"裴骃《集解》：徐广曰："计然者，范蠡之师也，名研，故谚曰'研、桑心算'。"骃案：《范子》曰："计然者，葵丘濮上人，姓辛氏，字文子，其先晋国亡公子也。尝南游于越，范蠡师事之。"北魏李暹《文子》注因此，以计然、文子合为一人，于是乃有姓名，谓之辛钘。马总《意林》谓文子与计然，截然两人两书，李暹合为一人，谬甚。考《汉书·古今人表》有两文子，一在秦襄公后，约在周平王时，一在卫北宫后，约与孔子同时，另有计然、大夫种，则班固以为文子乃计然、文种外另一人。又钱穆因蔡谟说以为"计然"为范蠡所作书名，②未必。综上，以文子为计然、文种，实无确据。马端临《文献通考》引《周氏涉笔》，元杜道坚《通玄真经缵义》皆以为文子乃楚平王时人。《文子》本文只称"平王"，若确应为楚平王，则与老子弟子时代吻合，简本中有称"天王"，葛刚岩认为平王即周平王。《史记索隐·孟子荀卿列传》引《别录》曰："今按《墨子》书有文子，子夏之弟子，问于墨子。"今本《墨子》中无文子。赵逵夫认为此文子当为"禽子"坏文，禽子即禽滑，《史记·儒林列传》："田子方、段干木、吴起、禽滑之属受业于子夏之伦。"③李定生认为：文子为彭蒙之师，是上继老子，下开稷下道家

---

① 此篇叙录参考葛刚岩：《〈文子〉成书及其思想》，巴蜀书社，2005年。
② 参见钱穆：《先秦诸子系年》，商务印书馆，2001年，第119页。
③ 参见赵逵夫：《〈文子〉成书及其思想》序，巴蜀书社，2005年。

的重要人物。①

据葛刚岩考证，今本《文子》在古本《文子》残损的基础上，补入《老子》、《庄子》等，尤其是补入大量篇幅的《淮南子》而形成的。今本的形成当于东晋张湛之前，因为《文选》李善注所保留《文子》张湛注的佚文已经与今本相同。今本中"平王问文子"改为"文子问老子"，当在北魏李暹之前，晁公武《郡斋读书志》引李暹传曰"本受业于老子，文子录其遗言十二篇"，则李暹注本已为"文子问老子"。而其他章节"老子曰"则出现于唐太宗中晚期。

《蜎子》十三篇 名渊，楚人，老子弟子。

今亡，隋唐志皆不著录，盖亡佚甚早。

蜎渊或作环渊，环、蜎古字通，《战国策·楚策》有范环，《史记·甘茂传》作范蜎，即其证。《淮南子·原道训》或作娟嬛，枚乘《七发》引作便蜎。《史记·孟子荀卿传》："环渊学黄老道德之术，著上下篇。"则非十三篇。《史记·田敬仲完世家》："环渊之徒七十六人，皆赐列第，为上大夫，不治而议论。是以齐稷下学士复盛，且数百千人。"《文选·七发》李善注引高诱《淮南子注》曰："娟嬛，白公时人。"今本《淮南子注》无此文，且与环渊为稷下先生不合。钱穆《先秦诸子系年》所附《诸子生卒年世约数》：环渊（前360—前280）。

《关尹子》九篇 名喜，为关吏，老子过关，喜去吏而从之。

今本疑，隋唐志皆不著录。宋志著录"刘向《关尹子》九卷"。《四库全书》有《关尹子》一卷。《总目》："《隋志》、《唐志》皆不著录，则其佚久矣。南宋时徐蒇子礼始得本于永嘉孙定家，前有刘向校定序，后有葛洪序。向序称盖公授曹参，参薨，书葬。孝武帝时有方士来上，

---

① 参见李定生、徐慧君：《文子校释·论文子》，上海古籍出版社，2004年。

淮南王秘而不出。向父德，治淮南王事，得之。其说颇诞。与《汉书》所载得《淮南鸿宝秘书》言作黄金事者不同，疑即假借此事以附会之。故宋濂《诸子辨》以为文既与向不类，事亦无据，疑即定之所为。"余嘉锡《四库提要辨证》辨之甚详，定其作伪于南宋孝宗时。九篇，今本为一《宇篇》，二《柱篇》，三《极篇》，四《符篇》，五《鉴篇》，六《七篇》，七《釜篇》，八《寿篇》，九《药篇》。

《庄子·天下篇》曰："关尹、老聃乎！古之博大真人哉！"又《达生篇》言列子问关尹。《应帝王篇》言列子尝师壶丘子林，《吕氏春秋·下贤篇》曰："子产相郑，往见壶丘子林。"则关尹盖稍在郑子产之前。《庄子·天下篇》以关尹与老聃并称，而名列于前，似非老聃弟子。《吕氏春秋·不二篇》曰："老聃贵柔，孔子贵仁，墨翟贵廉，关尹贵清，子列子贵虚，陈骈贵齐，阳生贵己，孙膑贵势，王廖贵先，儿良贵后"，其学似亦不与老氏全同也。记其事最早者，莫如《史记》。但言老子"见周之衰，乃遂去。至关，关令尹喜曰：'子将隐矣，强为我著书。'于是老子乃著书上下篇，言道德之意，五千余言而去"，而未尝言关尹子亦著书。况《史记》所云"关令尹喜曰"，或言关令尹见老子之至而心喜悦也。司马迁以后之人，遽以"喜"为其名，或直称之为"尹喜"。

《庄子》五十二篇 名周，宋人。

今残，今本《庄子》三十三篇。辑佚文有：马叙伦《庄子义证·附录二》，王叔岷《庄子校释·附录一》。1977年安徽阜阳双古堆汉墓竹简《庄子·杂篇》中《则阳》、《让王》、《外物》残篇。[①]1988年湖北江陵张家山汉墓竹简《庄子·外篇·盗跖》，内容与今本第一章基本一

---

① 参见韩自强等：《阜阳出土的〈庄子·杂篇〉汉简》，《道家文化研究》第十八辑，三联书店，2000年。

致。①

陆德明《经典释文序录》曰:"《汉书·艺文志》:'《庄子》五十二篇',即司马彪、孟氏所注是也。言多诡诞,或似《山海经》,或类占梦书,故注者以意去取,其内篇众家并同,自余或有《外》而无《杂》,惟郭子玄所注,特会庄生之旨,故为世所贵。""司马彪《注》二十一卷五十二篇。字绍统,河内人,晋秘书监。《内篇》七,《外篇》二十八,《杂篇》十四,《解说》三,为《音》三卷。""孟氏《注》十八卷五十二篇。不详何人。""郭象《注》三十三卷三十三篇。字子玄,河内人,晋太傅主簿。《内篇》七,《外篇》十五,《杂篇》十一,为《音》三卷。"郭《注》即今三十三篇本。司马彪注本,隋志注云:"本二十一卷,今阙。"新旧唐志著录二十一卷,盖后得复完。《通志》著录十六卷,盖复阙。咸著录,《文献通考》始无,则亡于南宋。故唐宋类书所引《庄子》,往往今本所无。《庄子》佚篇名称可考者有《阏弈》、《意修》、《危言》、《游凫》、《子胥》并见《经典释文序录》,《惠施》见《北齐书·杜弼传》六篇,待考者有《畏累虚》见《史记》本传、《马捶》见《南史·文学传》、《重言》见《庄子·寓言》三篇,其余皆不可考。②

钱穆《先秦诸子系年》所附《诸子生卒年世约数》:庄周(前365—前290)。

《列子》八篇 名圄寇,先庄子,庄子称之。

今存,今本八篇。

钱穆《先秦诸子系年·列御寇考》曰:今考《汉书·古今人表》,列子在韩景侯、魏武侯间……仍当列战国为优。《诸子生卒年世约数》:

---

① 参见《江陵张家山两座汉墓出土大批竹简》,《文物》1992年第9期;廖名春:《〈庄子·盗跖篇〉探源》,《文史》第四十五辑,中华书局,1998年。

② 参见茆泮林《庄子逸篇》、王叔岷《庄子逸文序》。关于《庄子》佚篇及成书诸问题可参考崔大华:《庄学研究》,人民出版社,1992年。

列御寇（前450—前375）。

刘向《列子叙录》存。自唐柳宗元以来，《列子》就开始被怀疑是伪书，当然同时也有人认为《列子》不伪。近代以来持伪书说的主要有马叙伦、陈旦、季羡林、杨伯峻、陈文波等，认为大致不伪的有武内义雄、岑仲勉、汤用彤、严灵峰、许抗生、胡家聪、陈广忠、陈鼓应、马达、郑良树等。[①]以马达专著考辨尤详：首先一一反驳诸家伪书说，言之成理；然后从张湛注入手，考其误注误解《列子》原文多处，并注出大量异文、错字及通假，而定非张湛作伪；后从思想史、文学史、汉语史角度考证其为先秦著作，并确定其为列子及后学著作，大至成书于公元前278年至公元前237年。

《老成子》十八篇

今亡，隋唐志皆不著录，盖亡佚甚早。

《列子·周穆王篇》有："老成子学幻于尹文先生"。老成，乃复姓也。《世本·氏姓篇》："老成氏，宋有大夫老成方。"张澍《世本辑注》曰：《列仙传》："老成子从尹文先生学幻者，在齐定公时。"今本《列仙传》无此文。郑樵《通志·氏族略》有"老成氏"一条云："古贤人老成子之裔孙也。老成方为宋大夫，著书十篇，言黄老之道。"老、考，古字通。《太平御览》卷七百五十二引《列子》作考成子。《通志·氏族略》有考成子，云："古有考成子，著书述黄老之道。"

《长卢子》九篇 楚人。

今亡。隋唐志皆不著录，盖亡佚甚早。

《史记·孟子荀卿列传》曰："楚有尸子、长卢。"《列子·天瑞》有

---

① 关于详细观点参考马达：《〈列子〉真伪考辨》，北京出版社，2000年；郑良树：《诸子著作年代考》，北京图书馆出版社，2001年；权光镐：《〈列子〉研究》，北京大学哲学系2002年博士论文。

"长庐子"。《太平御览》卷三十七引《吕氏春秋》：长庐子曰："山岳河海，水金石火木，此积形成乎地也。"郑樵《通志·氏族略》曰："长卢氏，不知其本，《列子》：楚贤者长卢氏著书。"

《王狄子》一篇
今亡，隋唐志皆不著录，盖亡佚甚早。

《公子牟》四篇　魏之公子也。先庄子，庄子称之。
今亡，隋唐志皆不著录，盖亡佚甚早。辑本有：马国翰《玉函山房辑佚书·子编道家类》。

魏牟，魏国公子名牟。《庄子·秋水篇》《战国策·赵策》称公子牟；《说苑·敬慎篇》《汉书·古今人表》称魏公子牟；《庄子·让王》《吕氏春秋·审为》《淮南子·道应》称中山公子牟。高诱注《吕氏春秋·审为》云："公子牟，魏公子也，作书四篇。魏伐中山，得之，以封公子牟，因曰中山公子牟也。"

钱穆《先秦诸子系年》所附《诸子生卒年世约数》：魏牟（前320—前245）。

《田子》二十五篇　名骈，齐人，游稷下，号天口骈。
今亡，隋唐志皆不著录，盖亡佚甚早。辑本有：马国翰《玉函山房辑佚书·子编道家类》。

《史记·孟子荀卿列传》："田骈齐人，学黄老道德之术。"又《田敬仲完世家》："齐宣王喜文学游说之士，自如驺衍、淳于髡、田骈、接予、慎到、环渊之徒七十六人，皆赐列第为上大夫，不治而议论。是以齐稷下学士复盛，且数百千人。"《文选·宣德皇后令》李善注引《七略》曰："田骈好谈论，故齐人为语曰：天口骈。天口者，言田骈子不可穷，其口若事天。"《庄子·天下篇》称其学，学于彭蒙，与彭蒙、慎到并列。《吕氏春秋·不二篇》曰："老聃贵柔，孔子贵仁，墨翟贵廉，关尹贵清，子列子贵虚，陈骈贵齐，阳朱贵己，孙膑贵势，王廖贵先，儿良贵后。"《尸子·广泽篇》曰："墨子贵兼，孔子贵公，皇子贵衷，田子贵均，列子贵虚，料子贵别囿。"

钱穆《先秦诸子系年》所附《诸子生卒年世约数》：田骈（前350—前275）。

《老莱子》十六篇 楚人，与孔子同时。

今亡，隋唐志皆不著录，盖亡佚甚早。辑本有：马国翰《玉函山房辑佚书·子编道家类》。《文选·天台山赋》李善注引《别录》："老莱子，古之寿者。"

《史记·老子韩非列传》："或曰老莱子，亦楚人也，著书十五篇，言道家之用，与孔子同时云。"又《仲尼弟子列传》："孔子之所严事：于周，则老子；于卫，蘧伯玉；于齐，晏平仲；于楚，老莱子。"《大戴礼记·卫将军文子篇》："孔子曰：'德恭而行信，终日言不在尤之内，在尤之外，贫而乐也，盖老莱子之行也。'"李零《老李子与老莱子》[①]一文以为"莱"本为楚文"李"字，则老李子与老莱子本为一人。

《黔娄子》四篇 齐隐士，守道不诎，威王下之。

今亡，隋唐志皆不著录，盖亡佚甚早。辑本有：马国翰《玉函山房辑佚书·子编道家类》。

刘向《列女传·鲁黔娄妻》："鲁黔娄先生死，曾子与门人往吊之。"皇甫谧《高士传》："黔娄先生者，齐人也，修身清节，不求进于诸侯。鲁恭公闻其贤，遣使致礼，赐粟三千钟，欲以为相，辞不受。齐王又礼之，以黄金百斤聘为卿，又不就。著书四篇，言道家之务，号

---

① 附李零：《郭店楚简校读记（增订本）》，北京大学出版社，2002年。

《黔娄子》,终身不屈,以寿终。"

《宫孙子》二篇

今亡,隋唐志皆不著录,盖亡佚甚早。

颜师古注《汉书》曰:"宫孙,姓也,不知名。"汉志杂家类有《室孙子》。

《鹖冠子》一篇　楚人,居深山,以鹖为冠。

存,今本三卷十九篇,北宋陆佃注。辑佚文有:王仁俊《经籍佚文》,孙志祖《读书脞录续编》卷三。1973年长沙马王堆帛书出土的《老子》乙本卷前古佚书四篇,其中字句有不少与今本相同或相似,可证今本有所依据。①

《太平御览·逸民部》引袁淑《真隐传》:"鹖冠子,或曰楚人,隐居幽山,衣弊履穿,以鹖为冠,莫测其名,因服成号,著书言道家事,冯暖常师事之。"按此言冯暖者即庞暖也。

隋唐志著录为三卷。唐韩愈《鹖冠子序》言"十有六篇者,非全书也"。柳宗元《鹖冠子辨》言今本意皆鄙浅,辨其为伪。晁公武《郡斋读书志》:"按《四库书目》:《鹖冠子》三[卷]②十六篇,与愈合,已非《汉志》之旧。今书乃八卷,前三卷十三篇,与今所传《墨子》书同。中三卷十九篇,愈所称两篇皆在,宗元非之者,篇名《世兵》,亦在。后两卷有十九篇,多称引汉以后事,皆后人杂乱附益之。今削去前、后五卷,止存十九篇,庶得其真。"马端临《文献通考》引《崇文总目》:"今书十五篇,述三才变通、古今治乱之道。"王应麟《汉书艺文志考证》曰:"今四卷十五篇。"宋濂《诸子辨》曰:"予家所藏,但

---

① 本书的研究可参考孙福喜:《〈鹖冠子〉研究》,陕西人民出版社,2002年。
② 孙猛:《郡斋读书志校证》,上海古籍出版社,1990年,第484页注5。

十五篇云。"

又汉志纵横家有《庞煖》二篇，兵权谋有《庞煖》三篇。隋志道家有《鹖冠子》三卷，无庞煖书，盖入《鹖冠子》。顾实《汉书艺文志讲疏》曰："沈钦韩曰：'其中庞煖论兵法，《汉志》本在兵家，为后人傅合。'王闿运曰：'道家《鹖冠子》一篇，纵横家《庞煖》二篇，《隋志》道家有《鹖冠子》三卷，无《庞煖》书，而篇卷适相合，隋以前误合之，凡庞子言皆宜入煖书。'(《湘绮楼集·题鹖冠子》) 然沈说为胜，兵家《庞煖》三篇，汪刻本《汉书》作二篇，合此《鹖冠子》一篇，则正符三篇之数。《后汉书·续舆服志》：'鹖者勇雉，为武冠。'道家与兵家相通，本志兵权谋原有《鹖冠子》言兵之篇，此亦后世所以误合兵家《庞煖》为一欤？"黄怀信《鹖冠子汇校集注·前言》[①] 以为：今本十九篇中《世贤》、《武灵王》二篇本为兵权谋家《庞煖》二篇，此处二篇从顾说。其余十七篇中《泰鸿》、《泰录》两篇本应合为一篇，则此十六篇即韩愈及《开元四部录》所称十六篇本，而宋明人所见十五篇本则为十六篇本之残缺。而唐初《艺文类聚》、《群书治要》引及《世贤》、《武灵王》二篇，则合入当在唐前，隋志著录则已为十九篇本。黄氏并考证今本内容的最终撰作年代当在公元前236—公元前228年之间。

《周训》十四篇

今亡，隋唐志皆不著录，盖亡佚甚早。

颜师古《汉书注》引刘向《别录》云："人间小书，其言俗薄。"

《黄帝四经》四篇

今亡，隋唐志皆不著录，盖亡佚甚早。[②]

[①] 黄怀信：《鹖冠子汇校集注》，中华书局，2004年。
[②] 黄帝书研究情况可参考丁元《黄帝书研究》，北京大学中文系2003年硕士论文。

隋志曰："汉时诸子，道书之流有三十七家，大旨皆去健羡，处冲虚而已，无上天官符箓之事。其《黄帝》四篇，《老子》二篇，最得深旨。"

1973年湖南长沙马王堆汉墓出土《老子乙本》前有《经法》《十大经》《称》《道原》四种，唐兰等以为即《黄帝四经》，然裘锡圭撰文反对，①并列举了先秦古书引用黄帝之言，认为引言中思想绝大部分合乎"去健羡，处冲虚"之旨，至少有一部分应该出自《黄帝四经》。

《黄帝铭》六篇

今残，隋唐志皆不著录，盖亡佚甚早。

《金人铭》见刘向《说苑·敬慎》，《孔子家语·观周》记载略同，其文句有与《老子》及其他古书相似处，郑良树认为其出当早在《老子》等书前。②《黄帝巾几铭》见于《路史·疏仡纪》："毋翕弱，毋俷德，毋违同，毋敖礼，毋谋非德，毋犯非义。"亦与《老子》相似。是六铭尚存其二。

《黄帝君臣》十篇 起六国时，与《老子》相似也。

今亡，隋唐志皆不著录，盖亡佚甚早。

《杂黄帝》五十八篇 六国时贤者所作。

今亡，隋唐志皆不著录，盖亡佚甚早。

---

① 参考裘锡圭：《马王堆帛书〈老子〉乙本卷前古佚书并非〈黄帝四经〉》，《道家文化研究》第三辑，上海古籍出版社，1993年。
② 郑良树：《〈金人铭〉与〈老子〉》，《诸子著作年代考》，北京图书馆出版社，2001年。

《力牧》二十二篇 六国时所作，托之力牧。力牧，黄帝相。

今亡，隋唐志皆不著录，盖亡佚甚早。

《列子·黄帝》曰："黄帝既悟，怡然自得，召天老、力牧、太山稽"。《淮南子·览冥》曰："黄帝治天下而力牧、大山稽辅之。"罗振玉、王国维《流沙坠简》录斯坦因于1906年—1907年于敦煌所得汉简，有两枚残简：其一："□已不闻者何也？"力墨对曰："官□……"其二：黄帝问□□□曰："官毋门者何也□□"。力墨即力牧。

汉志兵阴阳有《力牧》十五篇。

《孙子》十六篇 六国时。

今亡，隋唐志皆不著录，盖亡佚甚早。

《盐铁论·论功篇》："孙子曰：'今夫国家之事，一日更百变，然而不亡者，可得而革也。逮出兵乎平原广牧，鼓鸣矢流，虽有尧、舜之知，不能更也。'"不称兵法，似道家之《孙子》。孙子见《庄子·达生篇》，名休。《汉书·古今人表》于吴孙武之外，列此孙子于田太公、魏武侯之时，与春秋时孙武自别，亦与此言六国时相合，盖即此孙子。

《捷子》二篇 齐人，武帝时说。

今亡，隋唐志皆不著录，盖亡佚甚早。

捷、接古通。捷子又作接子，始见《庄子·则阳》《史记·田敬仲完世家》《孟子荀卿列传》。应劭《风俗通·姓氏篇》："捷氏，郑公子捷灾之后，汉艺文志有捷子二篇，六国时人。"《汉书·古今人表》在尸子之后，邹子之前，六国时人。注"武帝时说"四字，乃涉下条注"武帝时说于齐王"而衍。按《元和姓纂》，别捷子、接子为二人，盖非。

钱穆《先秦诸子系年》所附《诸子生卒年世约数》：接子（前350—前275）。

《曹羽》二篇 楚人，武帝时说于齐王。

今亡，隋唐志皆不著录，盖亡佚甚早。

《郎中婴齐》十二篇 武帝时。

今亡，隋唐志皆不著录，盖亡佚甚早。

颜师古《汉书注》引刘向《别录》云："故待诏，不知其姓，数从游观，名能为文。"《史记·三王世家》上书中有"列侯臣婴齐"，《史记·南越列传》记南越王佗孙胡太子婴齐入宿卫，后为南越明王。不知是否同为一人。汉志诗赋略中有《郎中臣婴齐赋》十篇，次司马相如之后。

《臣君子》二篇 蜀人。

今亡，隋唐志皆不著录，盖亡佚甚早。

陈直《汉书新证》引其父说："君子为君平之误字，谓严君平之《道德指归论》也。"乃以蜀人并武帝后也，然篇数不合，可备一说。

《郑长者》一篇 六国时。先韩子，韩子称之。

今亡，隋唐志皆不著录，盖亡佚甚早。辑本有：马国翰《玉函山房辑佚书·子编道家类》。

《韩非子·难二》："郑长者有言：'体道，无为、无见也。'"又见《外储说右上》。唐释慧苑《华严音义》引《风俗通义》曰："春秋之末，郑有贤人，著书一篇，号《郑长者》。"《太平御览·逸民部》引袁淑《真隐传》："郑长者，隐德无名，著书一篇，言道家事，韩非称之，世传是长者之辞，因以为名。"颜师古《汉书注》引刘向《别录》云："郑人，不知姓名。"

《楚子》三篇

今亡，隋唐志皆不著录，盖亡佚甚早。

《道家言》二篇　近世，不知作者。

今亡，隋唐志皆不著录，盖亡佚甚早。

此当与汉志儒家类中《儒家言》、法家类中《法家言》、杂家类中《杂家言》体例相符，乃向歆父子纂集不知作者之道家言而成。

以上《汉书艺文志·诸子略·道家》著录，共三十七家，八百一篇。按汉志称九百九十三篇。计《老子》经文共三十八部，今存三部，残五部，疑两部，亡二十八部。

〔补编〕

《屋庐子》

今亡。

邓名世《古今姓氏书辩证》：《元和姓纂》曰：'晋贤人屋庐子著书，言彭聃之法。'"《通志·氏族略》记载略同。《孟子·告子下》有屋庐子，赵岐注曰："屋庐连，孟子弟子。"按屋庐子既为孟子弟子，则其书当为儒家。而《元和姓纂》及《通志》并云述彭聃之法，则是道家之书，此处存疑。

《壶丘子》五篇

今亡。

林宝《元和姓纂》有壶丘氏曰："列子师壶丘子林，郑人。《汉书》：'壶丘子著书五篇。今下邳有壶丘氏。'"今《汉书》无此，其云《汉书》未详所据，此处存疑。皇甫谧《高士传》："壶丘子林者，郑人也。道德甚优，列御寇师事之。"《庄子·应帝王》有壶子，《吕氏春秋·下贤》作壶丘子林，《淮南子·精神训》作壶子林，《韩诗外传》有狐丘丈人，《列子》诸篇曰壶子，亦曰壶丘子，亦曰壶丘子林，皆一人。《汉书·古今人表》作狐丘子林，《表》依《吕氏春秋》，以壶子为子产之师，故序于鲁昭公时。

《老子河上丈人注》二卷

今亡。

皇甫谧《高士传》："河上丈人者，不知何国人也。明老子之术，自匿姓名，居河之湄。著《老子章句》。故世号曰河上丈人，当战国之末，诸侯交争，驰说之士咸以权势相倾，唯丈人隐身修道，老而不亏，传业于安期生，为道家之宗焉。"隋志子部道家："梁有战国时河上丈人注《老子经》二卷，亡。"按《史记·乐毅列传》云："而乐氏之族有乐瑕公、乐臣公。"又曰："赵且为秦所灭，亡之齐高密。乐臣公学黄帝、老子，其本师号曰河上丈人，不知其所出。河上丈人教安期生，安期生教毛翕公，毛翕公教乐瑕公，乐瑕公教乐臣公，乐臣公教盖公。盖公教于齐高密、胶西，为曹相国师。"

《老子河上公章句》二卷

今存，二卷。辑佚文有：王卡《河上公章句佚文》[1]。如今流传版本不少，并有敦煌写本残卷若干。[2]

《太平御览》卷五百十引魏嵇康《圣贤高士传》曰："河上公，不知何许人也，谓之丈人，隐德无言，无德而称焉。安丘先生等从之，修其黄老业。"《经典释文序录》曰："汉文帝、窦皇后好黄老言，有河上公

---

[1] 王卡点校：《老子道德经河上公章句》"附录一"，中华书局，1993年。
[2] 参考王卡点校：《老子道德经河上公章句》"前言"及"附录三"，中华书局，1993年。

者，居河之湄，结草为庵，以《老子》教授。文帝征之，不至，自诣河上责之。河上公乃踊身空中。文帝改容谢之。于是作《老子章句》四篇以授文帝，言治身治国之要。"著录为："《河上公章句》四卷。不详名氏。"隋志子部道家："《老子道德经》二卷，周柱下史李耳撰。汉文帝时河上公注。"旧唐志："《老子》二卷，河上公注。"新唐志："《河上公注老子道德经》二卷。"宋志："《河上公老子道德经注》一卷。"

关于此书的成书时代，吴相武总结诸家观点，认为当在两汉之际。①

《老子毋丘望之章句》二卷

今亡。

《后汉书·耿弇传》注引嵇康《圣贤高士传》曰："安丘望之，字仲都，京兆长陵人，少持《老子经》，恬静不求进宦，号曰安丘丈人。成帝闻，欲见之。望之辞，不肯见，为巫医于人间也。"皇甫谧《高士传》曰："安丘望之者，京兆长陵人也。少治《老子经》。恬静不求进宦，号曰安丘丈人。成帝闻，欲见之。望之辞，不肯见。上以其道德深重常宗师焉。望之不以见敬为高，愈日损，退为巫医于民间。著《老子章句》。故老氏有安丘之学，扶风耿况、王汲等皆师事之，从受《老子》。终身不仕，道家宗焉。"《太平御览》卷五百十引《道学传》曰："乐巨公者，宋人。独好黄老，恬静不慕荣贵，号曰：安丘丈人。"按乐巨公即《史记》中乐臣公，则安丘先生又为战国末年人，河上丈人、河上公、毋丘望之皆魏晋人追述，或出杜撰亦未可知。

《经典释文序录》曰："《毋丘望之章句》二卷，字仲都，京兆人，汉长陵三老。"隋志子部道家："梁有汉长陵三老毋丘望之注《老子》二

---

① 吴相武：《关于〈河上公注〉成书年代》，《道家文化研究》第十五辑，三联书店，1999年，第209页。

卷，亡。"旧唐志："《老子章句》二卷，安丘望之撰。"新唐志："安丘望之《老子章句》二卷。"盖亡于唐后。

毋丘望之《老子指趣》三卷
今亡。
隋志子部道家："《老子指趣》三卷，毋丘望之撰。"旧唐志："《老子道德经指趣》四卷，安丘望之撰。"新唐志："安丘望之《道德经指趣》三卷。"盖亡于唐后。

《老子严遵注》二卷
今亡。
《汉书·王贡两龚鲍传序》："汉兴有园公、绮里季、夏黄公，甪里先生……其后谷口有郑子真，蜀有严君平。"颜师古注曰：《三辅决录》云："君平名尊。"《汉书》："君平卜筮于成都市……裁日阅数人，得百钱足自养，则闭肆下帘而授《老子》。博览亡不通，依老子、严周之指著书十余万言。杨雄少时从游学，以而仕京师显名，数为朝廷在位贤者称君平德……君平年九十余，遂以其业终，蜀人爱敬，至今称焉。"《经典释文序录》："《老子严遵注》二卷。字君平，蜀郡人，汉征士。"隋志子部道家："梁有汉征士严遵注《老子》二卷，亡。"隋志云梁有，盖亡于陈隋之间。按唐岷山道士张君相《三十家注老子》所谓严遵注，盖与后世引严遵《老子指归》而称严遵注者同。

严遵《老子指归》十四卷
今残。今存七卷。
有《道藏》本、《怡兰堂丛书》影印明姚舜咨抄本为七卷，标卷七至十三，有经文及谷神子注；有明胡震亨《秘策汇函》、《津逮秘书》等本，存六卷，标卷一至六，无经文及注。虽卷数迥异，然两者内容则一，七卷本从"上德不德"到末尾，即《德经》全部。六卷本乃七卷本前六卷，缺"人之饥也"以后文。辑佚文有：蒙文通《道德指归论佚文》，载《图书集刊》1948年第八期；严灵峰《辑严遵老子注》，载《大陆杂志》二十八卷10、11期；王德有《老子指归佚文》[①]。

常璩《华阳国志》曰："严遵，字君平，成都人也。雅性淡泊，学业加妙，专精大易，耽于老庄……著《指归》，为道书之宗。"《经典释文序录》："严遵又作《老子指归》十四卷。"《隋志》子部道家："《老子指归》十一卷，严遵注。"唐殷敬顺《列子释文》曰："严遵，字君平。作《指归》十四篇，演解五千文。"《旧唐志》："《老子指归》十四卷，严遵志。"《新唐志》："严遵《指归》十四卷。"《日本国见在书目》："《老子指归》十三卷，后汉严遵撰。"《宋志》："严遵《老子指归》十三卷。"晁公武《郡斋读书志》："《老子指归》十三卷，汉严遵君平撰，谷神子注。其章句颇与诸本不同，如以'曲则全'章末十七字为后章首之类。按《唐志》有严遵《指归》四十卷。冯廓注《指归》十三卷。此本卷数与廓注同，而题谷神子不显姓名，疑即廓也。"

郑良树[②]有文详考今本非伪，并及此书诸问题。盖以马王堆帛书《老子》及其他古籍所引《老子》与其他本不合者，多与《指归》经文相同，可证其当有依据。并认为《指归》亦当如马王堆帛书本，《德经》在前，《道经》在后。引严灵峰观点，以宋陈景元《道德真经藏室纂微篇》、宋李霖《道德真经取善集》、元刘惟永《道德真经集义》并引《指归》之《道经》佚文，盖是书残于明代。李学勤认为十三卷与十四卷之差当是总序，极可能就是北宋张君房《云笈七签》所引《指归略例》等一段文字。《指归》是否原含经文，需要讨论，并认为经文顺序当与今

[①] 附王德有点校：《老子指归》，中华书局，1994年。
[②] 郑良树：《从帛书〈老子〉论严遵〈道德指归〉之真伪》，《古文字研究》第七辑，1983年，第243页。

本同。①

《太史公素王妙论》二卷

今亡。辑本有：马国翰《玉函山房辑佚书·子编五行类》，严可均《全汉文》卷二十六。

《史记·越世家》裴骃《集解》引《太史公素王妙论》曰："蠡本南阳人。"《太平御览》卷四百四引《太史公素王妙论》曰："计然者，蔡丘濮上人，其先晋国公子也。姓辛氏，字文子，当南游越，范蠡师事之。"卷四百七十二引曰："诸称富者，非贵其身得志也，乃贵恩覆子孙而泽及乡里也。"又曰："黄帝设五法，布之天下，用之无穷，盖世有能知，莫不尊亲，如范子，可谓晓之矣，子贡、吕不韦之徒颇预焉。自是以后无其人，旷绝二百有余年。管子设轻重九府，行伊尹之术，则桓公以霸，九合诸侯，一匡天下。范蠡为越相，三江五湖之间，民富国强，卒以擒吴功成而弗居，变名易姓之陶，自谓朱公，行十术之计，二十一年之间，三致千万，再散与贫。"

隋志子部五行家："梁有太史公《素王妙论》二卷，亡。"《史记·殷本纪》：伊尹"言素王及九主之事"。《索隐》曰："素王者太素上皇，其道质素，故称素王。"素王之意盖如此，则当入之道家。

以上文献称引及传世，凡九部。今存一部，残一部，亡七部。

《太一生水》一篇②

《太一生水》原无篇题，"太一生水"为整理者据内容所拟。其内容主要是论述"太一"与天、地、四时、阴阳等的关系。文中的"太一"

---

① 李学勤：《严遵〈指归〉考辨》，《历史文献研究》第六辑，1996年。
② 本节道家出土文献参考骈宇骞：《出土简帛书籍分类述略（诸子略、诗赋略）》，《中国典籍与文化》2005年第4期。

就是先秦时期所称的"道",是一篇十分重要的道家著作佚篇。

《说之道》一篇

《说之道》原题《语丛四》,原无书题。全书文句都是由类似格言的句子组成,因此整理者将其命名为"语丛"。全书可分为五段,每段段末有分段符号"■"。前四段讲"说之道",后一段讲"谋为可贵",内容属于道家思想范畴。

以上郭店楚简本。[①]

《亙先》一篇

《亙先》篇原有篇题,"亙先"二字抄写在该篇第三简简背。"亙"通"恒","恒先"就是指先天地而生,独立不改,周行而不殆,作为永恒创造力的"道"。作者认为天下的矛盾概念皆有先后,如中为外先,小为大先,柔为刚先,圆为方先,晦为明先,短为长先,但推本溯源,作为终极的"先"是"恒先"。它是一篇首尾完整的著作。道家的这一理论,在中国哲学史上占有重要的地位,极富哲学意味。本篇是研究道家哲学思想的一篇珍贵佚文。

《彭祖》一篇

本篇原无篇题,为整理者所定。全篇文字为耇老与彭祖之问答记录,谈论的主题有领受天命、人伦、为人之道等,与帝王术、道家治身有关。

---

① 图版见荆门市博物馆:《郭店楚墓竹简》,文物出版社,1998年;释文有李零:《郭店楚简校读记(增订本)》,北京大学出版社,2002年;刘钊:《郭店楚简校释》,福建人民出版社,2005年。

《三德》一篇

本篇原无篇题,为整理者所定。《三德》和马王堆《老子》乙本卷前古佚书之间除了用词用韵、文章结构的相似,内容也很相似。

以上上海博物馆藏楚简本。①

《九主》一篇

《九主》出土时与《五行》、《明君》、《德圣》三篇都抄写在帛书《老子》甲本卷后,约有1500字。原无篇题,"九主"是整理者根据该篇内容所定,也有人称之为《伊尹·九主》。该篇的内容是记述伊尹论九主(法君、专授之君、劳君、半君、寄主、破邦之主二、灭社之主二)的言论,篇中肯定法君法臣,否定其他八主,一定程度上反映了尊法的思想,但有着很明显的黄老刑名学术的色彩。李学勤先生认为:《九主》篇是战国时期黄老刑名一派的著作,可能是《汉书·艺文志》所录《伊尹》五十一篇的零篇。

《明君》一篇

《明君》篇现存48行,1500余字,原无篇题,"明君"为整理者根据该篇内容所定。全篇内容是阐述贤明君主的几大要务,着重论述攻战守御,强调强兵的重要性。文中所阐述的明君之道,是融合儒、法两派治国理论的黄老思想。

《德圣》一篇

《德圣》篇现存13行,400余字。后段文字残缺,不能属读。原无

---

① 图版及释文见马承源主编《上海博物馆藏战国楚竹书(三)》,上海古籍出版社,2003年;马承源主编《上海博物馆藏战国楚竹书(五)》,上海古籍出版社,2005年。

篇题，"德圣"为整理者根据该篇内容所定。整理小组认为，这篇内容讲到"五行"，似与同墓出土的《五行》篇有关，但该篇又有一些道家语汇，录此备考。陈松长先生认为：该篇融合了儒、道两家思想，对"五行"观念进行了综合性的发挥和阐述，借助道家学派的天道观，发展了儒家伦理哲学的目的论，这是西汉初期思孟学派的一个重要倾向。

《经法》一篇

《经法》现存55行，5000余字，抄写时行与行间有乌丝界栏。该书是由《道法》《国次》《君正》《六分》《四度》《论》《亡论》《论约》《名理》九篇组成，这些篇名都是原书保留的篇题。书题《经法》抄写在全书最后。全书内容主要是讲"刑名"之说与君主治国之道。但值得注意的是本书中的《国次》《六分》中有不少文句和传世文献《国语·越语下》有着密切的关系，从中可以看出范蠡思想和道家思想的某些联系。

《十大经》一篇

该书最初发表时称为《十六经》，也有人称其为《经》。共存65行，4000余字。全书由15篇组成，这些篇题是：《立命》《观》《五政》《果童》《正乱》《姓争》《雌雄节》《兵容》《成法》《三禁》《本伐》《前道》《行守》《顺道》《名刑》。除"前道"篇题因原帛残缺为整理组所加外，其余十三篇皆为原有篇题，抄写在各篇篇末，每篇篇首皆有"■"黑方块标识符号。该书通篇是以黄帝君臣对话的形式来叙述治国之道和用兵策略的。总的来讲，这是一部用黄老刑名思想来阐述治国用兵之道的古佚书，其宗旨与上述《经法》完全相同。

《称》一篇

《称》原有篇题，抄写在全篇的最后。现存25行，1600余字。全文不分章节，为古代单篇流传者。其内容是很多类似格言的话，所反映的思想大体上与上述《经法》《十大经》为一个体系。

《道原》一篇

《道原》的篇幅短小,仅存7行,约464字。全文不分章节,原有篇题,抄写在全文最后。其内容主要是推究、阐释"道"的本原、性质和作用,其内涵和思想上承《老子》,下启《文子》《淮南子》,具有很明显的汉初黄老新道家学派的特色,与"刑名"之说也有一定的关系。

《经法》《十大经》《称》《道原》四种古佚书抄写在帛书《老子》乙本的前面。司马谈在《论六家要旨》中谈到道家时说"因阴阳之大顺,采儒墨之善,撮名法之要",清楚地说明了当时的道家思想已经吸取了不少阴阳、儒、墨、名、法等家的观点。从上述四种佚书内容所反映的思想内容来看,大概就是流行于汉初的一种黄老思想,具有鲜明的时代特征。学者们对于这四种古佚书是否为《黄帝四经》有不同看法。①

以上马王堆帛书本。②
以上出土文献,凡十二部。

以上道家类,凡五十九部。今存十六部(出土十二部),残六部,疑两部,亡三十五部。

---

① 这方面的论证很多,有代表性的可以参考唐兰:《马王堆出土〈老子〉乙本卷前古佚书的研究》,《文物》1974年第9期;裘锡圭:《马王堆出土〈老子〉乙本卷前古佚书并非〈黄帝四经〉》,《道家文化研究》第三辑,上海古籍出版社,1993年。
② 图版和释文见国家文物局古文献研究室:《马王堆汉墓帛书[壹]》,文物出版社,1980年。

（二）神仙类

1. 炼养

〖汉志著录〗

《宓戏杂子道》二十篇
按宓戏即伏羲。

《上圣杂子道》二十六卷
《道要杂子》十八卷
《黄帝杂子步引》十二卷

《黄帝岐伯按摩》十卷
《韩诗外传》卷十第九章："扁鹊入，砥针砺石，取三阳五输，为轩光之灶，八减之汤，子同捣药，子明灸阳，子游按摩，子仪反神，子越扶形，于是世子复生。"《孟子·梁惠王上》"为长者折枝"赵岐注："折枝，案摩折手节解罢枝也。"《抱朴子·遐览篇》有《按摩经》一卷。

　　以上今皆亡，隋唐志皆不著录，盖亡佚甚早。
　　以上《汉书艺文志·方技略·神仙》著录，共五家，八十六卷。

〖补编〗

《却谷食气》一篇①

马王堆帛书《却谷食气》出土时严重残损，现存可辨识的字有272个。从现存内容来看，本书可分为"却谷"和"食气"两个部分。服食家认为谷气留于肠胃则会令人不寿，所以就要不食谷物（辟谷），但却谷后身体虚弱，会出现"首重足轻"，因此还必须配合"行气"。在本书的"食气"中记载了食气的时间、频率、四时所避所食之气等，是一部充满道家色彩的养生学著作。

《导引图》一篇

马王堆帛书《导引图》出土时已经残破，现存44幅人物全身的导引招式，所绘人物老少男女都有，人物姿态动作各异，有坐式者，有站式者，有徒手导引者，也有持械发功者，其内容可以分为医疗功和健身功两类。每个导引图侧原都有文字题记，现存可辨认者有二十余处：有折阴、螳螂等。书题为整理者根据内容所定。

以上马王堆汉墓帛书本。②

《引书》一篇

张家山汉简《引书》现存112枚竹简，原有书题。全书共由89节组成，可分为三个部分：第一部分阐述四季的养生之道；第二部分记载导引术式及用导引术治疗疾病的方法；第三部分主要说明导引养生的理

---

① 本节神仙家出土文献参考骈宇骞：《出土简帛书籍分类述略（方技略）》，《中国典籍与文化》2006年第3期。

② 图版和释文见马王堆汉墓帛书整理小组：《马王堆汉墓帛书［肆］》，文物出版社，1985年。

论。该《引书》与马王堆帛书《导引图》属于同一类书籍,《导引图》有图而无说明文字,而《引书》有文字叙述而无图式,两者虽有异同,但却可以互相参照,相得益彰。

  以上湖北江陵张家山汉墓竹简本。①

《行气》一篇
  阜阳汉简《行气》出土时严重残损,所存残简数量也不多。从残存文字来看,其内容主要是讲行气的功能与方法等。② 目前该文尚未公布。

  以上阜阳双古堆汉简本。
  以上出土文献,凡四部。

以上神仙类炼养,凡九部。今存出土四部,亡五部。

2. 服食

〖汉志著录〗

《黄帝杂子芝菌》十八卷
  颜师古《汉书注》曰:"服饵芝菌之法也。"

---

① 图版及释文见张家山二四七号汉墓竹简整理小组:《张家山汉墓竹简二四七号墓》,文物出版社,2001年;释文有《张家山汉墓竹简—247号墓(释文修订本)》,文物出版社,2006年。
② 参考胡平生:《阜阳双古堆汉简数术书简论》,《出土文献研究》第四辑,中华书局,1998年。

《黄帝杂子十九家方》二十一卷

《泰壹杂子十五家方》二十二卷

《神农杂子技道》二十三卷

《泰壹杂子黄冶》三十一卷

颜师古《汉书注·郊祀志》"黄冶变化"注曰:"晋灼曰,黄者,铸黄金也。道家言,冶丹砂,令变化,可铸作黄金也。"

以上今皆亡,隋唐志皆不著录,盖亡佚甚早。

以上《汉书艺文志·方技略·神仙》著录,共五家,一百十五卷。

〖补编〗

邹衍《重道延命方》

今亡。

《汉书·楚元王传》:"书言神仙使鬼物为金之术,及邹衍《重道延命方》,世人莫见。"葛洪《抱朴子·遐览篇》载《邹生延命经》一卷,似即此书。或实出邹生或方士伪托,无以详知。

《陵阳子明经》

今亡。

《列仙传》曰:"陵阳子明者,铚乡人也。好钓鱼,于旋溪得白龙,子明惧,解钩拜而放之,后得白鱼,腹中有书,教子明服食之法。"沈约《宋书》卷三十五曰:"广阳令,汉旧县。曰陵阳。子明得仙于此县山,故以为名。晋成帝杜皇后讳'陵',咸康四年更名。"又《抱朴子·黄白篇》云:"凡方书所名药物,又或与常药物同而实非者,如河上妊女，非妇人也；陵阳子明，非男子也；禹余粮，非米也；尧浆，非水也。"则陵阳子明又似药物之名，为神仙家之寓言，莫得而详矣。

王逸《楚辞章句·远游篇》引《陵阳子明经》言："春食朝霞，朝霞者日始出赤黄气；秋食沦阴，沦阴者日没以后赤黄气也；冬饮沆瀣，沆瀣者北方夜半气也；夏食正阳，正阳者南方日中之气是也；并天地玄黄之气，是为六气也。"《文选·甘泉赋》张揖注引《陵阳子明经》，又《江赋》、张景阳《七命》注引之，其言近似服气之术。隋志医方有《陵阳子说黄金秘法》一卷。新唐志有明月公《陵阳子秘诀》一卷，皆似为黄白之术，与服食者不类。

《淮南中篇》八卷

今亡。《淮南万毕术》辑本有：陶宗仪《说郛》宛委山堂本卷五，孙冯翼《问经堂丛书·逸子部》，茆泮林《十种古逸书》，黄奭《黄氏遗书考·子史钩沉》，王先谦《南菁书院丛书》第三集，王仁俊《玉函山房辑佚书续编·子编艺术类》，叶德辉《郋园先生全书》。

《汉书·淮南衡山济北王传》：淮南王"招致宾客方术之士数千人，作为《内书》二十一篇，《外书》甚众。又有《中篇》八卷，言神仙黄白之术，亦二十余万言。"《汉书·楚元王传》："上复兴神仙方术之事，而淮南有《枕中鸿宝苑秘书》，书言神仙使鬼物为金之术，及邹衍《重道延命方》，世人莫见。更生父德，武帝时治淮南狱，得其书。"《汉书·郊祀志》："大夫刘更生献《淮南枕中洪宝苑秘》之方，令尚方铸作。事不验，更生坐论。"《史记·龟策列传》：褚少孙曰："臣为郎时，见《万毕石朱方》。"《艺文类聚》卷七十八引《列仙传》曰："汉淮南王刘安，言神仙黄白之事，名为《鸿宝万毕》三卷，论变化之道。"葛洪《抱朴子·论仙篇》："夫作金皆在神仙集中，淮南王抄出，以作《鸿宝枕中书》。"按"苑秘""万毕"，乃是转语，其实一书。

隋志子部五行："梁有《墨子枕中五行要记》《淮南万毕经》《淮南变

化术》《陶朱变化术》各一卷，《五行变化墨子》五卷，《淮南中经》四卷，亡。"按《抱朴子·遐览篇》："其变化之术大者，唯有《墨子五行记》，本有五卷。昔刘君安未仙去时，抄取其要，以为一卷。"则《墨子枕中五行要记》盖为《五行变化墨子》节抄，并《墨子枕中五行要记》《淮南万毕经》《淮南变化术》《陶朱变化术》各一卷，及《淮南中经》四卷，正合《淮南中篇》八卷之数。旧唐志："《淮南王万毕术》一卷，刘安撰。"新唐志："《淮南王万毕术》一卷。"宋志以下不著录，盖亡于唐后。

《太清金液神气经》收入《太清金液神气经》卷上。

述玉章神丹之三丹制法。

《太清金液神丹经》收入《太清金液神丹经》三卷之卷上，卷中第一至四页，又收入《云笈七签》卷六十五。

述金液还丹制法。

《黄帝九鼎神丹经》现存于《黄帝九鼎神丹经诀》卷一及卷二十之《九鼎丹隐文诀》。

《抱朴子·金丹篇》引《黄帝九鼎神丹经》文字与《黄帝九鼎神丹经诀》卷一相同，《九转流珠神仙九丹经》二卷所述丹诀与《九鼎丹隐文诀》几乎完全相同。述黄帝九鼎神丹神效、传授及制法。

《太上八景四蕊紫浆五珠绛生神丹方（经）》收入《上清太上帝君九真中经》卷下，又收入《云笈七签》卷六十八。

述炼制绛生神丹之法。

此《正统道藏》所收，据陈国符考证《太清金液神气经》成书于西汉，其余成书于西汉末东汉初，[①] 录此备考。

以上文献称引及传世，凡七部。

以上神仙类服食，凡十二部。存四部，亡八部。

3. 房中

[汉志著录]

《容成阴道》二十六卷

《后汉书·方术列传》："泠寿光、唐虞、鲁女生三人者，皆与华佗同时。寿光年可百五六十岁，行容成公御妇人法，常屈颈鹥息，须发尽白，而色理如三四十时，死于江陵。"

葛洪《抱朴子·遐览》有《容成经》一卷，盖本此书。

《务成子阴道》三十六卷
《尧舜阴道》二十三卷
《汤盘庚阴道》二十卷
《天老杂子阴道》二十五卷

《天一阴道》二十四卷
沈钦韩《汉书疏证》曰："天一即天乙，汤之名，杂错出之。"

《黄帝三王养阳方》二十卷

[①] 详见陈国符：《〈道藏〉经中外丹黄白法经诀出世朝代考》，《陈国符道藏研究论文集》，上海古籍出版社，2004年。

《三家内房有子方》十七卷

杨树达《汉书窥管》引《千金翼方》卷五:"《行房法》云,妇人月信断,一日为男,二日为女,三日为男,四日为女,以外无子。"

阴道即接阴之道,乃房中术别名。容成传为黄帝师,老寿,得见周穆王,事见《世本·作篇》、《庄子·则阳》、《淮南子·修务》、《列仙传》卷上《容成公传》。务成子即巫成昭,相传是尧舜之师,事见《荀子·大略》及注引《尸子》、《新序·杂事》。天老亦传为黄帝师,事见《列子·黄帝》、《易纬·乾凿度上》。天一即太岁,又名太阴、阴德。①

以上今皆亡,隋唐志皆不著录,盖亡佚甚早。

以上《汉书艺文志·方技略·房中》著录,共八家,百九十一卷。按汉志称百八十六卷。

〖补编〗

《玄女经》一卷

《素女经》一卷

《彭祖经》一卷

以上今皆亡,辑本见李零《中国方术考》附《〈医心方〉卷二八引古房中书逸文》。

以上见葛洪《抱朴子·遐览》称引,另有《容成经》一卷,盖本汉志《容成阴道》。《子都经》一卷。《释滞》篇"房中之法十余家","玄、素、子都、容成公、彭祖之属"。《素女经》、《玄女经》、《彭祖经》,据刘向《列仙传》卷下《女丸传》:仙人"以素书五卷为质,丸开视其书,乃养性交接之术",未说素书为何种,但赞语曰:"玄、素有要,近

---

① 参见李零:《中国方术考》,人民中国出版社,1993年,第358页。

取诸身。彭聃得之，五卷以陈"，却表明"素书五卷"是彭祖之书，它是在"玄、素"之书的基础上整理而成的。据李零研究，从汉初年马王堆古房中书到明代的房中书，其术语与体系都保持着沿袭性。则房中书于西汉必有流传，上述诸书当流传甚早，很可能即西汉房中书。隋唐之际流行的主要是这三部。《容成经》似已不传，《子都经》也只有少数佚文保存下来。子都即巫炎，见《神仙传》卷五《巫炎传》，是汉武帝时有名的方士。[①]

以上文献称引及传世，凡三部。

《养生方》一卷

马王堆帛书《养生方》共分32章，前面是正文，后面有目录，最后附有一张女性生殖器图。出土时严重残损，现存文字约有3000余字，79个医方。其内容有治疗阳痿方、一般壮阳方、一般补益方、增强筋骨方、治疗阴肿方、女子用药方、房中补益方。原无书题，整理根据书中内容定名为《养生方》。

《杂疗方》一卷

马王堆帛书《杂疗方》出土时严重残损，现存79行文字，约有45条医方。内容为益气补益、壮阳壮阴、益内利中等药方。原无书题，因其内容庞杂，所以整理小组将其定名为《杂疗方》。

《胎产书》一卷

马王堆帛书《胎产书》现存文字约34行。其内容为养胎的方法、

---

① 参见李零：《中国方术考》，人民中国出版社，1993年，第360页—262页；李零：《中国方术续考》，东方出版社，2000年，第350页—358页。

产后胞衣的处理和埋藏方法、胎孕男女的选择方法、求子法、产后母子保健法等。原无书题，书名是整理小组根据内容所定的。

以上长沙马王堆汉墓帛书本。①

《杂禁方》一篇

马王堆汉简《杂禁方》现存竹简11枚，保存完好。该书篇幅较短，主要是讲巫诅禁咒。其中半数文字涉及房中，如夫妻反目，则在门楣上方涂泥五尺见方；欲取媚于贵人，也在门楣上方涂泥五尺见方；取两雌隹尾制药饮服，可以取媚于人等。

《十问》一篇

马王堆汉简《十问》现存竹简101枚，除个别残断外，其余保存完整。该书的内容是单一的养阳之方，包括服食、行气、导引、按摩等多种方法。全书以问答的形式，分为十章，有黄帝问于天师、黄帝问于大成、黄帝问于曹熬、黄帝问于容成、尧问于舜、王子巧父问彭祖、盘庚问于耆老、禹问于师癸、齐威王问于文执、秦昭王问于王朝。所以整理小组定名为"十问"。

《合阴阳》一篇

马王堆汉简《合阴阳》现存竹简32枚，保存完好。原无书题，整理组根据篇首第一句"凡将合阴阳之方"拟以书题。全书内容主要是讲性技巧，共分八章，现存章目有：凡将合阴阳之方、十动、十节、十修、八动、瘜息者、昏者早者、十已之征。

---

① 图版和释文见马王堆汉墓帛书整理小组：《马王堆汉墓帛书［肆］》，文物出版社，1985年；释文有修订版，见湖南中医学院马王堆医书研究组：《马王堆医书考注》，天津科学技术出版社，1988年。

《天下至道谈》一篇

马王堆汉简《天下至道谈》现存竹简56枚，原有书题，抄写在第6枚简的正面上端。该书的内容主要讲性技巧，同时也涉及不少房中养生之道。内容多与上述《合阴阳》相同。书中特别重视房中男女双方的身心健康，并强调男女房事生活必须遵循一定的法度，绝不可极情纵欲。

以上长沙马王堆汉墓简本。①

以上出土文献，凡七部。

以上神仙类房中，凡十八部。今存出土七部，亡十一部。

4. 仙经

《穆天子传》六卷

今残。辑佚文有：郑杰文《穆天子传通解·〈穆天子传〉佚文及旧注异文》。②

此书为汲冢竹书，出土于晋太康二年（281）。据郑杰文考证，先后经荀勖、束晳等整理，荀勖写定本名为《穆天子传》，而束晳校改本名为《周王游行》。原书出土时已残，其整理本为五卷，即今本前五卷。今本前四卷讲西征一事，而第五卷则共写四十三事，且次序混乱，当为整理者将残简内容排列而成。隋志著录为六卷，与今本同，当以汲冢竹

---

① 图版和释文见马王堆汉墓帛书整理小组：《马王堆汉墓帛书［肆］》，文物出版社，1985年；释文有修订版，见湖南中医学院马王堆医书研究组：《马王堆医书考注》，天津科学技术出版社，1988年。

② 此篇叙录参考郑杰文：《穆天子传通解·考论》，山东文艺出版社，1992年。

书《周穆王美人盛姬死事》一篇合入，作为第六卷。晁公武《郡斋读书志》云："凡六卷，八千五百一十四字。"洪颐煊《校正穆天子传序》云："今本仅六千六百二十二字，则今本又非晁氏所见之本矣。"郑杰文据书中观念、地理、用词、诗韵等判定为战国前期赵国人所作。

阮仓《列仙图》一卷
今亡。

今本刘向《列仙传》赞曰："余尝得秦大夫阮仓撰《仙图》，自六代迄今有七百余人。"《论衡·无形篇》：传"称赤松、王乔好道为仙，度世不死，是又虚也。""图仙人之形，体生毛，臂变为翼，行于云，则年增矣，千岁不死。此虚图也。世有虚语，亦有虚图。"《后汉书·光武十王列传》："帝特留苍，赐以秘书《列仙图》、《道术秘方》。"葛洪《抱朴子·论仙篇》：刘向"撰《列仙传》，自删秦大夫阮仓书中出之，或所亲见，然后记之，非妄言也。"又《神仙传》序："弟子滕升问曰：'先生曰神仙可得不死，可学古之神仙者，岂有其人乎？'答曰：'昔秦大夫阮仓所记，有数百人'。"隋志曰："又汉时，阮仓作《列仙图》，刘向典校经籍，始作《列仙》、《列士》、《列女》之传。"

刘向《列仙传》二卷
今存。今本二卷。辑佚文有：孙志祖《读书脞录》、王仁俊《玉函山房辑佚书补编》、王仁俊《经籍佚文》、严可均《全晋文》。

隋志史部杂传篇叙曰："又汉时，阮仓作《列仙图》，刘向典校经籍，始作《列仙》、《列士》、《列女》之传。皆因其志尚，率尔而作，不在正史。"著录"《列仙传赞》三卷，刘向撰，鬷续、孙绰赞。《列仙传赞》二卷，刘向撰，晋郭元祖赞。"旧唐志著录"《列仙传赞》二卷，刘向撰。"新唐志著录"刘向《列仙传》，二卷。"宋志著录"刘向《列仙传》，三卷。"陈振孙《直斋书录解题》曰："《列仙传》二卷，汉刘向撰。凡七十二人，每传有赞，似非向本书，西汉人文章不尔也。《馆阁书目》三卷，六十二人。《崇文总目》作二卷，七十二人，与此合。"

今本二卷，自赤松子至玄俗凡七十人，人系一赞，篇末又为总赞，全如《列女传》之体，其赞非原本所有，盖为晋郭元祖撰。明写本《说郛》卷四十三、《太平御览》卷六百七十二有刘向《列仙传序》曰："《列仙传》，汉光禄大夫刘向所撰也。""成帝时，向既司典籍，见上颇修神仙事，遂修上古以来及三代秦汉博采诸家言神仙事。"按晋郭元祖有《列仙赞序》一卷，见隋志，此序疑亦郭元祖撰。余嘉锡《四库总目提要辨证》①以为今本载东方朔、钩弋夫人事与史不和，疑非向作。又《汉书注》中所存应劭引此书多处，其中《郊祀志》注引崔文子一条，王逸《楚辞章句·天问篇》所引字句相合，盖亦出于此。王逸，顺帝时人。《世说新语注·文学篇》引《列仙传序》："历观百家之中，以相检验，得仙者百四十六人。其七十四人已在佛经，故撰得七十二人，可以多闻博识者遐观焉。"又传中地名多有东汉更名者，综上则此书成于东汉顺帝前，明帝后。据历代著录及诸书引文，原书当为七十二人，今本残。然古书所引佚文，多有今本不载，其佚失传主非只二人，除上文崔文子条外，有《太平御览》卷三十八引西王母条，《史记集解·老子申韩列传》引老莱子条，《太平广记》卷七十六引赵廓条。然类书所引书名往往错乱，引此传者尤与《神仙传》相混为甚，②七十二人今遂难断。今本盖残后经后人重新纂集，遂杂有后世痕迹，而古本为刘向所作未必虚造。

甘忠可《天官历包元太平经》十二卷
今亡。

---

① 此篇叙录参考余嘉锡：《四库总目提要辨证》，云南人民出版社，2004年。
② 参见王叔岷：《列仙传校笺》"序言"，台湾"中央研究院"中国文哲研究所，1995年。

《汉书·李寻传》记载成帝时，齐人甘忠可诈造《天官历包元太平经》十二卷。

《文始先生无上真人关令内传》即《历世真仙体道通鉴》卷九《尹喜传》。

隋志著录有"《关令内传》一卷，鬼谷先生撰"。此《正统道藏》所收，据陈国符考证，此或系删节本，或有后人掺入之文。成书于西汉末东汉初，录此备考。①

以上文献称引及传世，凡五部。

以上神仙类仙经，凡五部。今存两部，残一部，亡两部。

以上神仙类，凡四十四部。今存十七部（出土十一部），残一部，亡二十六部。

合道家、神仙两类，共百三部。今存三十三部（出土二十三部），残七部，疑两部，亡六十一部。

三、余论

按照本文所分两大类，考察《汉志》著录的道书，其中道家类典籍虽然亡佚不少，却也有十余部存残，而神仙类典籍则全部亡佚。但是经过进一步考察，却有新的发现。上文已经提到，据李零研究，从汉初马王堆古房中书到明代的房中书，其术语与知识体系都保持着沿袭性。另外，《道藏》之中也保存了几部服食类汉代古籍，从知识体系看，后世

---

① 详见陈国符：《〈道藏〉经中外丹黄白法经诀出世朝代考》，《陈国符道藏研究论文集》，上海古籍出版社，2004年。

服食类道书也基本上保持了同样的沿袭性。这是因为修炼方法一类的典籍是讲实用性的技术，它在民间作为一种技术一直保持着流传和发展。虽然在后世的官方目录中消失了，而实际上其知识体系却通过编纂入后代的典籍而比较完好地流传下来，并不像我们初看起来那样全部亡佚，无法可考。相反道家类中的一些典籍却因其内容原因只是在上层知识界流传，亡佚后则很难稽考。

参考书目：

（汉）班固撰、（唐）颜师古注：《汉书》，中华书局，1962年。

（清）王先谦：《汉书补注》，中华书局，1983年。

杨树达：《汉书窥管》，上海古籍出版社，1984年。

陈直：《汉书新证》，天津人民出版社，1979年。

（宋）王应麟：《汉书艺文志考证》，《二十五史补编》，中华书局，1955年。

（清）姚振宗：《汉书艺文志条理》，《二十五史补编》。

（清）姚振宗：《汉书艺文志拾补》，《二十五史补编》。

顾实：《汉书艺文志讲疏》，上海古籍出版社，1987年。

陈国庆：《汉书艺文志注释汇编》，中华书局，1983年。

张舜徽：《汉书艺文志通释》，华中师范大学出版社，2004年。

任继愈 钟肇鹏主编：《道藏提要》(第三次修订)，中国社会科学出版社，2005年。

吴承仕：《经典释文序录疏证》，中华书局，1984年。

孙启治、陈建华：《古佚书辑本目录》，中华书局，1997年。

张显成：《简帛文献学通论》，中华书局，2004年。

历代目录对道书的著录与分类*

本文力图通过考察历代目录对道书的著录情况，以展示历代道书的概况：包括数量、分类以及流变等情况。这方面的研究，笔者及见有陈国符《道藏源流考》①，龙彼得《宋代收藏道书考》②，王宗昱《官方目录学中的道书》③，朱越利《道经总论》④。另外还有刘鉴泉《道教征略》（1924年）及曲继皋《道藏考略》（1931年），吉冈义丰《道教经典史论》（1955年）。⑤

由于综合目录与道教专科目录是两种差异很大的系统，因此本文将分开进行讨论，这样两个系统的源流更容易梳理清楚。现将历代目录道书的著录情况整理如下。

---

* 原载《图书馆学刊》2013年第9期，第113页—115页。
① 陈国符：《道藏源流考》，中华书局，1963年。
② Piet van der Loon：*Taoist Books in the Libraries of the Sung Period*, Ithaca Press, 1984.
③ 王宗昱：《官方目录学中的道书》，《北京社会科学》2000年第4期，第42页—48页。
④ 朱越利：《道经总论》，辽宁教育出版社，1991年。
⑤ 详见朱越利：《道经总论》，辽宁教育出版社，1991年，第168页—169页；其中《道藏考略》国图藏民国打印本一册。

表1 历代道教专科目录及道藏著录道书情况表

年代	目录/道藏名称	数量	分类情况
东晋	葛洪《抱朴子·遐览》	合计两类，261部①，1299卷。	分经、符两类，其中经205部，679卷，符56部，620卷。另《抱朴子》于《遐览》外还引用若干部道书。②
刘宋泰始七年	陆修静《三洞经书目录》	合计3洞，1228卷③。	分洞真、洞玄、洞神3洞。
萧梁	孟法师《玉纬七部经书目》		分三洞四辅7部类。
北周天和五年	《玄都经目》	合计6类，云有6363卷，2040卷有其本，4323卷并未见。	其中经、传、符、图，1156卷；诸子、论，884卷。
北周建德年间	王延《三洞珠囊经目》	合计8030卷。	经目7卷，盖分三洞四辅7部类。
隋	《隋朝道书总目》	合计4类，377部，1216卷。	其中经戒301部，908卷；服饵46部，167卷；房中13部，38卷；符箓17部，103卷。
唐高宗年间	尹文操《玉纬经目》	合计7300卷。	称玉纬，盖承孟法师七部之目。张君房《云笈七签序》亦称《宝文统录》纲条漶漫，部分参差，与《琼纲》、《玉纬》之目，舛谬不同。即与《宝文统录》诸经所属不同，此《玉纬》或即此目，盖分三洞四辅7部类。
唐先天初	史崇玄《一切道经目》	合计2000余卷。	

---

① 内《中黄经》重复著录，然是否一书未详，仍重复计数。
② 参见朱越利：《道经总论》，辽宁教育出版社，1991年，第213页—221页。
③ 其数目有不同记录，详见朱越利：《道经总论》，辽宁教育出版社，1991年，第128页—130页。

续表

年代	目录/道藏名称	数量	分类情况
唐开元年间	张仙庭《三洞琼纲》(《琼纲经目》《玉纬别目》)	合计7300卷，复有《玉纬别目》，记、传、疏、论相兼9000余卷。《琼纲经目》另有三说：3744卷，5700卷[①]，2130卷[②]。	称琼纲、玉纬，按上引张君房《云笈七签序》，则应分三洞四辅7部类。
唐安史乱后	上元经箓等	肃宗上元年收经箓6000余卷；至代宗大历年冲虚先生申甫遍搜道经，又及7000卷；穆宗长庆之后至懿宗咸通年之间，两街所写，才5300卷。	
北宋太宗年间	徐铉、王禹偁《道藏》	合计7部类，3737卷。	下《宝文统录》因之，则亦为7部类。
北宋大中祥符初年	王钦若《宝文统录》合计7部类，4359卷。比徐铉、王禹偁《道藏》增622卷。		分洞真部620卷，洞玄部1013卷，洞神部172卷，太玄部1407卷，太平部192卷，太清部576卷，正一部370卷。
北宋天禧三年	张君房《天宫宝藏》	合计7部类，4565卷。	分7部类。
北宋崇宁年间	崇宁《道藏》	合计7部类，5387卷。	分7部类。
北宋政和年间	政和《万寿道藏》	合计7部类，5481卷。	分7部类。
南宋淳熙四年	淳熙《琼章宝藏》	据《万寿道藏》重建。	

[①] 参见陈国符：《道藏源流考》，中华书局，1963年，第120页—121页。

[②] 参见王卡：《敦煌道教文献研究——综述·目录·索引》，中国社会科学出版社，2004年，第22页。

续表

年代	目录/道藏名称	数量	分类情况
金 明昌初年	孙明道《大金玄都宝藏》	合计7部类，602帙，6455卷。	分7部类。
元 乃马真后三年	宋德方《大元玄都宝藏》	合计7部类，7800余卷。	分7部类。
明 正统十年	邵以正《正统道藏》	合计7部类，480函，计1431部，5305卷。	分7部类。分洞真部316部，洞玄部303部，洞神部364部，太玄部117部，太平部66部，太清部24部，正一部240部。
明 万历三十五年	张国祥《万历续道藏》	共补收道书56部，合计7部类，至1487部，512函，5485卷。	补收不再分类。
新中国 1992年—1994年	胡道静《藏外道书》	36册，共收集《道藏》未收道教经籍和著述991部。	收书按内容区分为11类，即：古佚道书类、经典类、教理教义类、摄养类、戒律善书类、仪范类、传记神仙类、宫观地志类、文艺类、目录类和其他等。
新中国 2004年	张继禹《中华道藏》	以《正统道藏》《万历续道藏》为底本，并补入明以前经书，共收书1500余部，5500多卷。	全藏分为三洞真经、四辅真经、道教论集、道教众术、道教科仪、仙传道史和目录索引7大部类。

表2　历代全国性综合目录著录道书情况表

年代	目录名称	数量	分类情况
东汉章帝时期（西汉建平二年）	班固《汉书·艺文志》》刘歆《七略》	合计3类,55家,801篇,392卷。	其中诸子略道家37家,993篇;方技略房中8家,186卷;神仙10家,205卷。①
萧梁普通四年	阮孝绪《七录》	合计2录5类,490种,535帙,1547卷。	子兵录道部69种,76帙,431卷。仙道录分经戒部290种,318帙,808卷;服饵部48种,52帙,167卷;房中部13种,13帙,38卷;符图部70种,76帙,103卷。合425种,459帙,1138卷。②
唐贞观年间	魏徵《隋书·经籍志》	合计2部5类,455部,1741卷。	子部道家类78部,合525卷。附道经,分经戒301部,908卷;饵服46部,167卷;房中部13种,38卷;符箓17种,103卷;共377部,1216卷。
后晋开运二年（唐开元十年）	刘昫《旧唐书·经籍志》（母煚《古今书录》）	合计1类,123部,947卷。	子部道家类125部,老子61家,庄子17家,道释诸说47家③,凡960卷④。

① 道家实为801篇,房中实为191卷,神仙实为201卷。
② 为421种,459帙,1116卷。
③ 道释诸说多为佛道辩论性质书籍,并非纯粹的佛书。
④ 实为《老子》60家,《庄子》17家,《道释诸说》46家,123部,凡947卷。

续表

年代	目录名称	数量	分类情况
北宋嘉佑五年	欧阳修《新唐书·艺文志》	总206家,200余部,1742卷	子部有道家77家,84部,1004卷①。自玄宗以下不著录22家,132卷②。神仙35家,50部,341卷。自《道藏音义》以下不著录62家,265卷。
北宋庆历元年	王尧臣《崇文总目》	合计2类,553部,1249卷。	道家类35部,170卷③。道书类共525部,1004卷。④
南宋绍兴十五年	《秘书省续编到四库阙书目》	合计657部。	道书类657部。
南宋绍兴三十一年	郑樵《通志·艺文略》	合计25类,1323部⑤,3706卷。	道家类分老子、庄子、诸子、阴符经、黄庭、参同契、目录、传、记、论、书、经、科仪、符箓、吐纳、胎息、内视、道引、辟谷、内丹、外丹、金石药、服饵、房中、修养,凡25种。
*北宋天圣八年	吕夷简等《三朝国史艺文志》		子部道家类43部,250卷。神仙类97部,625卷。⑦
*北宋元丰五年	王珪等《两朝国史艺文志》	合计2类,590部,2000余卷。⑥	子部道家类8部,15卷。神仙类413部。
南宋淳熙七年	李焘等《四朝国史艺文志》		子部道家类9部,32卷。神仙类20部。

---

① 《新唐志》此处错乱,按马端临《文献通考·经籍考》子部道家类卷首所引,或为《新唐志》载"一千二百四十卷"。
② 按照总不著录158家,1338卷推算。
③ 实为168卷。
④ 实为518部,1081卷。
⑤ 《通志·艺文略》著录道书有重出者,参见陈国符:《道藏源流考》,中华书局,1963年,第147页。
⑥ 此三种国史艺文志均不重复登录,所以合计可得北宋藏书情况。
⑦ 以下四部宋代国史志记载见马端临《文献通考·经籍考》子部道家、房中神仙类卷首。

续表

年代	目录名称	数量	分类情况
南宋宝佑五年	《中兴四朝国史艺文志》	合计2类，443家，499部，1508卷。	子部道家类47家，52部，187卷。神仙类396家，447部，1321卷。
元至正三年	脱脱《宋史·艺文志》	合计2类，496部，1575卷。	子部道家类102部，359卷；神仙类394部，1216卷。
明正统六年	杨士奇《文渊阁书目》	合计2类，232部。	子书不分类，有道家30部。另有道书202部。
明末清初	黄虞稷《千顷堂书目》①	合计198部，700余卷。	道家类198部，700余卷。
清乾隆四年	张廷玉《明史·艺文志》	合计56部，267卷。	道家类56部，267卷。
清乾隆五十八年	纪昀《四库全书总目》	合计144部，896卷。	道家类44部，432卷。存目100部，464卷，内四部无卷数。
民国	章钰《清史稿·艺文志》		道家类95部，351卷。
民国	武作成《清史稿·艺文志补编》	合计433部，1000余卷。	道家类61部，183卷。
新中国2000年	王绍曾《清史稿·艺文志拾遗》		道家类93部，398卷，不分卷者6部。宗教类道教之属184部。

一、历代道书数量的变化

从表1中可以清晰地看出，从六朝道经造作高峰后，基本形成了"道藏"的核心，北周《玄都经目》的2040卷，有一定的代表性。至于王延《三洞珠囊经目》的8030卷，参考《玄都经目》的4000余卷

---

① 明清两代史志为一代之撰述，不包括前代遗存。

虚数，可推测大致也是虚数，或者是卷数计算方法的差别。至于《通志·艺文略》所载《隋朝道书总目》则全同《隋志》，对照《七录》可知，《隋志》亦基本承袭《七录》，分类全同，饵服与房中所录全同，只有经戒多出11部，100卷，而符箓则卷数同，部数却分别为17与70，或为传写之讹，亦未可知。入唐后，由于统治者的重视和国力的强盛，整理、搜求活动不断，当然也包括后代道书的新作，道书的数量迅速增长，到安史之乱前达到高峰，可以开元《三洞琼纲》为代表，虽然文献记载的卷数有三说，但是笔者比较倾向7300卷说。因为前有尹文操《玉纬经目》7300卷，文献记载安史之乱后不久，肃宗上元年间收经箓得6000余卷，可知开元时期道书的数量的确达到了一个高峰，随着连年战乱和道教的衰落，到北宋初年整理道藏则只有3700余卷。宋金元时期，道教再度繁荣起来，多次编修道藏，到《大元玄都宝藏》达到了第二个高峰。随后道教又开始衰落，幸运的是明修《道藏》历近六百年基本完整的保存下来，虽然没有《大元玄都宝藏》规模浩大，但也还是保存了为数颇丰的道教典籍。

二、道藏的分类[①]

从表1我们可以看出道教内部有自己特殊的分类法，即"三洞四辅十二类"的道藏分类方法，这种分类方法的演进也有一个过程。葛洪《抱朴子》中无三洞说，亦无三分迹象，只分经、符两类，很是粗略。这样三洞之分类应起于东晋葛洪之后。刘宋陆修静泰始七年（471）上《三洞经书目录》，而其早在元嘉十四年（437）《灵宝经自序》中自

---

① 关于道藏分类的详细情况，请参考陈国符《道藏源流考》以及朱越利《道经总论》相关章节。

称"三洞弟子",则三洞分类亦可能起于陆之前。所谓"三洞",就是洞真、洞玄、洞神。洞即是通。三洞是依据道教三大派系的分类:洞真经即上清经,洞玄经即灵宝经,洞神经即三皇经。据目前文献来看,三洞分类即起于陆氏《三洞经书目录》。

所谓"四辅"就是太玄部、太平部、太清部、正一部四类。"太玄"原指老君隐太玄之乡,后取玄之又玄的重玄之义,太玄部辖《道德经》、《西升经》等;"太平"因以《太平经》为首而得名;"太清"取至清虚无之意,令人升入或此部经典降自太清仙境,因而得名,太清部辖金丹经。这三部分别辅助洞真、洞玄、洞神三部。"正一"表示"正以治邪,一以统万"。正一部辖《三天正法》、《正一盟威妙经》等,是以道德为宗,贯通三洞,所以正一部是总辅三洞。这种辅助的关系与诸经的内容没有必然的联系。三洞与四辅合称七部,一般认为,七部分类方法是南朝梁《孟法师玉纬七部经书目》创立的,因为此目已佚,主要是根据"七部"的名称推断。梁代有两个孟法师,一个是孟景翼,曾任梁武帝大道正,号大孟;另一个是孟智周,为陆修静弟子,亦梁武帝时人,号小孟。[①]

三洞和四辅的分类法基本反映派别情况,这样不以内容分类的方法有一定缺陷,因此,南北朝时期在三洞之中,每洞又分为相同的十二部,而四辅则不分。赵宋以后,为避免与七部混淆,于是改为十二类。十二部的分类最早见于六朝上清经《洞真太上仓元上录》和敦煌道经宋法师《经目》,宋法师即宋文明,与刘宋陆修静同时代人。这样,则十二部略迟于三洞,或者几乎同时。这里还有一个问题,就是四辅为什么不分十二部,笔者认为可能有两个原因:第一个原因可能是四辅和三洞还不是完全相同,它有内容分类的成分;第二个原因是十二部分类产生于四辅之前,由于第一个原因没有在四辅中实行。诸经中提到十二部的

---

① 参见朱越利:《道经总论》,辽宁教育出版社,1991年,第130页—131页。

名称多有不同，但也大同小异。明《道藏》十二类的名称及内容如下：
①本文，指经书的原本真文；②神符，指龙章凤篆之文，灵迹符书之字的符箓；③玉诀，指对道经的注解和义疏；④灵图，指对本文的图解或以图像为主的著作；⑤谱录，指记录高真上圣的应化事迹和功德名位的道书；⑥戒律，指戒规、科律的经书及功过格等；⑦威仪，指斋醮科仪方面的著作；⑧方法，指论述修真养性和设坛祭炼等各种方法之书；⑨众术，指外丹炉火、五行变化和其他数术书；⑩记传，指众仙传记、碑铭及道观志书；⑪赞颂，指歌颂赞唱神灵的灵章和诸真宝诰等；⑫章表，指建斋设醮时上呈天帝的章奏、青词等。三洞经下各分十二部，合为三十六部。另外历史上又有六部和"新三十六部"的分类法，[①]但是没有被已知的历代道藏采用。从表1可以看出从南北朝道藏形成开始，就一直沿用"三洞四辅十二类"的分类方法。

三、全国性综合书目对道书的著录和分类

从数量看，我们也能大致看出唐宋两代综合目录里著录的道书是比较多的，大约保持在1500卷左右。另唐开元年间毋煚《古今书录》外有《开元内外经录》，今仅知其收有道释书至2500余部，9500余卷。据智升《开元释教录》，有佛书凡7046卷，按此估算，道书则有2000余卷。[②]元明以降，官修综合目录中著录道书的数量就大为减少了。从著录的分类看，有四种处理方式：第一种方式是从刘宋王俭《七志》开始的，就是把释道书兼容到综合目录中的同时，保留其成为独立的大部类，虽然在《七志》中释道书只是作为附篇。到阮孝绪《七录》则把仙

---

① 参见陈国符：《道藏源流考》，中华书局，1963年，第6页、252页—257页。
② 姚名达：《中国目录学史》，上海古籍出版社，2002年，第261页。

道录纳入"七录"之中，并分为经戒、服饵、房中、符图四类。《隋志》因之，但只列出了分部数量，而没有书目，这样做有史志目录篇幅不宜过大的原因，但可能更重要的原因是代表了官方的儒家立场。自此以后，官修综合目录就再也没有将释道书作为一个独立的大部类，而是试图将其纳入儒家学术系统的四部体系之下。第二种方式只是在《隋志》的基础上做些微调整，继续将诸子道家与道教分开，道家诸子的著作列入子部的道家类，而其他道书降格为子部神仙类或者道书类。采用这种处理方式的如《崇文总目》《新唐书·艺文志》《宋国史志》《文渊阁书目》等，成为从宋代到明代的主流方式。第三种方式是将道书统一作为子部的一类，而且往往和佛典并列，这种处理方式出现得并不晚，但是入清以后方在官修综合目录中流行起来。采用这种处理方式的如《旧唐书·经籍志》《千顷堂书目》《四库全书总目》等。郑樵《通志·艺文略》做得最彻底，不但统一道书为一类，而且置为一大部类，从而也就打破了四部的儒家学术体系。其实，这也不是郑樵的首创，宋仁宗年间李淑的《邯郸书目》就分经、史、子、集、艺术志、道书志、书志、画志八部[①]，而道书分经诰、传录、丹药、符箓四类。明清以后，私人藏书目录的分类更是自由，比如钱曾的《也是园藏书目》就分经部、史部、明史部、子部、集部、三藏、道藏、戏曲小说八部。其道藏又分洞真、洞玄、洞神、太玄、符箓部，则是按照道教的目录分类法，又将道藏与传统的经史子集并列，这就成为第四种方式。

---

① 吕绍虞：《中国目录学史稿》，安徽教育出版社，1984年，第91页。

《七略》《别录》编撰考*

我们都知道《七略》《别录》是西汉刘向、刘歆父子所主持校书活动的成果。根据《汉书·成帝纪》记载：

（河平）三年……秋八月……光禄大夫刘向校中秘书。①

又《汉书·楚元王传》称：

（向）年七十二卒。卒后十三岁而王氏代汉。②

向死后，歆复为中垒校尉。哀帝初即位……复领《五经》，卒父前业。歆乃集六艺群书，种别为《七略》。③

则向、歆父子于西汉成、哀之际先后主持校书活动近二十年。成、哀时的校书活动除了向、歆父子主持其事，据《汉书·艺文志叙》记载：

（成帝）诏光禄大夫刘向校经传诸子诗赋，步兵校尉任宏校兵

---

* 原载《图书馆杂志》2011年第2期，第88页—91页。
① （汉）班固：《汉书》，中华书局，1962年，第310页。
② （汉）班固：《汉书》，中华书局，1962年，第1966页。
③ （汉）班固：《汉书》，中华书局，1962年，第1967页。

书,太史令尹咸校数术,侍医李柱国校方技。①

还有重要的协助者任宏、尹咸以及李柱国。对于向、歆父子校书同僚进行考证的论文有潘猛补《刘向父子校书助手述略》②、王承略、杨锦先《刘向校书同僚学行考》③以及张世磊《〈别录〉〈七略〉研究》④,这些论文考证刘向校书同僚,并述其学行,除以上五位负责人外,还有班斿、王龚、房凤、杜参、富参(或与杜参为一人)、臣望、刘伋、臣叙(应臣歆,即刘歆之误)等人。潘猛补、张世磊所补杨宣、苏竟与刘歆共校书已在平帝、王莽时,此时向、歆父子校书活动已经结束,则可能为以后的校书活动。实际上,《汉书·扬雄传》亦称扬雄曾于天禄阁校书。

关于《七略》《别录》的成书情况,前人已多有考辨,但是各家所持观点依然聚讼纷纭,莫衷一是,仍有再做梳理的必要。这里的问题主要有二:其一,《七略》《别录》的成书时间。其二,《七略》《别录》的编撰者与成书先后。讨论这两个问题的基础是需要认识到《七略》《别录》成书应在向、歆父子校书活动结束之后。

首先,谈《七略》《别录》的成书时间。钱穆《刘向歆父子年谱》考证刘向当卒于成帝绥和元年(前8年)。⑤顾实认为:刘歆《上山海经表》署名秀,又其避讳改名在哀帝建平元年(公元前6年),所以《七略》成书当在此后。而同年移书太常博士,触怒大司空师丹,刘歆惧诛而出守外任。据《汉书·百官公卿表》,师丹于秋九月被策免,则刘

---

① (汉)班固:《汉书》,中华书局,1962年,第1701页。
② 潘猛补:《刘向父子校书助手述略》,《新世纪图书馆》1985年第5期,第41页—43页。
③ 王承略、杨锦先:《刘向校书同僚学行考》,《文献》1998年第3期,第64页—79页。
④ 吉林大学历史文献学专业2009年硕士学位论文。
⑤ 钱穆:《两汉经学今古文平议》,商务印书馆,2001年,第62页。

歆奏《七略》应在建平元年春夏间，①程千帆、钟肇鹏持论同。又刘歆《上山海经表》称"臣秀昧死谨上，建平元年四月丙戌"，则是在建平元年四月至九月之间。

至于《七略》《别录》的编撰者问题，《七略》成于刘歆之手无疑，《别录》题为刘向"撰"，为别集向、歆父子校书叙录所成，而刘向死时校书未竟，则《别录》无法成书，最后必不成于刘向之手。刘向从河平三年（公元前26年）开始校书，未成而殁，刘歆卒其父业，哀帝建平元年奏《上山海经表》，则部分典籍校成于刘歆之手。而刘向死于成帝绥和元年，则向主持校书十八年；又刘歆奏《七略》在建平元年春夏间，与刘向之死只隔不到两年时间，亦可知刘向生前已完成校书的绝大部分工作，只有少数典籍没有完成，所以刘歆可以在短时间内完成校理群书，"总群书而奏其《七略》"。也正因为《别录》所收众叙录基本出自刘向之手，而编者只是将其排序成书，所以历来著录将《别录》的著作权归于刘向。当然这个编撰者最有可能即是刘歆，因为刘歆最方便编撰《别录》，并且从众书中抄出众录的目的可能是为编撰《七略》提供参考。但是也有可能是后人所为，这是因为与《七略》不同，《汉书》没有谈及《别录》。不仅如此，我们现今所见古书最早提及刘向《别录》为《文选李善注》所引应劭《风俗通义》之文，已到东汉末年了。

同时，刘歆仓促完成校书，著《七略》奏上，也留下不少痕迹，试述如下：

其一，顾实指出：

> 本志自多可议之处，最著者莫如序次。班氏于道家《列子》《公牟子》，注云："先庄子"，而《庄子》转次在前，于阴阳家《闾丘子》注云："在南公前"，《将钜子》注云："先南公"，而《南

---

① 顾实：《汉书艺文志讲疏》，上海古籍出版社，1987年，第10页。

公》亦次前，法家《慎子》注云："先申、韩"，而《申子》在前。此外，墨家之随巢、胡非皆墨子弟子，我子为墨学，更后于随巢二家，而《墨子》书反殿诸家之末。道家之《老莱子》在《田子》后，《郑长者》在《郎中婴齐》之后，阴阳家之《驺奭子》在《张苍》之后，名家之《毛公》在《黄公》之后。岂以原本《七略》依据汉廷得书先后耶？抑班氏固为未成之书耶？①

顾实指出的序次混乱问题可作刘歆成书仓促之一证。

其二，邓骏捷指出：

> 刘歆在短短数月之间，既要"总群书而奏其《七略》"，又要与诸儒议立古文经，以理度之，时间过于短促，恐怕难以兼顾，这可以从《山海经》的整理工作并不理想中得到证明：刘歆上奏的《山海经》新本内留下了许多尚未校定的痕迹，②足以说明刘歆当时的工作十分仓促。《汉书·艺文志》中《六艺略》《诸子略》《诗赋略》的"小序"较为详细，而《兵书略》《术数略》《方技略》的"小序"则较为简略，极有可能是《七略·辑略》本即如此；原因是刘歆在匆忙之间编成的《七略》，主要是参考刘向亲自校理的经传、诸子、诗赋三类图籍的"叙录"。③

其实，《诗赋略》由于没有小序说明，学者们对于前三种赋的分类体例，从"体裁说"到"品格说"一直莫衷一是，笔者认为这也和刘歆

---

① 顾实：《汉书艺文志讲疏·例言》，上海古籍出版社，1987年，第2页。
② 原注：详参〔日〕大野圭介：《试论刘歆为何上奏〈山海经〉》，《古籍研究》，1995年第1期，第39页—47页。
③ 邓骏捷：《刘向〈别录〉的成书与体例新论》，《澳门大学中文集刊（一）》，澳门大学，2004年，第79页。

《七略》成书的仓促有关。

下面进一步考察二目成书先后的问题。对于这个问题，有两派意见，姚振宗、余嘉锡、程千帆、钟肇鹏等认为《七略》成书在先，而章太炎、姚名达、吕绍虞、来新夏、邓骏捷、张世磊等认为《别录》成书在先，近年来研究者多倾向后一种意见。持前一种意见者主要根据为刘向校书未竟而死，无法完成《别录》的编撰，对于这一点，其反对者并没有提出有说服力的反驳。持后一种意见者主要根据为后世皆称"刘向《别录》"，从无异议。这个问题在上面讨论二目编撰者的时候已经解释，由于校书众录绝大多数为刘向所撰，因此就应题为刘向撰。再就是阮孝绪《七录序》的文字，即：

> 昔刘向校书，辄为一录，论其指归，辨其讹谬，随竟奏上，皆载在本书。时又别集众录，谓之《别录》，即今之《别录》是也。子歆撮其指要，著为《七略》。

其中有两个关键点，持这种意见的学者认为"时又别集众录，谓之《别录》"，即是说在校书同时完成了《别录》，并且此句之后又称"子歆撮其指要，著为《七略》"。"其"正是指《别录》，《别录》不成书在先，无法"撮其指要"。对此种意见，程千帆给予了回应，他说：

> 惟有二点，须事诠释，于义始安：其一则"时又别集众录"之"时"，犹言时人也，非定指向。其二则"撮其指要"之"其"，乃言随竟奏上之录，非言《别录》也。①

笔者认为于理可通。如果这样理解，"时又别集众录，谓之《别录》，即

---

① 程千帆：《目录学丛考》，中华书局，1939年，第8页。

今之《别录》是也"一句似应为插叙，前一段讲刘向每校一书，遂得一录，而后一段续接刘歆撮其内容指要，编成《七略》。中间的插叙只是讲众书之录离书别行，又被编辑成《别录》。如果这样理解，则阮孝绪亦不能确定《别录》是何时何人所编，因为如果确知为刘歆，则会讲明，不会含糊讲为时人所编。上文论及《别录》编撰者时也同样提出了怀疑，《别录》也可能非刘歆编撰而为后人所为。当然，如果将"时又别集众录"的主语理解为承前之刘向则文意更为自然，但是这样理解无法解释刘向校书未竟而死的矛盾。实际上阮氏《七录序》还有一段文字：

> 会向亡，哀帝使歆嗣其前业。乃徙温室中书于天禄阁上，歆遂总括群篇，奏其《七略》。

这也是《别录》未先由刘向编成之证，因为如果《别录》编成在前，则不必"徙温室中书于天禄阁上"而"总括群篇"，直接按《别录》删成《七略》岂不是更方便？不过刘歆因为要编撰《七略》，而从众书中抄出叙录作为参考倒是可能为《别录》的编撰提供了条件。应该指出，阮孝绪上距西汉时间已经久远，其文字虽为极重要之参照，但也不必拘泥。

认为《别录》成书在先的意见还忽略了一个问题，即与《七略》不同，《别录》的编撰有两个阶段，第一阶段是撰成众书之录，第二阶段是将众录编排成书。从这个角度讲，《七略》的完成在撰成众录之后，但也不能忽略了《别录》编撰的第二阶段。《汉书·艺文志叙》也只称"歆于是总群书而奏其《七略》"，并未谈及《别录》。注意到《隋书·经籍志·薄录篇小序》称"汉时刘向《别录》、刘歆《七略》，剖析条流，各有其部"，那么《别录》和《七略》都是分类的，因此可以从此分类的原创性上分析二目成书之先后。笔者以为在分类上应是《别录》继承《七略》，而《别录》成书的第二阶段就是将众录分类排序，所以其成书当在此分类形成之后，也就是说《别录》编成在《七略》之后，乃以《七略》之分类体系将校书众录排序而成。现试论缘由如下：

其一，《汉书·楚元王传》称"歆乃集六艺群书，种别为《七略》"①，《北堂书钞》卷九十九引《刘歆集序》称"（歆）著《七略》以剖判百家"②，《隋书·经籍志序》称"并依《七略》而为书部"③，则各书谈到分类群书，皆言《七略》，可以从侧面窥视出《七略》乃是二目分类的源头。另外，"七略"之名即有分类之意，亦可为旁证。至于班固《汉书·叙传》称"刘向司籍，九流以别"，乃是指向、歆父子的校书活动，非指《别录》，并且这次校书活动正是"歆卒父业"，在所有书还没有校毕的情况下，就先分好类也是不现实的，从《诗赋略》的分类混杂以及没有类序的情况也可以看出刘歆也只是匆忙完成，就更不用说刘向了。阮孝绪《七录序》有"俭又依《别录》之体，撰为《七志》"，也只能从侧面说明《别录》也是有分类的，但不能说明《别录》分类在前。实际上，据章宗源《隋书经籍志考证》，《南齐书》王俭本传称依《七略》撰《七志》，《文选·王文宪集序》亦同，则与《七录序》所说相异，以《七志》书名推测，则仿《七略》更贴切。由于《七志》有数十卷之巨，则很可能叙录更详细，近似《别录》，那么阮所说"依《别录》之体"则是据此而言。

其二，从《七略》的分类也可见其端倪，其中《六艺略》所分小类，以《易》《书》《诗》《礼》《乐》《春秋》为序，也是刘歆之创，与今文学家所遵以《诗》为首的顺序异趣。④

其三，《别录》无《辑略》，并且很可能也无小序，只是将众书叙录

---

① （汉）班固：《汉书》，中华书局，1962年，第1967页。
② （唐）虞世南：《北堂书钞》，《续修四库全书》第1212册，上海古籍出版社，1995年，第462页。
③ （唐）魏徵：《隋书》，中华书局，1973年，第906页。
④ 参看廖名春："六经"次序探源，《历史研究》2002年第2期，第34页—41页。

按《七略》分类编次而成。邓骏捷指出颜师古注《汉书·艺文志》时，在各种书籍下遍引刘向《别录》为注，唯独于大小序中却未见引用《别录》只言片语，对于这种现象唯一的合理解释是颜师古所见的《别录》根本没有《辑略》，实际上历来所谓《别录·辑略》的佚文也都不能成立。① 只有一条例外，颜师古《汉书注·司马迁传》引刘向《别录》云："名家者流出于礼官。古者名位不同，礼亦异数。孔子曰'必也正名乎'。"正与《汉志》名家类小序同，但只有孤证，也可能是颜氏误混。退一步讲，即使《别录》有大小序，也是继承《七略》，别无不同。

其四，通过《汉书·艺文志》大小序与其他文字的对比，可知《七略·辑略》应为刘歆所作。

《汉书·楚元王传》载刘歆《让太常博士书》：及夫子没而微言绝，七十子终而大义乖。……至孝武皇帝……故诏书称曰："礼坏乐崩，书缺简脱，朕甚闵焉。"……及鲁恭王坏孔子宅，欲以为宫，而得古文于坏壁之中，《逸礼》有三十九，《书》十六篇。天汉之后，孔安国献之，遭巫蛊仓卒之难，未及施行。②

《汉书·艺文志叙》：昔仲尼没而微言绝，七十子丧而大义乖。……迄孝武世，书缺简脱，礼坏乐崩，圣上喟然而称曰："朕甚闵焉。"③

《汉书·艺文志·书类小序》：武帝末，鲁共王坏孔子宅，欲以广其宫，而得《古文尚书》及《礼记》《论语》《孝经》凡数十篇，皆古字也。共王往入其宅，闻鼓琴瑟钟磬之音，于是惧，乃止不坏。孔安国者，孔子后也，悉得其书，以考二十九篇，得多十六

---

① 邓骏捷：《刘向〈别录〉的成书与体例新论》，《澳门大学中文集刊（一）》，澳门大学，2004年，第80页。
② （汉）班固：《汉书》，中华书局，1962年，第1968页—1969页。
③ （汉）班固：《汉书》，中华书局，1962年，第1706页。

篇。安国献之。遭巫蛊事，未列于学官。①

以上《汉书·艺文志叙》以及书类小序之文字与刘歆《让太常博士书》对比，可以看出《汉志》之序即《七略·辑略》无论从文字和持论皆与刘歆《让太常博士书》相同，应为刘歆所作。

《汉书·楚元王传》：及歆校秘书，见古文《春秋左氏传》，歆大好之。时丞相史尹咸以能治《左氏》，与歆共校经传。歆略从咸及丞相翟方进受，质问大义。初《左氏传》多古字古言，学者传训故而已，及歆治《左氏》，引传文以解经，转相发明，由是章句义理备焉。歆亦湛靖有谋，父子俱好古，博见强志，过绝于人。歆以为左丘明好恶与圣人同，亲见夫子，而公羊、谷梁在七十子后，传闻之与亲见之，其详略不同。歆数以难向，向不能非间也，然犹自持其《谷梁》义。②

《汉书·艺文志·春秋类小序》：仲尼思存前圣之业，乃称曰："夏礼，吾能言之，杞不足征也。殷礼，吾能言之，宋不足征也。文献不足故也，足则吾能征之矣。"以鲁周公之国，礼文备物，史官有法，故与左丘明观其史记，据行事，仍人道，因兴以立功，就败以成罚，假日月以定历数，藉朝聘以正礼乐。有所褒讳贬损，不可书见，口授弟子，弟子退而异言。丘明恐弟子各安其意，以失其真，故论本事而作传，明夫子不以空言说经也。《春秋》所贬损大人当世君臣，有威权势力，其事实皆形于传，是以隐其书而不宣，所以免时难也。及末世口说流行，故有《公羊》《谷梁》《邹》《夹》之《传》。③

---

① （汉）班固：《汉书》，中华书局，1962年，第1701页。
② （汉）班固：《汉书》，中华书局，1962年，第1967页。
③ （汉）班固：《汉书》，中华书局，1962年，第1715页。

上列《汉书·楚元王传》称刘歆习《左传》，刘向持论《谷梁》，父子各持其义，而刘歆以为左氏亲见孔子，"好恶与圣人同"，正与《汉书·艺文志·春秋类小序》持论相同，称"及末世口说流行，故有《公羊》《谷梁》《邹》《夹》之《传》"，则必不为刘向所撰。并且《诸子略》称诸子之学出于王官说疑亦与刘歆《周官》之学有关。

最后，如果以为《别录》只是大概分为六类，而没有二级类目，自然也就没有继承《七略》的可能，但这也是说不通的。首先，《隋书·经籍志·薄录篇》称《别录》为《七略别录》，正是《别录》为依《七略》分类而将众书叙录编次成书之证；如果说《别录》分类草草，对这种情况只能解释为《别录》的这个别称很随意，没有道理可言。我们从常理上想一下，如果《别录》没有二级类目，那必然每一大类下面的近百篇叙录的编排都是杂乱无章的，在当时以竹简为主要书写材料的情况下，这是无法想象的。另外，如果《别录》的分类与《七略》不同，那么前人早就会指出，但实际上看到过《七略》《别录》的人从没有指出这个"差别"，甚至一点端倪都没有透露。

综上所述，据目前的材料来看，《七略》《别录》都编成于刘歆，刘歆校书毕，总群书而分类编次，然后为每类撰成小序，与全书总序共成《辑略》，而每书下之简要解题当从校书众录中删取。《别录》则是从各书抄出众录，然后按照《七略》的分类次序加以编排，最终成书。因此，《七略》《别录》先后编成，《七略》成书在建平元年四月至九月之间，《别录》则在其后，因为如上文提及，哀平以后，刘歆也有校书之活动，仍有编撰《别录》的可能。而《七略》成书仓促的特点都被保留，这样看，刘歆应该没有再重新整理《七略》。但是无论如何，《别录》成书应在所校群书叙录尚存之时，所以一般认为应在王莽之乱前，实际上也有在东汉的可能，也就是说西汉所校之书在东汉之初有可能基本留存，这个问题在此不详述。

《七略》与《别录》释名*

《七略》《别录》是我国最早的两部综合目录，同时它们也是刘向、刘歆父子西汉校书活动的成果。实际上从二录的名称就可以看出当时典籍分类的观念和单书叙录形制，但是二录尤其是《别录》历来别称不少，本文试从称引文献入手，辨析二录的得名由来和别称情况。

《七略》之名，虽然诸家称引也有差异，但《汉书》记载明确，其原名如此，没有异辞。《汉书·艺文志叙》称："歆于是总群书而奏其《七略》，故有《辑略》，有《六艺略》，有《诸子略》，有《诗赋略》，有《兵书略》，有《术数略》，有《方技略》。"① 章太炎《七略别录佚文征序》："略者，封畛之正名，传曰：天子经略，所以标别群书之际，其名实塙然。"② 《说文》："略，经略土地也。""略"有分界之义，在"七略"之名中则有分类之义，所以"七略"为七"略"之合称。姚名达③、吕绍虞④以"略"为简略之义，这是说不通的，因为这样对"辑略"的解释必然牵强。

但是《别录》的情况就不同了，学界有不同意见，如李解民认为《别录》的原名为《七略别录》，"正史《经籍志》或《艺文志》专门著

---

* 原载《图书馆学刊》2012年第4期，第123页—125页。
① （汉）班固：《汉书》，中华书局，1962年，第1701页。
② 《章太炎全集（一）》，上海人民出版社，1982年，第381页。
③ 姚名达：《中国目录学史》，商务印书馆，1936年。
④ 吕绍虞：《中国目录学史稿》，安徽教育出版社，1984年。

录书目，讲究书名的规范、完整，与平常称引只图简洁、方便而惯用省称不同"①，笔者认为其说值得商榷。实际上，《别录》最早被称引是东汉应劭《风俗通》引称刘向《别录》，后世称引也大多用此名称。为了讨论方便，我们将《隋书·经籍志》以前诸书称引《别录》的例子列举如下：

  李善《文选注》卷四十三《重答刘秣陵沼书》引《风俗通》曰：刘向《别录》，杀青者，直治青竹作简书之耳。②

  葛洪《抱朴子外篇·自叙》：案《别录》《艺文志》众有万三千二百九十九卷。③

  刘孝标《世说新语注·言语篇》：刘向《别录》曰：晏平仲名婴，东莱夷维人，事齐灵公、庄公，以节俭力行重于齐。④

  郦道元《水经注》卷二十六：刘向《别录》以稷为齐城门名也。谈说之士，期会于稷门下，故曰稷下也。⑤

  《广弘明集》卷三《七录序》：昔刘向校书，辄为一录，论其指归，辨其讹谬，随竟奏上，皆载在本书。时又别集众录，谓之《别录》，即今之《别录》是也。子歆撮其指要，著为《七略》。其一篇即六篇之总最，故以《辑略》为名。⑥

  宗懔《荆楚岁时记》：按刘向《别录》曰：寒食蹴鞠，黄帝所造，本兵势也，或云起于战国，案鞠与毬同，古人蹋蹴以为戏

---

① 李解民：《〈别录〉异称考》，《文史》，1994年总29期，第58页。
② （南朝梁）萧统：《文选》，上海古籍出版社，1986年，第1950页。
③ 杨明照：《抱朴子外篇校释》，中华书局，1997年，第660页。
④ 余嘉锡：《世说新语校释》，中华书局，1983年，第125页。
⑤ 陈桥驿：《水经注校释》，中华书局，2007年，第627页。
⑥ （唐）释道宣：《广弘明集》，《大正新修大藏经》，大正一切经刊行会，1924年—1932年，第52卷，209页。

也。①

《隋书·经籍志·薄录类》：《七略别录》二十卷，刘向撰。《七略》七卷，刘歆撰。②

《隋书·经籍志·薄录类小序》：汉时刘向《别录》、刘歆《七略》，剖析条流，各有其部，推寻事迹，疑则古之制也。③

《隋书·音乐志》：向《别录》，有《乐歌诗》四篇、《赵氏雅琴》七篇、《师氏雅琴》八篇、《龙氏雅琴》百六篇。④

《隋书·牛弘传》：案刘向《别录》及马宫、蔡邕等所见，当时有《古文明堂礼》《王居明堂礼》《明堂图》《明堂大图》《明堂阴阳》《太山通义》《魏文侯孝经传》等，并说古明堂之事。⑤

姑且不论正史经籍、艺文志多由旧目编成，少加校订，新旧唐书以下多有讹窜，就拿《隋书》本书来说，《隋书·经籍志·薄录类小序》《音乐志》《牛弘传》皆称刘向《别录》，如果说正史不及正史目录规范，恐怕自相矛盾。并且应劭《风俗通》、阮孝绪《七录序》、葛洪《抱朴子外篇·自叙》称引皆为刘向《别录》，尤其《七录序》更称"今之《别录》是也"，所以认为《七略别录》为正名，难以让人信服。

另外，李解民认为《别录》有别称《七略》《七录》，也难让人信服，因为弃常用名《别录》不用，而用容易与刘歆《七略》、阮孝绪《七录》相混淆的别称，徒增混乱，实在是不合乎情理的用法，出现这些称引只能是对刘歆《七略》、刘向《别录》或阮孝绪《七录》称引之

---

① （南朝梁）宗懔：《荆楚岁时记》，《影印明宝颜堂秘笈》，文明书局，1922年，第6页。
② （唐）魏徵：《隋书》，中华书局，1973年，第991页。
③ （唐）魏徵：《隋书》，中华书局，1973年，第992页。
④ （唐）魏徵：《隋书》，中华书局，1973年，第288页。
⑤ （唐）魏徵：《隋书》，中华书局，1973年，第1302页。

误。现将诸书称引"刘向《七略》"及相关引文列举如下:

①《北堂书钞》卷一〇一:刘歆《七略》云:"古文或误以典为与,以陶为阴,如此类多。"①

《太平御览》卷六一八:刘向《七略》曰:"古文或误以见为典,以陶为阴,如此类多。"②

②《艺文类聚》卷六十七:刘向《别录》曰:"鹖冠子常居深山,以鹖为冠,故号鹖冠子。"③

《太平御览》卷六八五:刘向《七略》曰:"鹖冠子常居深山,以鹖为冠,故号鹖冠子。"④

③裴松之《三国志注》卷三十八:刘向《七略》曰:"孔子三见哀公,作《三朝记》七篇,今在《大戴礼》。"⑤

《艺文类聚》卷五十五:刘歆《七略》曰:"孔子三见哀公,作《三朝记》七篇,今在《大戴礼》。"⑥

司马贞《史记索隐·五帝本纪》:刘向《别录》云:"孔子见鲁哀公问政,比三朝,退而为此记,故曰《三朝》,凡七篇。并入《大戴记》。"⑦

---

① (唐)虞世南:《北堂书钞》,《续修四库全书》1212册,上海古籍出版社,1995年,第471页。
② (宋)李昉:《太平御览》,中华书局,1960年,第2776页。
③ (唐)欧阳询:《艺文类聚》,上海古籍出版社,1982年,第1184页。
④ (宋)李昉:《太平御览》,中华书局,1960年,第3058页。
⑤ (晋)陈寿:《三国志》,中华书局,1959年,第974页。
⑥ 此据《景印文渊阁四库全书》888册,台北商务印书馆,1983年,第287页。
⑦ (汉)司马迁:《史记》,中华书局,1959年,第4页。

④李贤《后汉书注》卷四十：刘向《七略》曰："明堂之制：内有太室，象紫宫；南出明堂，象太微。"①

⑤《太平御览》卷二二一：刘向《七略》曰："孝宣皇帝重申不害《君臣篇》，使黄门郎张子乔正其字。"②

⑥《初学记》卷七：刘向《七略》曰："公孙龙持白马之论以度关。"③

⑦《太平御览》卷四：刘向《七略》曰："京房《易说》云：月与星，至阴也，有形无光，日照之，乃有光，喻如镜，照日即有影见。月初，光见西方，望已后，光见东方，皆日所照也。"④

⑧《册府元龟》卷六〇四：王俭《七志》引刘向《七略》云："《易传》子夏、韩氏，而载《薛虞记》"。⑤

由于刘歆《七略》是采用刘向《别录》内容而作，所以两者引文如果相同，很难断定是引《别录》而非引《七略》。但是参考相关引文亦可有所分辨，第一条"刘向《七略》"似应为"刘歆《七略》"之误，而第二条"刘向《七略》"则应为"刘向《别录》"之误。第三条裴松之所引"刘向《七略》"文字与司马贞所引刘向《别录》文字不同，而恰

---

① （南朝宋）范晔：《后汉书》，中华书局，1965年，第1342页。
② （宋）李昉：《太平御览》，中华书局，1960年，第1052页。
③ （唐）徐坚：《初学记》，中华书局，2004年，第160页。
④ （宋）李昉：《太平御览》，中华书局，1960年，第22页。
⑤ （宋）王钦若：《册府元龟》，凤凰出版社，2006年，第6965页。

恰与《艺文类聚》引刘歆《七略》文字相同①，则此处应为"刘歆《七略》"之误。后五条引文虽无其他引文参照，但也只能是"刘歆《七略》"或者"刘向《别录》"之误。所有这些引文都不能说明"《七略》"是《别录》的别名，只是称引失误而已。

至于李解民以为《别录》有别名为"《七录》"，其文论述如下：《史记·殷本纪》裴骃《集解》云："刘向《别录》曰：'九主者，有法君、专君、授君、劳君、等君、寄君、破君、国君、三岁社君，凡九品，图画其行。'"司马贞《索隐》云："按注刘向所称九主，载之《七录》，名称甚奇，不知所凭据耳。"显然，《索隐》所称"《七录》"即《集解》之"刘向《别录》"。姚振宗《七略别录佚文》指出："按《索隐》此一段所载九主次序，与《集解》所引不同。《七录》殆《七略别录》之省文，非指阮氏《七录》。"

实际上姚氏与李氏的论证是有问题的，既然《索隐》所引"《七录》"之文与《集解》所引"刘向《别录》"之文不同，自然"《七录》"不应该是《别录》。另外根据《索隐》引《七录》对"九主"的解释，然后称"名称甚奇，不知所凭据耳"，则所引"《七录》"文字也不应是《别录》之文，若是《别录》之文，则刘向以《伊尹》内容言之，司马贞不当说刘向所言无凭据。所以此处司马贞所引《七录》应为阮氏《七录》，而非刘向《别录》之误，更不是《别录》的别名。

刘向校书，"每一书已，向辄条其篇目，撮其旨意，录而奏之"②，从今天所存较完整的《荀子叙录》《晏子叙录》即可知刘向所奏叙录的体例，乃先录篇目，再讲校雠情况，最后言作者及书要旨，与班固、阮孝绪所言不差。刘向所叙原本作为该书目录"皆载在本书"，简称为"录"，此"录"离书别行，"时又别集众录，谓之《别录》"，遂称为

---

① 按：（唐）欧阳询：《艺文类聚》，上海古籍出版社，1982年，第983页，作"刘向七略"。
② （汉）班固：《汉书》，中华书局，1962年，第1701页。

"别录",姚名达等已有申说。所谓"别录"这个普通意义的用法,还有两例如下,这里也顺便讨论一下:

> 颜师古《汉书注·艺文志》"冯商所续《太史公》七篇"引韦昭曰:"冯商受诏续《太史公》十余篇,在班彪《别录》。商字子高。"师古曰:"《七略》云商阳陵人,治《易》,事五鹿充宗,后事刘向,能属文,后与孟柳俱待诏,颇序列传,未卒,病死。"①
>
> 余嘉锡引洪颐煊曰:"……如淳曰:'班固《目录》:冯商,长安人,成帝时以能属书待诏金马门,受诏续《太史公书》十余篇。'……班彪《别录》、班固《目录》,疑是一书。或疑'《别录》'为刘向《别录》之讹,非是。"按:洪说是也。刘向《别录》,《汉书叙录》亦谓之"目录"。班彪《别录》盖彪所作《后传》之《叙传》,班固续成之,故又称《目录》。《隋志》有"后汉徐令《班彪集》二卷",此当在《彪集》中。②

班彪《别录》称冯商所续十余篇,而《汉书·艺文志》称七篇,则班彪《别录》不为刘向《别录》可知,而篇数不同可能是因为冯商在刘向校书之后又续若干篇。则班彪《别录》只能是其所作《续太史公书叙录》,所以余嘉锡猜测韦昭见之于《班彪集》。今《汉书叙录》无冯商,则班固《目录》不为《汉书叙录》,因班固曾于宫内校书,此"班固《目录》"可能是指其整理冯商所续《太史公书》的书录,或者为"班彪《目录》"之讹。

> 孔颖达《尚书正义·尧典》曰:其百篇次第,于《序》孔、郑

---

① (汉)班固:《汉书》,中华书局,1962年,第1715页。
② 余嘉锡:《〈汉书艺文志索隐〉选刊稿(序、六艺)下》,《中国经学》(三辑),广西师范大学出版社,2008年,第6页。

不同……不同者孔依壁内篇次及《序》为文,郑依贾氏所奏《别录》为次。①

闻思认为"贾氏所奏《别录》"乃为刘向所撰《别录》②,其说值得商榷。我们先看《汉书》的如下一段记载:

《汉书·儒林传》:世所传《百两篇》者,出东莱张霸,分析合二十九篇以为数十,又采《左氏传》《书叙》为作首尾,凡百二篇。篇或数简,文意浅陋。成帝时求其古文者,霸以能为《百两》征,以中书校之,非是。霸辞受父,父有弟子尉氏樊并,时太中大夫平当、侍御史周敞劝上存之,后樊并谋反,乃黜其书。③

根据《汉书》的这段记载,百篇《书序》最早出于张霸,但成帝时张霸献书已废。再者,据蒋善国《尚书综述》考证今古文《尚书》皆有《书序》并行,百篇《书序》在废张霸《百两篇》后再次被提到已经是平帝以后的事了,那时校书早已结束。④则刘向校书没有理由将百篇《书序》记入《别录》。从《汉书·艺文志》可知,内府有刘向《别录》之书留存,并且不大可能是因贾逵所献而留存,所以此《别录》非刘向《别录》之书。进一步讲,它也不大可能是刘向所作《古文尚书叙录》,因为刘向叙录载在《别录》之书,不需要贾逵上奏;并且细玩文义,"奏"一般指自作,如果是刘向所作,用"上"或者"献"应该更恰当。那么此《别录》只能是贾逵所作《古文尚书叙录》,东汉马融、郑玄所传《古文尚书》有百篇《书序》,即疑是贾逵整理编次并作《叙

---

① (唐)孔颖达:《尚书正义》,上海古籍出版社,2007年,第28页。
② 闻思:《"贾氏所奏〈别录〉"辨》,《文史》1990年总第33期,第200页。
③ (汉)班固:《汉书》,中华书局,1962年,第3607页。
④ 蒋善国:《尚书综述》,上海古籍出版社,1988年,第61页—75页。

录》之本，这也正是孔颖达称"贾氏所奏"的原因。

此两处"别录"即是班彪所作《续太史公书叙录》以及贾逵所作《古文尚书叙录》，由于离书别行，所以称为"别录"。刘向《别录》的名称取义正源于此。

读汉代三目札记两则*

西汉刘向、刘歆父子校书所成《别录》《七略》以及东汉班固据以编纂的《汉书艺文志》是已知汉代三部重要的综合目录,如今只有《汉书艺文志》完整留存,其他两目有多家辑佚,尤以清姚振宗所辑佚文[①]最善。我们以《汉书艺文志》为蓝本,将另外两目佚文缀于其下,草成"汉代三目汇编",通过反复校读,写成读书札记两则,请方家指正。

一、《别录》佚文辨误

我们在校读姚振宗所辑佚文时,运用了检索方便的古籍数据库,发现姚氏所辑基本没有遗漏,非常难得。但通过校读,我们认为姚氏《七略别录佚文》中三条有很大问题,兹分述如下:

1. "杀青"条:

　　a 虞世南《北堂书钞》卷一〇四艺文部十:刘向《别录》云杀青者,直治竹作简书之耳。新竹有汁,善朽蠹,凡作简者,皆于火

---

* 原载《文津学志》第 11 辑,国家图书馆出版社,2018 年,136 页—141 页。
① (清)姚振宗辑录、邓骏捷校补:《七略别录佚文 七略佚文》,上海古籍出版社,2008 年。

上炙干之。①

b 李善《文选注》卷四十三《重答刘秣陵沼书》：《风俗通》曰：刘向《别录》，杀青者，直治青竹作简书之耳。②

c 李昉《太平御览》卷第六〇六文部二二：《风俗通》曰：刘向《别录》杀青者，直治竹作简书之耳。新竹有汁，善折蠹，凡作简者，皆于火上炙干之。陈、楚间谓之汗，汗者，去其汁也；吴越曰杀，亦治也。刘向为孝成皇帝典校书籍二十余年，皆先书竹，改易刊定可缮写者以上素也。由是言之，杀青者竹斯为明矣。③

辨析参照：

d 李善《文选注》卷二十九《杂诗十首》：《风俗通》曰："刘向为孝成皇帝典校书籍，皆先书竹，为易刊定，可缮写者以上素也。今东观书，竹素也。"④

e 李贤《后汉书注·吴佑传》：杀青者，以火炙简令汗，取其青易书，复不蠹，谓之杀青，亦谓汗简。义见刘向《别录》也。⑤

---

① （唐）虞世南：《北堂书钞》，《续修四库全书》第1212册，上海古籍出版社，1995年，第485页。此段作："《风俗通》云：刘向《别录》杀青者，直治竹作简书之，新竹有汗，后善朽蠹，竹简者，皆于火上炙干。○今案：陈俞本删'风俗通云'四字，非也。《御览》六百六引《别录》此条正有《风俗通》句，与旧钞吻合，惟'汗'作'汁'耳。玉函山房辑本亦沿陈俞之误。"引文文意不畅，此处据《景印文渊阁四库全书》第889册，台湾商务印书馆，1983年，第511页。
② （南朝梁）萧统：《文选》，上海古籍出版社，1986年，第1950页。
③ （宋）李昉：《太平御览》，中华书局，1960年，第2725页。
④ （南朝梁）萧统：《文选》，上海古籍出版社，1986年，第1383页。
⑤ （南朝宋）范晔：《后汉书》，中华书局，1965年，第2099页。

2."雠校"条：

f 李善《文选注》卷六《左太冲魏都赋》：《风俗通》曰：案刘向《别录》，雠校，一人读书，校其上下得缪误，为校；一人持本，一人读书，若怨家相对。①

g 李昉《太平御览》卷第六一八学部一二：刘向《别传》曰：雠校者，一人持本，一人读析，若怨家相对，故曰雠也。②

辨析参照：

h 顾野王《玉篇》卷九言部雠字注：杜预曰："雠，对也。"……刘向《别录》"雠校中经"，野王案：谓考校之也。……野王案：雠犹怨憾也。③

i 释慧琳《一切经音义》卷七十七：刘向《别录》曰："雠校中经（中）"，谓考校之也。《风俗通》云："二人对校为雠"。④

3."輠"条：

j《史记·孟子荀卿列传》云："故齐人颂曰谈天衍、雕龙奭、炙毂过髡。"《集解》：《别录》曰"过"字作"輠"。輠者，车之盛膏器也。炙之虽尽，犹有余流者。言淳于髡智不尽如炙輠也。左思《齐都赋》注曰："言其多智难尽，如炙膏过之有润泽也"。《索隐》按：刘向《别录》"过"字作"輠"。輠，车之盛膏器也。炙之

---

① （南朝梁）萧统：《文选》，上海古籍出版社，1986年，第287页。
② （宋）李昉：《太平御览》，中华书局，1960年，第2776页。
③ （南朝）顾野王：《原本玉篇残卷》，中华书局，1985年，第9页、209页。
④ （唐）慧琳、（辽）希麟：《正续一切经音义》，上海古籍出版社，1986年。

虽尽，犹有余津，言髡智不尽如炙輠也。按：刘氏①云"毂，衍字也"。今按：文称"炙毂过"，则过是器名，音如字读，谓盛脂之器名过。"过"与"锅"字相近，盖即脂器也。毂即车毂，过为润毂之物，则"毂"非衍字矣。②

辨析参照：

> k 顾野王《玉篇》卷十八车部轈字注：野王案：轈谓扳拟支碍之也。字书：轈，转也。刘向《别录》以为车釭盛膏之镅，音古祸反，在金部。③

以上三条姚振宗《七略别录佚文》都认为是《别录》的佚文，后人多从之，尤其是"雠校"条，在今人讲到刘向校书的时候，往往引用此条加以说明。但也有学者对第一、二两条提出过怀疑：钱穆《刘向歆父子年谱》认为："上引两条，似《风俗通》释《别录》'校雠''杀青'二语义，非《别录》本文。后人径谓《别录》云，误矣。"④杜泽逊指出："根据《文选注》，这段文字出自《风俗通》，《风俗通》又称引《别录》。在刘向《别录》中'校雠'是常用词，所以这段应是《风俗通》解释《别录》中'校雠'一词的话。"⑤邓骏捷同意杜氏观点，并认为"杀青"条情况亦同。⑥

我们认为以上诸家的质疑是对的，但可惜没有详细论证。现对此两

---

① 按：此刘氏应为作《史记音义》的刘伯庄。
② （汉）司马迁：《史记》，中华书局，1959年，第2348页。
③ （南朝）顾野王：《原本玉篇残卷》，第341页。
④ 钱穆：《两汉经学今古文平议》，商务印书馆，2001年，第44页。
⑤ 杜泽逊：《文献学概要》，中华书局，2001年，第291页。
⑥ 邓骏捷：《刘向〈别录〉的成书与体例新论》，《澳门大学中文集刊（一）》，澳门大学，2004年，第81页。

条非《别录》佚文作详细辨证如下：

先看"杀青"条，根据《文选注》引文d可知《太平御览》引文c中"刘向为孝成皇帝典校书籍二十余年，皆先书竹，改易刊定可缮写者以上素也。由是言之，杀青者竹斯为明矣"是《风俗通》本文，而从"由是言之，杀青者竹斯为明矣"一句来看，应劭断定"杀青"与"竹"相关。假设引文上段"杀青者，直治竹作简书之耳"是刘向所言，则应劭断定"杀青"与"竹"相关便有无用的嫌疑。所以对"杀青"的解释应该是应劭的话，"由是言之，杀青者竹斯为明矣"一句是在论证前面"杀青"的解释后总结之辞。因此，《后汉书注》引文e中"义见刘向《别录》也"之"义"应为"义例"之义，而不是"释义"之义。

再说"雠校"条，《玉篇》所引h"雠校中经"后有"野王案：谓考校之也"，则为顾野王解释"雠"为考校之意，但是顾氏解释"雠"时，前有"对"之义项，后有"怨憾"之义项，而顾氏另加按语释为"考校"，则是顾氏未见《别录》中已有释义"若怨家相对，故曰雠也"。而此解释应为《风俗通》本文。慧琳《一切经音义》所引i"雠校中经"后又引《风俗通》云："二人对校为雠"，则慧琳也认为解释之词是《风俗通》本文。

另外，应劭所用"雠校"一词在今天所能看到的《别录》书录和佚文中未见用例，甚至《七略》佚文中亦未见，而只见"校雠"一词。再从体例上来看，《别录》中的每篇书录都是刘向、刘歆父子上奏皇帝的表章，其中出现这种先用一个生僻词语，再自己解释的情况似乎不合情理，我们今天所能看到的《别录》书录以及佚文中也没有这种体例。而引用经典中词语再作解释正是《风俗通》的体例，其中也正有和"杀青""雠校"两条体例一致的文字，现举两例如下：

《风俗通·声音第六》"笙"条：谨按：《世本》："随作笙。"长四寸，十二簧，像凤之身，正月之音也，物生故谓之笙。①

《太平御览》卷六四三引《风俗通》佚文：《易》："噬嗑为狱。"狱，十月之卦，从犬言声，二犬，亦所以守也。廷者，阳也，阳尚生长。狱者，阴也，阴主刑杀。故狱皆在廷北，顺其位。②

最后来说"輠"条，《史记》三家注所引j中"《索隐》按：刘向《别录》'过'字作'輠'"，与《集解》比没有"曰"字。则《别录》"过髡"作"輠髡"，而其后"輠者，车之盛膏器也。炙之虽尽，犹有余流者。言淳于髡智不尽如炙輠也"是《集解》解释之词，不是《别录》佚文，《集解》中"《别录》曰"中"曰"字应为衍文。否则《集解》中"《别录》曰"以下又是在释词，与《别录》体例不类。顾野王《玉篇》k"刘向《别录》以为车釭盛膏之鏂"是说《别录》以"輠"代替有"车之盛膏器"意义的"鏂"字，而顾氏不以为"輠"有"车之盛膏器"之意，顾氏以"輠"为"扳拟支碍之也"或"转"之意，《史记》作"过"即"鏂"字，刘向《别录》作"輠"为误。

综上所述，以上三条皆非《别录》佚文。

二、《汉书艺文志》班固所注"有录无书"

《汉书·艺文志·六艺略·春秋类》：

《邹氏传》十一卷。

《夹氏传》十一卷。<u>有录无书</u>。

---

① 王利器：《风俗通义校注》，中华书局，1981年，第281页。
② （宋）李昉：《太平御览》，中华书局，1960年，第585页。

……

《太史公》百三十篇。<u>十篇有录无书</u>。①

《汉书·艺文志》有两条班固自注，皆称"有录无书"。关于这两条注，第二条中"录"，当是其中十篇在《太史公书自序》中有篇目，而书中无此十篇之内容，并无异议。而第一条前人则有不同的看法，大致分为两派：一派认为既然是班固自注，这自当是说班固时的情况。持这一意见者如王应麟（《汉艺文志考证》）、沈钦韩（《汉书疏证》）、王先谦（《汉书补注》）等。沈钦韩的观点比较有代表性：

> 《隋志》："王莽之乱，《邹氏》无师，《夹氏》亡。"此固先有其书，故二刘著录，至班氏乃绝耳。《志》下云夹氏未有书，非也。按：《后汉书·范升传》："《春秋》之家又有驺、夹"，如今《左氏》得置博士，驺、夹并复求立。则秘府虽亡，而其私学未绝也。②

也就是说其中"录"当是《别录》有其叙录，刘向、刘歆父子校书时有其书，而班固时不得见。另一派则认为两条注是抄自刘歆《七略》原文，刘歆时书已失传。持这一意见者主要是余嘉锡（《汉书艺文志索隐稿》）和杨树达（《汉书窥管》）。余嘉锡认为：

> "有录无书"，乃刘歆语，非班固语。有录者，刘向校之时，曾见其书，为之著录；无书者，刘歆作《七略》之时，中秘所藏《夹

---

① （汉）班固：《汉书》，中华书局，1962年，第1713页、1714页。
② （清）沈钦韩等：《汉书疏证（外二种）》，上海古籍出版社，2006年，第667页。

氏传》已亡失也。①

杨树达认为：

> 见于二刘著录，不得云有录。且《班志》本之刘歆《七略》，班自注有录无书，疑当是《七略》原文。而云见于刘歆著录，何可通乎？今以下文"太史公百三十篇（十篇有录无书）"推，当为有目录而无书耳。②

向歆父子同时校书，一书毕则加以缮写。所以余嘉锡认为《夹氏传》亡于向歆之间，不甚可信。而杨树达注意到两个问题：其一，他认为如果说见于二刘著录，或可称"录有"而不该称"有录"。实际上说《别录》中有其叙录，"有录"未尝不可。其二，他认为既然《太史公》处"有录无书"是指篇目，而这里也只能是同样意思，即有篇目而无书。但如果这是《七略》原文，为什么刘歆要单单在这里著录一条只有篇目而无书的《夹氏传》十一卷，篇目又从何而来？恐怕又要像余嘉锡那样解释书亡于向歆父子之间了。实际上，两个"录"字正是两种含义，不必非要强求同一种解释。另外，虽然班固依《七略》而修《汉书·艺文志》，但是文字删减很多，篇目亦有省入。如是刘歆注文曰无书，班固直接删省即可。上文沈钦韩（王应麟已指出）《后汉书·范升传》中言及东汉之时夹氏求置博士，书应未亡，则向歆之时亡佚的可能性更小。综上，这两条"有录无书"还是认为班固自注更为可信。

如果把班固的这两条注看成是有其体例的，就如他的"省入"之体例一样，那么《七略》所载众书，至东汉犹存，只有《夹氏传》一书亡

---

① 余嘉锡：《〈汉书艺文志索隐〉选刊稿（序、六艺）下》，《中国经学》（三辑），广西师范大学出版社，2008年，第4页。
② 杨树达：《汉书管窥》，上海古籍出版社，1984年，第215页。

佚而已。我们知道班固得以据《别录》《七略》编撰《汉书艺文志》，如《隋书·经籍志序》所述：

> 石室、兰台，弥以充积，又于东观及仁寿阁集新书。校书郎班固、傅毅等典掌焉。并依《七略》而为书部，固又编之，以为《汉书艺文志》。①

那么中秘所藏《别录》《七略》到东汉都完整留存，其他中秘藏书亦有可能大部分留存。

西汉刘向、刘歆父子校书20年，共校书13000余卷，可谓一时之盛。据《隋书·牛弘传》：

> 至孝成之世，亡逸尚多，遣谒者陈农求遗书于天下，诏刘向父子雠校篇籍。汉之典文，于斯为盛。及王莽之末，长安兵起，宫室图书，并从焚烬。此则书之二厄也。光武嗣兴，尤重经诰，未及下车，先求文雅。于是鸿生巨儒，继踵而集，怀经负帙，不远斯至。②

似乎西汉末年中秘藏书皆被战火焚毁，但成书更早的《后汉书·儒林传》却透露出不同的信息：

> 昔王莽、更始之际，天下散乱，礼乐分崩，典文残落。及光武中兴，爱好经术，未及下车，而先访儒雅，采求阙文，补缀漏逸。先是，四方学士多怀协图书，遁逃林薮。自是莫不抱负坟策，云会

---

① （唐）魏徵：《隋书》，中华书局，1973年，第906页。
② （唐）魏徵：《隋书》，中华书局，1973年，第1298页。

京师，范升、陈元、郑兴、杜林、卫宏、刘昆、桓荣之徒，继踵而集。①

……初，光武迁还洛阳，其经牒秘书载之二千余两，自此以后，参倍于前。及董卓移都之际，吏民扰乱，自辟雍、东观、兰台、石室、宣明、鸿都诸藏典策文章，竞共剖散，其缣帛图书，大则连为帷盖，小乃制为縢囊。②

查考《后汉书·儒林传》文字，刘向、刘歆父子共校书13000卷，而文称"光武迁还洛阳，其经牒秘书载之二千余两"，两千余辆车足以载万卷以上典籍，由此来看，损失似乎亦不甚严重。加上光武中兴，"先访儒雅，采求阙文，补缀漏逸"，则"自此以后，参倍于前。"上文《隋书·经籍志序》也记载班固曾校书内廷，又修撰《汉书》，则必遍览内廷众书。因此，若此两条小注自成体例，则似西汉图书历经王莽之乱，并未有太大损失，而两汉坟籍之亡在东汉末年董卓之乱。

---

① （南朝宋）范晔：《后汉书》，中华书局，1965年，第2545页。
② （南朝宋）范晔：《后汉书》，中华书局，1965年，第2548页。

数字人文

谈人文研究中人脑与电脑的合作 *

近些年来,数字技术的发展和电脑的广泛应用给人文研究带来的冲击,一如它曾经给整个社会造成的冲击那样,迅速而猛烈,仿佛山洪汹涌,当你刚刚感觉到它的来临时,它已经把你团团包围。置身其中,又作为一个本科学计算机专业的学生,我对这个问题也就萌发了兴趣,并且一直在关注和思考。

对于还不了解电脑的人们,首先面临的困惑是电脑会不会取代人脑。我想,可以不武断地说,现阶段电脑在某些方面固然强大,但是离开人脑的指挥,这一切就无从谈起。我最早听说用电脑辅助人文研究并不是很晚,大约在20世纪80年代末,我在文摘上看到一篇文章,说海外某位学者用电脑分别分析了《红楼梦》前八十回和后四十回的用词习惯、句法结构等方面,分析的结果是百分之八十相符,所以他认为《红楼梦》前八十回和后四十回的作者都是曹雪芹。但那时候,接触电脑的人还很少,个人电脑的功能也不够强大。在国内,电脑深入到人文研究领域,大概是近十年的事了。随着一大批研究资料的电子化,以及一些数据库的诞生,相应的文学、语言学等方面的研究成果也不断涌现,携此利器的新锐学者来势汹汹,一时间让那些未触电的学者有些感觉招架不住。但是几年下来,虽然人文研究的革新依然在不断孕育发展,可也没有发生翻天覆地的变化,一如洪水到后,只不过淹了个半身,暂无性

---

* 原载《云梦学刊》2008年第3期,第28页—30页。

命之忧，善于游泳的固然如鱼得水，旱鸭子们也照样行动自如。与不了解电脑的人对它的好奇和敬畏相反，计算机领域的工作者对它的能力则抱持着审慎的态度，即电脑在人脑的巧妙指挥下的确会具有强大的能力，但前提是人脑的巧妙指挥。这是因为现阶段电脑智能的实现只是对人脑的一些简单模仿，远远谈不上自学习和自组织，同时人类现今对于自己大脑的知识也还很有限。许多影迷可能都知道美国大导演斯皮尔伯格的一部科幻电影，名字叫做《A.I.》，也就是《人工智能》。被誉为"人工智能之父"的阿伦·图灵曾提出一种称作"图灵测试"的方法。测试的流程如下：被测试的有一个人，另一个是声称自己有人类智力的机器。测试时，测试人与被测试人是分开的，测试人只有通过一些装置（如键盘）向被测试人问一些问题，这些问题随便是什么问题都可以。问过一些问题后，如果测试人能够正确地分别谁是人谁是机器，那机器就没有通过图灵测试，如果测试人没有分出谁是机器谁是人，那这个机器就是有人类智能的。当时图灵还预言，当计算机的内存达到1G，人工智能就可以实现。遗憾的是我们现在连笔记本电脑的内存都超过了1G，可人工智能还离我们很远。我举以上的例子是为了说明：人工智能远比我们想象的复杂，电脑的智能在相当长一段时间内都无法和人脑相比。因此在与人脑的合作中，电脑暂时也只能作为工具来发挥它的作用。

因此，在人文研究中相当长的时间内人脑也不会面临电脑的直接挑战，而学者必须面临的是作为工具的电脑的挑战，更准确地说，就是如何更好地利用电脑弥补人脑的不足，推动人文研究取得进展。以下我将从三个方面谈谈我对人脑与电脑合作的想法：即合作的基础、合作的法则以及合作的分工。

电脑给我们带来的第一个变化，就是材料的电子化，其实这也是人脑与电脑合作的基础。电子化有三个层次，分别是图像化、文本化、数据库化。材料在电子化后的优势主要有以下三个方面：资源共享、查询方便、统计分析。其中资源共享是材料电子化后的共同优势。

图像化是指将学术材料制作成电子图像格式，这是最基本最简单的电子化，它不具有查询统计的功能，但是图像化有自己的优势，就是可以保持材料原貌，同时保证了材料的准确性。

第二种方式是文本化，这种方式具有查询统计的优势，但是需要录入和认真校对。因为有了文字自动识别技术，使这一方式实现起来简单了许多。与图像化相反，它具有准确性的风险，并且忽略了非文本信息，如字迹、版式等。因此与图像结合使用，则可以互补。另外，文本格式提供的查询功能虽然灵活方便，但因为这种查询一般都是依靠文本编辑软件（比如Word）实现的，所以在统计分析方面的功能很简单。谈到文本化，还需要谈一个问题，就是汉字的电子化问题。这包括两个方面，一方面是编码标准及字库，另一个方面是输入法。输入法问题最早得到较好的解决，在同等条件下汉语的输入速度已经不让拼音文字。当然输入法的问题，给我们的校对和校勘提出了新的问题。输入法的错误与传统的刻本错误、铅印排字错误相比具有不同的特点，并且和使用的输入法密切相关。字库能表示的汉字数量及编码标准化都是重要的问题，但近来都因为国际标准化组织（ISO）的Unicode方案得到飞跃性的进步。它针对大陆、台湾、香港以及日本、韩国使用的汉字进行了统一编码，同时大大扩充了其收字范围。1990年版《汉语大字典》收录汉字54678个，1994年版的《中华字海》收录了汉字87019个，最近通过专家鉴定的北京国安咨询设备公司的汉字字库收入有出处的汉字91251个。台湾《异体字字典》收字106152个，其中正字29866个，异体字76286个。而Unicode方案现在收汉字大约七万多，应该说完全可以满足文本化的需要。其实常用的现代汉字，不会超过《新华字典》所收的1万多汉字，古籍也是一样，《辞源》收录的1万多汉字也大致可以包括。而数量巨大的字库一般只是增加了大量的异体字，有的只是字形的不同而已。现在海峰五笔可以输入Unicode方案七万多汉字，对于不会五笔的人来说可以使用手写输入法逍遥笔，它可以输入方正超大字符集的六万多汉字。至于用于学术研究的古字体，比如甲骨文、金文、小篆等，也有相应的字库文件出现，只是还不够全面，使用面也不广。

第三种方式是数据库化。数据库化是在文本化的基础上将资料做成数据库，数据库是由多个条目构成的。我们拿《全唐诗》的数据库为例，每一首诗可以作为一个条目，其中包括的信息字段除了诗的文本外，还可以包括这首诗的作者、体裁、题材、时代等等；有了这些相关信息，我们就可以通过数据库进行方便快捷的统计分析，比如统计这样一个题目——"中唐时期写爱情的七言律诗"。我们可以看到数据库中文本条目外相关信息越丰富准确，我们能进行的统计分析就越方便。所以说文本化只是将材料作平面延展，而数据库化则将材料立体化、关系化。除了拥有文本化的优势外，它的统计和分析功能更强大，这正是我们最需要的。

基于以上分析，我们现在应该推进珍贵资料的图像化，以扩大它们的学术共享范围；另一方面就是建立更多针对性强、功能强大的资料数据库。

虽然电脑被引入人文研究已经有不短的一段时间了，但是我们至今还没有建立起相应研究的理论和规范。学者们主要是按照自己的理论预设，进行统计和分析，成为自成一家的"新方法"。我们使用新方法的同时是不是还需要相应的新规则呢？这就是我说的合作法则的问题。

我们知道统计分析需要统计学的理论基础，尤其在统计的范围是抽样的时候，对样本的选取很重要，所得的结论也要有保留。即使对于《全唐诗》这种样本的统计，我们知道所谓的"全"是指流传下来的，它不等于曾经存在的"全"。所以即使是全部样本，也要进行样本的分析。虽然统计学的基础对于人文学者来说相当不容易，并且在统计学理论的检验下，我们现行的方法也未必有多大漏洞，但是我们在作统计分析前，应该先思考和确认一下统计分析的适用范围和合理性等问题。

统计学基础缺乏的同时，其他的理论基础也一样薄弱。比如我们做文学的研究，往往要分析作家的风格，那么就需要分析风格如何从文本表现，它和词语的运用、句式的变化，以及音韵的关系是什么样的。是不是用"风、花、雪、月"最多，就是浪漫？是不是用"金戈铁马"最多，就是豪放？实际上，风格如何从文本表现，对于分析文本风格来说，是基础而重要的理论问题。当然它也是复杂的，并且不单单是一个客观的问题，有很多主观的因素，但主观因素也无外乎是在文本的基础上加上读者的前理解。风格是如何在作者、文本、读者之间作用形成的，只有弄清了这些基本问题，我们才能更准确地分析文本的风格，至少是风格的文本因素。我们现今的大多数研究还是集中在新数据库基础上的浅层分析，所以这类研究的新意往往只是体现在数据库的新上而已。我们说学术研究的进步无外乎新问题、新材料、新方法，就此而言现阶段的这方面研究大多是在新材料方面。如果我们想把文本统计分析的研究做得深入，就必须逐步着手相关的理论建设。

我们应该先建立起一个规范，就是指出什么样的研究方式过于简单，指出这些研究方式的缺陷和不足，指出这样的浅层次研究意义不大，同时也提出我们应该关注的理论问题。

再有一个方面就是要清醒认识人脑和电脑的能力和优势，什么工作电脑来做，什么工作人脑来做。我想现阶段电脑的优势在于它的检索与统计，以及自动处理能力，并且可以保证速度和准确，这方面是人难以企及的。比如在一本书中找到一个词出现过多少次，都在哪个位置，对于电脑来说是非常轻松的。再比如，我们编了一万条的条目，要为它们编一个索引，这种工作常被我们称为"体力活"，但是电脑就是擅长这种"体力活"，并且干得又快又好，任劳任怨。遇到这种工作，我们在材料电子化的基础上，交给电脑就好了。那么电脑不擅长做什么，也就是相比之下我们人脑擅长做什么，也就是在合作中人脑必须去做的。我想主要是主观的东西：判断、理解和考证。对于一些简单或者有规律的判断，可以由人脑制定一个算法，告诉电脑如此这般去做，那么它也能很好的完成任务。比如分析诗词格律，我们只要先建立起一个汉字的音韵库，也就是每个汉字的声韵调，就好比我们要去查的韵书，那么就可以让电脑去分析诗词的格律了。当然也不是就这么简单，因为存在汉字多音的情况，而在具体诗词中，具体的字到底取哪一个声韵调是和它在诗词中的意义相关的。我们可以进一步细化这个算法，来分析多音字的具体情况，也可以干脆把这个较复杂的问题留给人脑来做。也就是在初步分析之后，电脑提示你所有多音字的地方，让人脑给出准确判断，问题也就解决了。电脑虽然没有为我们解决所有问题，但是我们的工作量却小多了。

要想让电脑理解或者考证，其算法必将非常复杂，我们现阶段也无法开发出这种算法。但是这些都不是问题，因为我们还有人脑在。比如上文说到的标注诗歌的题材，它包括诗歌的意象和主题，只有每首诗标注了题材，我们才可以利用电脑按照题材来分类统计分析。这个标注工作，电脑是无法独立完成的，这是一个理解工作，但是可以由人脑帮助完成，电脑记录下来。再举一个考证的例子，假如我们来为一本书编一部人名索引，我们不只是做简单的记录，当碰到字、号、别称时，就要做一番联系和考证工作，这也是只有人脑才能完成的。在这个例子中，甚至连人名也要你来判断，电脑无法从一个句子中准确识别哪个是人名。这样说来，似乎在这个例子中电脑没有用武之地了，我们不要忘了它的自动处理功能，只要我们在电子文本上标出人名，并给出准确的人名字头，电脑就会为你自动生成全部索引。

我们说人脑与电脑的合作，对于人文学者而言，还有一个桥梁，那就是软件的开发者。人脑与电脑的合作也就体现在人文学者和编程人员的合作上，应该怎么做人文学者最清楚，电脑能做什么编程人员最清楚。但是我们不能否认两者之间多少还是存在专业隔阂，如果互相了解一些对方领域的基本知识，那么合作就会轻松许多。程序开发的过程首先是需求分析，能否做好需求分析对于一个软件的开发成功和顺利与否至关重要，所以编程人员要认真做需求分析。在需求分析阶段人文学者也要多提要求，多做设想，力求使所有问题在程序开发前都清楚地被关注。现在很多数据库都是编程人员开发的，需求分析做得不够，导致开发耗费巨大的数据库功能却很有限，这样很浪费。比如现在大家常用的一个网上数据库——《文渊阁四库全书（网络版）》，我们知道这里面的资料是非常丰富的，几乎包含了乾隆以前我国所有的重要典籍，但是它只提供一个功能，就是文本全文检索或者单书检索。对于这么丰富的语料库，我们首先想到的是它能不能实现时代检索，比如我想知道一个词语在唐代典籍出现的情况，现在要想解决这个问题有两种方法，一个是进行全文检索，然后在里面挑唐代的典籍；再就是一部部唐代典籍检索，两种都够费劲的。其实数据库实现这个功能并不复杂，只要给数据库中的每本书标明时代，电脑就可以自动实现这个功能。新出的《中国古籍基本库》就增加了时代检索的功能，但是同时制造了一个更笨的不方便，它只能单个时代查询，其实只要让使用者规定起止时代就可以了。出现这些问题的主要原因是开发者并不是使用者，也没有很好地了解使用者的需求。

古籍数据库化工作浅谈 *

古籍数字化是近年来的学术热点之一，同时它逐渐发展成为古典研究的重要新方法之一。近代学者陈寅恪、傅斯年等早已指出学术研究的创新和进步不外乎新材料、新问题和新方法三个方面，因此古籍数字化作为新方法将为古典研究的发展开辟广阔的空间。

一、古籍数字化的层次及"本体化"的必要性

古籍数字化可分为三个层次，即古籍图像化、古籍全文化和古籍数据库化。古籍图像化是比较简单的数字化手段，它的优缺点都很明显，优点是使古籍材料能够更方便地共享，并且在共享中能够最大程度地保持文献的原貌及非文字符号信息；但缺点是它和传统纸质文献相比，在研究手段上并没有任何新意。古籍全文化则将研究手段向前推进了一步，它的优越之处在于可以进行全文检索，这极大地方便了古典研究者。可以想象在庞大的古籍全文库中进行检索，得到的结果是多么令人兴奋：在没有全文数据库的情况下，这些工作往往需要成年累月地不断查找、记录和整理，费时费力，且还可能遗漏。绝大多数研究者对此已

---

* 原载《图书馆理论与实践》2012年第8期，第23页—25页；第二作者为国家图书馆李伟。

经心满意足了，或者认为到此为止电脑已经完成了它的任务，所以大家的目标全都锁定在得到新的古籍文本这种"新材料"上面。现阶段随着汉字识别和纵向校对技术的成熟，[①] 全文化的电子古籍已经可以像流水线一样的生产了，差别只是数量、速度和质量的区别而已。全文化的古籍与图像化的古籍相比也有它的缺点，就是不能保证古籍文本的绝对准确，但是其质量可以在使用中不断地提高并趋于完善。

全文检索虽然有其优势，但缺点也很明显，即检索失误是不可避免的；造成检索失误的原因是多方面的，其中文本质量只是一部份原因，还存在汉字的别体、语义的切分及别称等问题，这些都会导致漏检或多检。[②] 所谓的全文检索，实际上只是在全文中对于某些目标文本进行检索，检索结果中的文本是否都指向同一个语义，抑或指向同一语义的文本是否都包含在检索结果中，这两个方面都得不到保证。举一个例子，比如我们想从文本中检索"李白"这个人物，古人一般称他为"李太白""太白""青莲居士""诗仙"等等，我们当然不能保证仅用一个目标文本如"太白"进行检索，其结果可以完全囊括文本中出现"李白"这个人物的地方。这其中一个重要的原因就是同语义的别称问题，实际上我们也很难枚举出可能表示人物"李白"的所有目标文本。另一方面，还有不同语义的同称问题，比如"太白"，不只可以表示人物"李白"，常用的语义就还有太白金星和太白山。另外，还会有其他同名的人物，比如《资治通鉴》卷一百五就记载南北朝时期一个将军名为"李白"。再者，古书上常有"桃红李白"之语，这里"李白"是一个主谓短语，表示"李树花白"的语义。以上这些情况都会对人物"李白"的检索造成干扰。还有语义切分的问题，比如杜甫字"子美"，但在"此天子美诸侯之辞"的句子里，"子美"并不是一个词。除此之外，导致多检和

[①] 李成城等：《基于OCR的纵向文字校对的研究与实现》，《计算机应用研究》2006年第4期，第234页—236页。

[②] 李铎：《从检索到分析》，《文学遗产》2009年第1期，第135页—137页。

漏检的重要原因是汉字的别体，也就是古今字、通假字、异体字以及新旧字形等问题。这里只说一下并没有引起足够重视的新旧字形问题，比如"户"在电脑中就有三个字形"户戶戸"，电脑把它们当作三个不同的字，所以说全文检索漏检和多检在所难免。

要解决以上问题最重要的方法是实现文本语义的"本体化"，通俗地说，"本体"就是一个语义所指。[①] 在上面的例子中，诗人"李白"就是一个人物本体，"李太白""青莲居士"等等都是"李白"这个人物本体的别称而已。中华书局有一套分史的《二十四史人名索引》，它把二十四史中出现人物的地方都做了标引，在常用名后面还附注了别名、字、号、谥号等，使所有人物出现的文本位置都列在该人物主条目下，这实际上就是简单的人物"本体化"，对于查找某个人物在二十四史里的相关记载，其索引结果详尽实用。而"本体化"要求我们推进古籍数据库化。近年来古籍数字化的实践主要集中在前两个层次内，这实际上只是方便古籍材料的获得和检索而已，并没有在古典研究的方法上有所突破。我们认为要加强古典研究，就必须将古籍数字化向古籍数据库化的层次推进。

二、古籍数据库化是实现"本体化"的现实技术方式

笔者有幸参加了北京大学数据分析研究中心的两个古籍数据库化的项目，分别是与国家图书馆合作的"中国历代典籍总目系统"以及同中华书局合作的"《资治通鉴》分析系统"，在具体的工程实践中积聚了一点粗浅的想法。在这里简单地谈一下，还请各界专家不吝赐教。上面提

[①] 仲茜等：《语义 Web 中的本体建立技术》，《计算机世界》2007 年 11 月 26 日（B10 版）。

到的两个系统正好分别代表了古籍数据库化的两大类型：其中"《资治通鉴》分析系统"属于古籍文本型数据库，它的基本数据为古籍文本内容；而"历代典籍总目系统"则是古籍信息型数据库，它的基本数据为描述古籍的信息。

首先，继续上面的话题，具体谈一下什么是"本体"。上文已经指出其实"本体"就是同一语义所指，实际上它是一种关系结构，在工程实践中可以用数据库的记录结构来表示。为了说明方便，我们以《资治通鉴》为例，在对这一典籍的分析中，专名术语是我们关注的重点，因为它们构成了《资治通鉴》知识系统的主干。这些专名术语其实就是很各种类型的本体，如人物、地理、时间、机构、民族、职官、名物等等。我们之所以这么划分，是因为同一类型本体的属性和关系结构是基本相同的。拿人物本体来说，它包括人名（姓名以及字号等别名）、籍贯、生卒年、职官履历、社会关系等信息。这些都是一个人物本体的属性，并且通过这些属性它又同地理本体、时间本体、职官本体以及其他人物本体建立起关系，这就是我们所说的"本体"的属性和关系结构。当然，普通词语也是一种词语本体。

在数据库系统中，本体可以用记录表示。记录与文本的不同在于它是一条结构化的数据，这一结构由若干属性构成，并共同组成记录的内容。比如对于古籍书目数据来说，它就可以有以下这样一个记录结构：

书名	规范名称	版本类型	古籍分类	责任行为1	责任行为2	……

为了说明问题，这里只是简单列举了部份属性，可以看出这样的结构是按照书目数据的特点制定的，这些属性共同描述一条书目的信息。但实际上这种记录结构可能更复杂，比如这里的版本类型就还包括很多属性，如版本时代、写印类型、装帧形式、行款等等；关于书目的责任行为也同样复杂，包括责任者、责任行为、责任时间、责任地点等等；

这里的责任行为可以是编撰、校注、刊印、题跋等等。

古籍数据库化的前提是古籍文本化，在此基础上才能建立起古籍数据库。实际上，古籍数据库化的过程就是将古籍文本信息按照语义结构化的过程，即古籍文本信息的"本体化"过程，这是古籍数据库化的本质特征。从工程上讲，古籍数据库化的工作流程大致可分为三个阶段，即文本的语义切分，文本的结构化以及文本的本体化。首先，我们要根据文本的特征通过具体的算法初步完成文本的语义切分，提取结构化的信息记录；第二步，通过纵向校对技术校正这些记录；第三步，完成具有相同语义的信息记录及其属性的认同，同时建立起它们的相互关系，也就完成了本体系统，最后还需要为各种本体编制知识辞典。

我们拿书目系统做例子。第一步就是将文本格式的书目数据用电脑自动完成书目信息的语义切分，也就是把书目信息自动填到类似上文举例的书目记录的表格中，初步形成一条条结构化的书目记录。接下来，通过纵向校对技术校正先前初步结构化的书目记录。如何纵向校对，简单地说就是将相同的属性进行排列、规范，自然就可以发现其中的不规范和错误，适时地校正。比如把版本类型的数据提取出来排列，就会发现有"铅印本"或"铅字本"的著录，如果我们确定用"铅印本"为规范，并将其类型置于"印本"的类型下面，那么"铅字本"可以统一规范为"铅印本"。最后，还要将表示相同语义的书目记录和属性进行认同，比如人物认同，将"陶渊明""陶潜"和"五柳居士"等都合并为同一个人物本体"陶渊明"，这样我们进行检索和分析时涉及"陶渊明"，就可以得到全面的结果。书目记录的认同也一样，如刘熙《释名》又称《逸雅》，这样就需要将实际上著录同一种书的书目记录关联在一起，形成一个古籍品种本体，同样古籍的版本、印次、复本都需要类似的认同合并，最终达到本体化的目标。

三、"本体化"古籍数据库的优势

一个完成"本体化"的古籍数据库，我们就可以利用它进行准确的检索和统计，并且还可以在此基础上分析和揭示其内含的学术意义。对于一个书目系统来说，它可以为学者提供时空背景下的著作、出版情况，提供一种典籍的流传线索等等。当然，对数据库化的古籍如何进行深层次的分析和揭示还是理论上需要加强的领域。数据库化的古籍除了检索和统计准确方便以外，其自身结构方面也具有优势，因为这时古籍不再只是一个平面的文本，而是一个立体的语义网络，它把文本数据通过语义联系组合成纵横交错的多维结构，我们可以从任何一个维度去观察浏览。比如我们把《资治通鉴》数据库化以后，我们不仅可以从时间的维度去看这段历史，还可以从人物、地理、职官等维度去看这段历史。对于书目系统来说，可以从书目、时间、地理、人物、版本类型、责任行为等多维度浏览，数据库化的古籍就像一个万花筒，为我们提供变换的角度和视野。实际上，每一种浏览维度都相当于纸质文献的一种索引。另外，从古籍数据库化的工程经验上来看，通过电脑，我们可以达到人力无法企及的效率，这正是由于在工程中充分发挥了电脑的优势。

古籍数据库化是一项复杂的学术工作，需要人脑去参与。比如在语义切分阶段，有些工作并不像看起来那么容易，例如《贩书偶记》集部楚辞类有这样一个条目"《屈子贯》五卷，嘉定张诗撰，受业杨梦熊、男吉同编，嘉庆戊午嶹城万春堂重刊"。这里的"男吉同编"就有很多歧义，既可能是张诗之"男"，也可能是杨梦熊之"男"；名字既可能是"吉同"，又可能是男吉与杨梦熊"同"编。而《中国古籍善本书目》此书没有著录编者，查对原书，确认是张诗之子张吉与杨梦熊同编。另外，在古籍本体化的过程中，由于类似数据聚集在一起，就会比较容易发现各种著录的不一致和错误。例如《丛书综录》中有两部丛书都包含了《平安馆藏器目》《灵鹣阁丛书》，著录为"叶志诜"撰，而《丛书集成初编》则著录为"叶志铣"撰。《中国古籍善本书目》著录有"叶志诜"编《平安馆金石文字》，并有大量典籍著录"叶志诜"题跋，通过查询其他资料可以确定"铣"是"诜"的形近误字。但是《中国古籍善本书目》本身也有著录不一致的地方，史部金石类（14655）《积古斋钟鼎彝器款识十卷》著录有"叶志铣"校，集部曲类（22304）《小忽雷传奇二卷》也著录有"叶志铣"跋，这两处著录都应该是"叶志诜"。再如在对刚出版的《中国古籍总目·丛书部》进行数据库化的过程中，我们发现有些丛书下面的藏地单位与书后所附《藏地单位简称表》不一致，如"丛 10100217 钦定古香斋袖珍"下列有藏地"甘大"，可以推知应为"甘肃大学图书馆"的简称，但查简称表应简称为"甘肃大学"（全书只有此一处，但是现实中不知"甘肃大学"所指，很可能为错误）。又"丛 20300857 翠微山房丛书"下列有藏地"金华"，查简称表只有"金华市太平天国侍王府纪念馆"，其简称应为"金华侍王府"。又"丛 10100176 枕中秘"下列有藏地"白求恩医大"，查简称表没有，由于原白求恩医科大学已经并入吉林大学，所以此处应为"吉林大学医学部图书馆"，简称"吉大医学部"。又"丛 20100617 古今说部丛书"下列有藏地"香港新亚"，简称表没有，这里应该是"香港中文大学新亚书院钱穆图书馆"，简称表中有"香港中文大学图书馆"简称"香港中大"。这里举例只想说明古籍数据库化工作是有学术含量的，古籍数据库在古籍文本信息的基础上提供了更准确优质的数据信息。

当然，古籍数据库化绝非完美，也难称完善，何况其理论和实践还都刚刚起步，需要研探的问题很多。从长远来看，信息技术领域提出的语义网（Semantic Web）应该是古籍数字化的愿景，但要最终实现语义网的设想，还有很长的路要走。

海外汉学

略论美国汉籍收藏史
——以加州大学伯克利分校斯塔东亚图书馆为中心*

一、引论

全球化已成为当今时代的关键词,实际上,从人类文明诞生以来,全球化的脚步就一直没有停歇,这主要依靠移居、战争、贸易、传教等人群的迁徙,以及与之伴随的物质、精神文化的流动。比如家喻户晓的"丝绸之路",它横亘在欧亚旧大陆之上,是一条人类文明传播的大动脉。同样,在知识的全球化进程中,人们越来越多地关注到另外一条文明传播之路——"书籍之路"。文明的"播火者"翻山越岭,漂洋过海,他们携带的书籍在殊方异乡被典藏和研读,从而不断助力形塑理念和现实中的人类新世界。在历史的长河里,文字的发明使得思想和知识能够摆脱口耳相传而远涉重洋,制作技艺的发展又使得书籍越来越方便生产和携带,而典籍承载的文化才是最终激励万千"播火者"前赴后继的力量,也是成就这些"文明的礼物"最终在异乡落地生根的因缘。"汉籍"虽然一个复杂的概念,但必然与上面提到的三个要素相关:使用汉字,

---

* 原载《殊方天禄——海外汉籍收藏史研究论丛》第一辑,天津人民出版社,2020年,第 80 页—118 页。

依据中国历史上书籍的形制，承载独特的中华文化。当然，我们要讨论的汉籍收藏史是以学术机构为中心的，又尤其关注它与汉学研究的互动关系，在这个意义上，与中国相关的其他文种的研究资料也就自然纳入其中了。

在冷战后的全球化进程中，中美关系逐渐发展成为当今世界最重要的大国关系：一个在东方，一个在西方；一个长期盘踞旧大陆的尽头，一个逐步占据新大陆的两岸；一个厕身文明古国之列，一个被看作是现代文明的灯塔。那么，两个大国之间究竟有着什么样的一条文明传播之路呢？这是个有趣的问题。我们准备探讨的美国汉籍收藏史应该就是其中重要的一个侧面。在加州大学伯克利分校斯塔东亚图书馆（下文简称伯克利东亚馆）周欣平馆长的策划组织下，2010 年美国亚洲学会（AAS）出版了 *Collecting Asia: East Asian Libraries in North America, 1868—2008*①，简述 25 个北美主要东亚图书馆的历史，从中我们得窥北美学术机构汉籍收藏史的梗概。该书简体中文版《东学西渐》的三篇序言都颇有启发意义：清华大学刘东教授在序言中感慨国外名校对图书馆建设的重视，艳羡和钦佩"那既满满当当又空空荡荡的开架图书馆"。的确，何以在短短百年之间，美国的汉籍收藏达到如此丰富？周欣平馆长则在序言中指出一个特殊现象：

> 在北美著名大学图书馆里，来自世界各地的书籍大多综合统一存放，唯有来自中国、日本和韩国的书籍自成一体，单独陈列。

汉籍的收藏和管理在美国图书馆中相对独立，有着自身发展的逻辑。曾任亚洲学会会长的加州大学伯克利分校（下文简称伯克利分校）历史系

---

① 该书的简、繁体中文版分别于 2012 年和 2019 年在北京的高等教育出版社和台北的华艺公司出版，书名为《东学西渐：北美东亚图书馆 1868—2008》。

玛丽·伊丽莎白·贝利（Mary Elizabeth Berry）教授在序言中强调了东亚文献在美国馆藏中的重要地位，收藏量往往接近10%，可谓成绩斐然。她进而指出，讨论北美收藏东亚文献的历史是一个涉及跨语言和跨文化的论题，具有开创性的意义。该书的英文版主编和序言作者都来自伯克利分校，这可能不是一个偶然。当我们计划选取北美有代表性的东亚图书馆研究其汉籍收藏史时，发现伯克利东亚馆不可或缺，它与哈佛燕京图书馆是美国东西岸高校东亚馆的代表。

二、美国汉学发展与汉籍收藏的动力问题

首先，我们想谈的是汉籍收藏的动力问题，这无疑主要受汉学研究需求的推动，尤其是对学术机构而言。但我们需要进一步探讨汉学研究背后的推动力量。韩德就敏锐地指出：

> 美国门户开放思想之萌发，不主要是，而且肯定不完全是出于经济原因。门户开放作为一种政策，既未经明确阐述，也未得到大力推行。若把门户开放视为三个不同利益集团——谋取利润的实业家，渴望提高国威的政治家、外交家和致力于中国精神与文化之改造的传教士——联合的创造物，就能最好地解释这些特点。①

即汉学研究背后至少有三大动力因素：经贸关系、外交关系和传教等宗教文化活动。实际考察中我们还发现汉学内容的应用性也许不甚彰显，但美国先进的图书馆建设理念却非常重要。

---

① 韩德：《中美特殊关系的形成：1914年前的美国与中国》，复旦大学出版社，1993年，第1页。

（一）商业因素

在汉学发展的早期，这一动力主要是服务中美之间的经贸关系。赖德烈（Kenneth Scott Latourette）指出，1784年美国的"中国皇后"号商船抵达广州港，宣告了中美直接联系的建立。而由于当时中国实行闭关锁国政策，只有广州开放贸易，这一情况直到鸦片战争后中国被迫缔约、开放口岸才发生改变。而在此之前的60年里中美关系基本局限于通过广州十三行的贸易。尽管如此，中美早期贸易已经使美国商人获利不菲，① 而：

> 那些集资造船，将毛皮、人参、银器和香烟输送到中国，又从中国运回了茶叶、丝绸和瓷器的人们并不仅仅是航海者，他们也都是受过良好教育、睿智果断的领导人。
>
> 到了1879年，许多有志于从事对华贸易的波士顿人决定，让他们的后代在前往中国之前就学习汉语，以便在中美贸易上占据更大的优势。②

这是在东岸哈佛大学的情况，西岸的情况也很类似。

1848年，墨西哥被迫把加州等地区割让给美国，同年就在此发现了金矿，引发了随后近十年的淘金热；四面八方的移民涌入，大大促进了加州的经济社会发展。仅仅20年后，加州大学即签约成立，第二年在奥克兰开张，5年后搬到伯克利。直到1952年大学创立分校体制，

---

① 〔美〕赖德烈：《早期中美关系史（1784—1844）》，商务印书馆，1963年，第10页—14页。

② 〔美〕周欣平主编：《东学西渐：北美东亚图书馆1868—2008》，高等教育出版社，2012年，第38页。

在伯克利校区之外正式成立洛杉矶分校，伯克利校区长期作为大学总校存在，因此在加州大学系统中具有举足轻重的地位。早在建校之初，大学的领导者和资助者就深刻地意识到与太平洋对岸的亚洲发展经贸关系的重要性。1872年，仅在加州大学建校四年后，旧金山律师、大学校董爱德华·汤普金斯（Edward Tompkins）决定出资在东方语言文学系设立阿加西讲座教授席位（Agassiz Professorship），是伯克利设立的第一个讲座教授。他认为：

> 我们将会看到我们与太平洋的贸易远胜于与大西洋的贸易。①
> 因此，对加州来说，最要紧的是提供手段，用东亚的语言文学来指导我们的年轻人，为今后的商业生涯做好准备。这一职责应由加州大学来承担，即建立一个组织良好的东方语言文学系，这项任务的完成每推迟一天都会对加州更不利。②

而同时捐助了伯克利分校和哥伦比亚大学的奥克兰市第一任市长贺拉斯·沃尔普·卡朋蒂埃（Horace Walpole Carpentier）认为："横亘在我们之间的太平洋，借助快捷的渡轮，今后多半会变成一个中—美之海"。③

虽然如此，我们还是应该看到，在早期这种重视和资助十分有限，富路特（Luther Carrington Goodrich）就指出绵延至今的许多重要家族的财富，来自19世纪早期几十年的茶和人参贸易，位于费城和波士顿之

---

① 〔美〕周欣平主编：《东学西渐：北美东亚图书馆1868—2008》，高等教育出版社，2012年，第70页。
② William Warren Ferrier, *Origin and Development of the University of California*, The Sather Gate Book Shop: Berkeley, Calif. 1930, 414p.
③ 〔美〕周欣平主编：《东学西渐：北美东亚图书馆1868—2008》，高等教育出版社，2012年，第90页。

间的许多老牌名校都受益于此,可中国研究却毫无所得。①

(二)传教因素

美国的传教活动也促进了汉学研究的发展,是美国汉学发展的另一动力。王立新指出,自17世纪以来,一向以"拯救世界"为己任的基督教开始关注社会问题,产生了社会福音运动;它的理据是只宣传个人得救和重生的福音是不够的,需要以基督教的伦理原则改造社会,消除工业社会的弊病,实现整个社会的救赎。美国自由主义神学家H·理查德·尼布尔(H. Richard Niebuhr)就认为:

> 上帝之国的理念在美国基督教中一直具有核心地位,在现代被等同于地上之国,等同于一种社会秩序。

在社会福音运动影响下,通过教育、慈善和社会改良活动在人间建立公正、合理的上帝之国成为教会和每一个信徒的使命。②韩德进一步指出:在中美交流的三大利益集团——实业家、外交家和传教士之中,传教士的影响应该是最大的。在早期,"他们是决策者、外交官和公众有关中国情况的最原始的来源。他们作为遗产留下的是美国人心目中的某些历久不衰的中国形象"③。

鸦片战争后中国被迫开放传教,传教运动登上历史舞台。

---

① 〔美〕傅路德:《美国的中国学》,《美国学者论美国中国学》,上海辞书出版社,2009年,第37页。
② 王立新:《美国传教士与晚清中国现代化》,天津人民出版社,1997年,第6页。
③ 韩德:《中美特殊关系的形成:1914年前的美国与中国》,复旦大学出版社,1993年,第1页。

在葡萄牙、西班牙以及法国与非基督教国家交往时，贸易商和传教士通常是同行的。英国和荷兰的情形也是如此，不过范围较小罢了。基督教会不是和通商、征服或探险同时开始，就是被指派到已由通商、征服或探险指明道路的国家去，如在美洲、印度、菲律宾群岛和荷属东印度群岛。

可是，早期美国的贸易和传教却找不到这样的关系，完全是两回事。这一方面是因为美国教会的兴起是效法英国教会的结果，18世纪的最后十年，英国才开始对发展教会感兴趣。而美国的对外传教工作是在1810年美国国外传教事务局成立之后才逐步展开的。①另一方面，在鸦片战争之前的中国，基督教徒只能在广州和澳门活动，传教工作也很难展开。②在经历了南北战争时期的短暂沉寂后，传教活动借助美国19世纪80年代开始的宗教复兴运动重新兴起，美国基督教青年会干事艾迪（Sherwood Eddy）回忆：

在那些日子里中国就是目标，就是指路星辰，就是吸引我们所有人的巨大磁铁。

阿瑟·皮尔森指出无论布道、治病还是办学都是传布福音信息的中介，学生传教运动的崛起与神学理论上的突破对中国社会产生深远影响。③传教活动给中美关系最大的文化馈赠要数十余所教会大学的建立，其中影响最大的就是与哈佛燕京学社合作的燕京大学。它不仅培养了不少

---

① 〔美〕赖德烈:《早期中美关系史（1784—1844）》，商务印书馆，1963年，第80页—81页。
② 〔美〕赖德烈:《早期中美关系史（1784—1844）》，商务印书馆，1963年，第84页。
③ 王立新:《美国传教士与晚清中国现代化》，天津人民出版社，1997年，第13页—15页。

华人学者，成为促进中美汉学交流的使者，如邓嗣禹、陈观胜、王伊同、杨庆堃、杨懋春、房兆楹、杜联喆、罗荣邦、刘子健、傅乐淑、徐中约等；很多美国著名汉学家也曾到燕京大学留学，如毕乃德（Knight Biggerstaff）、芮沃寿（Arthur F. Wright）、贾德纳（Charles S. Gardner）、卜德（Derk Bodde）、顾立雅（Herrlee G. Creel）、柯睿格（Edward A. Kracke Jr.）等，① 他们后来都分别担任过美国亚洲学会主席或东方学会主席。在东亚图书馆建设方面也得到在华教会大学或者传教士的帮助。如基于友好合作关系，燕京大学图书馆成立了哈佛燕京学社图书代购处，截止1950年，哈佛燕京图书馆的中文书有三分之二都是通过代购处获得的。② 美国圣公会平信徒传教士韦棣华（Mary Elizabeth Wood）女士更是在武昌创立了著名的文华图书馆学专科学校，培养了裘开明、童世纲等美国东亚图书馆界开创性人物，二人都曾任美国东亚图书馆协会主席。

（三）国际关系因素

太平洋战争使美国与亚洲更紧密地联系起来，从此东亚尤其是中国在美国的国际关系中逐步靠近核心地位。卡梅伦（Meribeth E. Cameron）指出：

> 美国卷入远东战争在美国公众的利益与态度中激发了一场至关

---

① 陶飞亚、吴梓明：《基督教大学与国学研究》，福建教育出版社，1998年，第145页。
② 王蕾：《图书馆、出版与教育：哈佛燕京学社在华中国研究史》，广西师范大学出版社，2015年，第337页—341页。

重要的革命。大概没有其他任何研究领域受到如此深刻的影响。①

费正清（John King Fairbank）幽默地说：

> 找寻促进亚洲研究的贡献者，我们最应该"感谢"日本陆海军。1940年代，日本军队使日本研究和中国研究一夜之间在美国获得了远远超过过去二十年和平时期所得到的支持和激励。②

战争还为亚洲研究吸引了更多学生。这是因为由于战事需要，美国政府举办了各种战时培训班，其中就有汉语和东亚知识培训。战后受惠于《战后退伍军人适应法》的资助，一部分参加过战时培训班、在亚洲服过役的老兵得以在亚洲研究方向继续自己的学业，同时还有一些普通学生被东亚研究的新声誉吸引而来。③

在这种国际形势的变化下，二战以后的汉学研究一度主要用来服务美国的国际事务，同时跻身正在美国兴起的区域研究之中。新中国成立后就倒向苏联社会主义阵营，美国与中国在朝鲜战争和越战中直接为敌，经贸联系以及日常往来也随即中断。就像费正清指出的那样：对中国的区域研究是哈佛大学对二战作出的反应之一。"区域研究"是一种跨学科的综合研究，即同时使用社会科学的各种手段对世界的某一部分进行专门研究。④ 区域研究（Area Studies/Regional Studies）始于1946年由费正清和唐·麦凯（Don McKay）等人组织的"国际与地域研究专业

---

① 〔美〕卡梅伦：《美国的远东研究》，《美国学者论美国中国学》，上海辞书出版社，2009年，第55页。
② 〔美〕费正清：《扑朔迷离：美国的亚洲研究》，《美国学者论美国中国学》，上海辞书出版社，2009年，第78页—79页。
③ 〔美〕卡梅伦：《美国的远东研究》，《美国学者论美国中国学》，上海辞书出版社，2009年，第55页—61页。
④ 〔美〕费正清：《费正清对华回忆录》，知识出版社，1991年，第393页。

委员会"(Faculty Committee on International and Regional Studies),而它在战后的兴盛则和一系列的因素有关,其中包括1949年中华人民共和国的成立及其后的国际政治格局,冷战和麦卡锡主义的反共产主义运动,在冷战的背景下以美国为代表的新殖民主义在全球的扩张,以及因扩张而引发的与苏联集团之间的"地域冲突"等等。这一切使得包括中国研究在内的"区域研究"具备了"国策研究"的特征。① 费正清即这样认为:

> 1954年以后展开的美国对中国问题的研究是一项有关国家政策的活动,尽管这一研究活动主要是由一些私人基金会和大学来进行的。②

除了对冷战的关注,美国的精英想在20世纪下半叶大大加强其国际影响的意愿也是40—50年代美国区域研究得以确立并获得资助的主要推动力。③

1957年,苏联抢在美国之前成功发射了第一颗人造地球卫星,使美国感到前所未有的恐惧与不安,从而在1958年美国政府颁布实施了《国防教育法案(NDEA)》,投入巨额资助,大力发展非西方语言及区域研究,以期"知己知彼"。④ 曾任美国东亚图书馆协会主席及匹兹堡大学首任东亚图书馆馆长的郭成棠回忆,20世纪60年代以来美国大学东亚图书馆纷纷建立正是由于抓住了区域研究大发展的机遇:

---

① 周晓虹:《中国研究的可能立场与范式重构》,《中国社会学》(第9卷),上海人民出版社,2012年,第5页注1。
② 〔美〕费正清:《费正清对华回忆录》,知识出版社,1991年,第443页。
③ 〔美〕戴维·L. 桑顿:《美国区域研究的起源、性质和挑战》,《文明研究》(第1辑),浙江大学出版社,2014年,第111页。
④ 吴原元:《隔绝对峙时期的美国中国学(1949—1972)》,上海辞书出版社,2008年,第79页—86页。

东亚图书馆界能得到以上的成果，芝加哥大学的钱存训教授有很大的贡献。他当时是芝加哥大学东亚图书馆馆长兼东亚语文学系教授。他在一九六〇年代，已意识到美国东亚图书馆的急促兴起，及随之而来的许多问题，包括经费、人手和图书资料来源等，便同芝加哥大学图书馆学院的温吉尔（Howard W. Winger）教授于一九六五年五月组织了划时代的"地区研究与图书馆"（Area Studies and Libraries）的学术会议，参加的人都是从事区域研究的教授和图书馆专业人员，近二百人。在讨论会上宣读的论文都是很富代表性的著作……都是反映实际问题的学术讨论。这些东西以后都成了区域研究和有关图书馆发展的重要文献。①

这些论文后来结集出版成书。②从50年代开始持续20年的越战成为一把双刃剑，一方面北越幕后的中国引起一批美国学者和青年学生前所未有的重视，纷纷涌向中国研究领域，另一方面反战运动、妇女解放运动、黑人运动等此起彼伏，中国研究领域的财政资助从60年代末开始消退，转移到其他社会热点领域。随着中美关系的缓和与民间交往日益密切，汉学研究反而摆脱以往随国内外形势起伏波动的命运，日趋成熟和常态化，逐步走向"学术化"。③

---

① 〔美〕郭成棠：《独上高楼望尽天涯路——郭成棠回忆录》，文讯杂志社，2013年，第147页—148页。
② Tsuen-hsuin Tsien, Howard W. Winger, *Area Studies and the Library: the Thirtieth Annual Conference of the Graduate Library School*, May 20–22, 1965, University of Chicago Press, 1966.
③ 吴原元：《隔绝对峙时期的美国中国学（1949—1972）》，上海辞书出版社，2008年，第159页—166页。

（四）实用因素

虽然情况很少，但是必须要提到的是有些汉籍是因为内容的专业和应用性被购藏的，最出名的例子就是葛思德（Guion Moore Gest）因为青光眼病在中国求医，被定州眼膏治好的故事，于是他就开始收藏中国医书以至于其他中国典籍。葛思德图书馆还在麦吉尔大学的时候，它的馆长瑞希莱克－罗斯（Resillac-Roese）就利用藏书回答加拿大造纸厂、丝绸业、医学院和哈佛大学天文学方面的研究人员提出的问题。葛思德本人也在报纸上大力宣传图书馆，刊登"麦吉尔大学的文献显示接种疫苗已有千年历史"和"古代的中国人是如何捕鱼的"等消息，吸引人来利用。[①] 还有一个故事，就是美国国会图书馆对中国农书的购藏，在19世纪初美国的农业部对中国的农业发展很是钦佩，所以收集了很多农业方面的资料。这项工作先后由美国农业部的华裔专家冯景桂和植物学家施永格（Wlater T.Swingle）于1913年—1927年完成，当然后来也扩展到了医书、算书、地方志、丛书等，共采购了8万册之多。[②] 钱存训则为美国农业部应用中国知识提供了另外一个例证，就是美国采用了中国古代的"平粜"制度。这项中国古代的农业经济理论，最早由哥伦比亚大学的陈焕章在其1911年的博士论文中加以讨论，正巧落到了后来出任美国农业部长的亨利·华莱士（Henry Wallace）手中，1933年农业部颁布了《农业调节法案》，是罗斯福新政的主要措施。[③]

---

① 〔美〕周欣平：《东学西渐：北美东亚图书馆1868—2008》，高等教育出版社，2012年，第135页—139页。
② 〔美〕吴文津：《美国东亚图书馆发展史及其他》，联经出版社，2016年，第27页。
③ 钱存训：《钱存训文集（第三卷）》，国家图书馆出版社，2012年，第230页。

(五)图书馆建设的理念

最后,美国汉籍收藏的快速发展与其发达的图书馆学、先进的图书馆建设理念密切相关,在此观念下美国学术机构尤其重视图书馆的建设,认为图书馆是学术研究和教育的最重要基础设施之一。伯克利的第二任校长丹尼尔·科伊特·吉尔曼(Daniel Coit Gilman)经常说的关于图书馆的名言就有:

> 大学的心脏是图书馆,心脏有活力,身体的其他部分就会强健。
>
> 图书馆和实验室是大学里的并肩王:图书馆珍藏人类的历史,实验室揭开自然的奥秘。①

英雄所见略同,费正清也说过:

> 杰出的大学都有杰出的图书馆,如果没有杰出的图书馆就不会有杰出的大学。②

钱存训也在其论文《图书馆与学术研究》中强调:

> 学术研究之成绩与图书馆内容丰俭为正比,图书馆可供给丰富之材料,然后研究事业乃有丰富之收获。③

---

① William Warren Ferrier, *Origin and Development of the University of California*, The Sather Gate Book Shop: Berkeley, Calif. 1930, 413p.
② 〔美〕吴文津:《美国东亚图书馆发展史及其他》,联经出版社,2016年,第147页。
③ 钱存训:《钱存训文集(第三卷)》,国家图书馆出版社,2012年,第4页—5页。

就像刘东教授在《东学西渐》序言中借用清华校长梅贻琦的名言所说的那样：

> 大学者，非谓有大楼之谓也，有大师（和大图书馆）之谓也！

与此同时，美国图书馆建设还展现出一种"延揽一切"原则，拥有延揽全人类文明的雄心，而随着美国国力的不断跃升，这一理念得以付诸实践。这也是短短百余年后，美国图书馆的东亚馆藏达到如此丰富的重要原因。杰斐逊总统卸任后将自己的全部个人藏书6487册卖给国会图书馆时，他写道：

> 我不知道这些书中所涉及的学科中有什么会与国会无关。事实上，国会议员们所需要参考的文献是没有边界的。①

即是这一原则的表述。据美国国会图书馆网站显示，该馆已收集460多种语言的书籍。美国早期最重要的图书馆事业活动家朱厄特（Charles Coffin Jewett）也主张兼容并包的收藏政策，指出任何物品，无论其价值如何，在整个馆藏体系中都极其重要。②

---

① 〔美〕周欣平主编：《东学西渐：北美东亚图书馆1868—2008》，高等教育出版社，2012年，第25页。
② 郑永田：《美国公共图书馆思想研究》，社会科学文献出版社，2015年，第45页。

三、美国汉籍收藏发展中的角色问题

（一）汉学研究者

在美国汉籍收藏的创始时期，还没有专业的中文馆员，资料多经由赠送或交换而来，当然也包括一些采购，广义上的汉学研究者是其中关键的角色。这时，美国本土培养的职业汉学家还没有大批走上讲台，汉学教职基本上由传教士和外交官、欧洲汉学家以及华裔来担任，正像毕乃德所说的：30年代以前在美国，关于中国的学术著作和教学少得可怜。如果说有，那就是很少的几位传教士学者，如赖德烈、恒慕义（Arthur W. Hummel），以及一些像布莱克思李（George Blakeslee）和亨培克（Stanley Hornbeck）这些不懂汉语，也没有接触过中国文献的专家，还有两三个像马温（N. Wing Ma）那样的中国人提供的。[①]

美国传教士是美国最早的一批自发汉学研究者，在整个19世纪，"除非以往是传教士的人而外，极少数的美国官员对于他们派驻国的文字语言有任何正确的知识，他们在中国、日本和朝鲜多半不是靠本地翻译人员，就是靠其他国籍的外国人或传教士"[②]。这种情况导致了美国外交代表来华后极力搜罗了解中国事务的人才。而长期住在中国，通晓汉语，对中国情况有较深了解又有较高文化素质的传教士就成为驻华外交官重点网罗的对象。[③] 第一批来华传教士裨治文（Elijah Coleman Bridgman）主编的《中国丛报》，卫三畏（Samuel Wells Williams）撰写

---

① 〔美〕保罗·柯文、〔美〕默尔·戈德曼主编：《费正清的中国世界》，东方出版中心，2000年，第7页。
② 〔美〕泰勒·丹涅特：《美国人在东亚》，商务印书馆，1959年，第471页。
③ 王立新：《美国传教士与晚清中国现代化》，天津人民出版社，1997年，第75页。

的《中国总论》《汉英韵府》等都成为最早的汉学著作和值得收藏的汉籍。赖德烈指出：

> 那些在我们大学里讲授中国课程的大部分人——也许是绝大多数——也都是同中国的传教活动有关。他们不是曾经做过传教士，就是传教士的后代。①

卫三畏后来成为耶鲁大学第一个汉学教授，他的儿子卫斐列（Frederick Wells Williams）继承了这一教职，并且指导了后来成长为美国本土第一代汉学家的赖德烈。毕业于耶鲁大学的传教士毕海澜（Harlan Page Beach）在赖德烈求学的时候也在耶鲁大学教汉语。②

虽然美国大学第一个汉学教职起始于1877年耶鲁大学的卫三畏，不过伯克利分校1896年始聘的阿加西讲座教授和哥伦比亚大学1902年始聘的丁龙（Dean Lung）讲座教授可能更具代表性，要知道讲座教授是美国大学中极高的荣誉，阿加西讲座教授还是加州大学第一个讲座席位。我们可以分析一下荣膺两个系列讲座教授的学者身份。这其中，加州大学的傅兰雅（John Fryer）、卫理（Edward Thomas Williams）是传教士。需要补充说明的是傅兰雅是英国传教士，近代第一个到中国传教的英国传教士马礼逊（Robert Morrison）也是美国政府促成的，③这是因为英美两国的关系一直密切。有些传教士后来做了外交官，如卫三畏曾任美国驻华使馆秘书及代理驻华公使，卫理则先后做过美驻华使馆参赞、天津总领事及国务院远东司司长。④

---

① 王立新：《美国传教士与晚清中国现代化》，天津人民出版社，1997年，第84页。
② 〔美〕赖德烈：《远东研究在美国：回顾与展望》，《美国学者论美国中国学》，上海辞书出版社，2009年，第69页—70页。
③ 王立新：《美国传教士与晚清中国现代化》，天津人民出版社，1997年，第85页。
④ 王立新：《美国传教士与晚清中国现代化》，天津人民出版社，1997年，第77页。

加州大学的佛尔克（Alfred Forke）、莱辛（Ferdinand Diedrich Lessing）和哥伦比亚的夏德（Friedrich Hirth）都是来自德国的汉学家。这里还可以谈一下同样来自德国的汉学家劳费（Berthold Laufer），与其他人不同的是他不在大学任职，而先后在纽约和芝加哥自然历史博物馆工作。他先后多次去远东旅行考察，带回大批的中日满蒙藏文书籍。其中有关科技的 1.3 万册为约翰·克雷拉（John Crerar）图书馆收藏（后归国会图书馆）；有关经史子集等人文学科的图书 2.1 万册为纽伯瑞（Newberry）图书馆收藏（后归芝加哥大学图书馆）；另有人类学和考古学的资料约 5000 余册和拓片 2000 余件，至今仍在芝加哥自然历史博物馆。这些书籍在当时成为美国中部汉学研究的启蒙资料。①

当然在师资匮乏之时，直接聘请来自中国的或者留美华裔学者就是再自然不过的事了。比如哈佛大学 1879 年从宁波请来的秀才戈鲲化，1914 年到 1920 年中国举人江亢虎被聘任在加州大学教汉语，后来江亢虎还到加拿大麦吉尔大学帮助组建了汉学系。1921 年开始赵元任、梅光迪也先后在哈佛大学教汉语。夏威夷大学在 1920 年聘任中国进士王天木教授汉语言文化，1922 年王天木回国，哥伦比亚大学毕业的华裔硕士李绍昌接替教职，1935 年谢天玉又加入，同年中日语言系与东方研究所合并，李绍昌任主任，成为华裔在美国的第一个东亚系系主任。②

这些早期教师的藏书大多捐赠给了所在学校的图书馆，成为各校汉籍收藏的起点，如卫三畏、傅兰雅、江亢虎、卫理、莱辛等人的藏书。江亢虎 1917—1920 年经施永格介绍还在中国帮助国会图书馆组织捐赠和选购汉籍。③ 到 20 世纪 30 年代以后，美国本土培养的汉学家纷纷走

---

① 钱存训：《钱存训文集（第三卷）》，国家图书馆出版社，2012 年，第 31 页。
② https://manoa.hawaii.edu/chinesestudies/about/
③ HU Shuchao, *The Development of the Chinese Collection in the Library of Congress*, Westview Press, 1979（2014 3rd Printing），p90–97.

上历史舞台，从少数的大学开花散叶，但在新开辟汉学研究之地的工作几乎是从零开始，包括汉籍收藏都要亲力亲为。1936年顾立雅到芝加哥大学开创远东研究，就一手建立起远东图书的收藏。在1938年其汉学研究的开创者卜德到来之前，虽然宾夕法尼亚大学已经有了麦嘉缔（Divie Bethune McCartee）和1926年费城世界博览会后中国赠书两笔收藏，但是应该说宾大早期的汉籍收藏还是由卜德完成的。

（二）中文馆员

美国是现代图书馆制度最发达的国家，东亚馆员的职位有着双重要求，除了要精通东亚语言以外，还要经过严格的图书馆学训练。钱存训认为相对于教职，东亚馆员对语言的要求更高。① 购买图书的经费"千金易得"，而合格的馆员却"一将难求"。早期大学或研究图书馆中的东亚书籍通常仅为"一人部门"，由一位教授或者学者主管，另找一些学生或职员作为助理。② 第一位专职的中文馆员是裘开明，1925年他在哈佛大学读书期间被聘任为图书馆兼职助理，两年后硕士毕业开始掌管哈佛大学的中日文藏书。虽然哈佛燕京学社汉和图书馆要等到1931年才宣告成立，但学社图书馆可以说从1927年起就成立了，而裘氏成为首任馆长，是东亚图书馆事业最重要的开创者。裘氏的图书馆学训练虽然在中国获得，但延续的却是来自韦棣华女士的美国学术传统，这可以说是一种文化馈赠的反哺。大约与哈佛燕京学社图书馆同时，1928年国会图书馆成立中文部，聘请传教士汉学家恒慕义主持。同年，从哥伦比亚大学获得汉学研究博士学位的孙念礼（Nancy Lee Swann）入职麦吉尔大学葛思德中文图书馆，1932年就任馆长，她的前任是在德国接受汉

---

① 钱存训：《钱存训文集（第三卷）》，国家图书馆出版社，2012年，第44页。
② 钱存训：《钱存训文集（第三卷）》，国家图书馆出版社，2012年，第41页。

学教育的瑞希莱克－罗斯，① 他们两位都可以跻身最早的中文馆员之列。1947年伯克利分校成立东亚图书馆，聘请哈佛大学毕业的东亚研究博士伊丽莎白·赫夫（Elizabeth Huff）作首任馆长。不过由汉学研究者负责东亚馆的毕竟是少数，因为很长时间内汉学研究者本身就稀缺。需要补充说明的是，1918年康奈尔大学建立华生文库，1920年该校欧洲史研究生古西·加斯基尔（Gussie E. Gaskill）专职管理华生文库，1927年任首任馆长。虽然那时华生文库主要是西文书籍，但是基本都是关于汉学研究的收藏。②

此后随着东亚图书馆建设的进一步发展，东亚馆员大部分为亚洲地区留学美欧的图书馆学毕业生，他们管理东亚图书馆的专业知识都是投入工作之后再学习的。在这种情况之下，东亚馆员在图书馆方面的专业经验多于东亚研究方面的学术知识；而行政方面，亦从一个学系的附设部门，逐渐转移到从属于整个图书馆系统之中。③ 与裘氏经历类似的还有接替胡适任普林斯顿大学东亚图书馆馆长的童世纲，不过那已经是1952年了。早期的华裔中文馆员还有谭卓垣、严文郁、吴光清、马大任、钱存训、吴文津、郭成棠、万惟英、汤乃文、卢国邦等。谭卓垣分别在哥伦比亚大学和芝加哥大学获图书馆学硕士和博士，严文郁、马大任也是哥伦比亚大学图书馆学硕士，吴光清先后在金陵大学、哥伦比亚大学、密歇根大学、芝加哥大学学习图书馆学，钱存训在金陵大学、芝加哥大学修图书馆学与东亚研究，吴文津在西雅图华盛顿大学修读历史与图书馆学，郭成棠修了罗格斯大学图书馆学硕士，万惟英是明尼苏达大学图书学硕士，汤乃文是哥伦比亚大学图书馆学硕士，卢国邦获得亚

---

① 〔美〕周欣平：《东学西渐：北美东亚图书馆1868—2008》，高等教育出版社，2012年，第138页—141页。
② 〔美〕周欣平：《东学西渐：北美东亚图书馆1868—2008》，高等教育出版社，2012年，第108页—110页。
③ 钱存训：《钱存训文集（第三卷）》，国家图书馆出版社，2012年，第42页。

特兰大大学图书馆学硕士。从中我们可以看出作为华人的他们,图书馆学教育背景往往很重要。20世纪70年代以来活跃在东亚图书馆界的中文馆员也大体一样,比如郑炯文、马泰来、周欣平、周原、程健、杨继东、沈志佳、徐鸿、王立、邵东方等人都有图书馆学教育的背景。①

20世纪60年代汉学研究发展的高潮中东亚图书馆建设迅速扩张,亟需众多合格的东亚图书馆员从事管理;亚洲学会1964年委托钱存训进行了一项调查,考察东亚图书馆员的业务素质,并提出培训计划。②钱氏的报告《美国远东图书馆馆员现状与需求》指出,在160位图书馆员中,曾受过图书馆学训练的占35%,曾受过东亚研究训练的仅占8%,加起来不够一半。③于是他提出两点建议:第一,选择一些大学,由其图书馆学院与远东语文系联合设立关于远东图书馆学的课程来培养胜任的远东图书馆馆员。第二,成立暑期培训班,培训在职的远东图书馆馆员。第一项建议虽然有亚洲学会推荐,但是很难推行,因为要调整研究生必修课程不是容易的事,另外也很难聘请到合格的教授。④只有钱氏所在的芝加哥大学图书馆学研究院和远东语言文化系合办一个远东图书馆学共同课程,并授予学位。自1964年开始,到1978年钱氏退休时结束,共有30多人取得这种专业的硕士和博士学位,为北美东亚图书馆培养了很多骨干人才。第二项建议实施起来比较容易,1969年美国联邦政府教育部资助过两个暑期培训班,威斯康星大学举办的为期两周的东亚目录业务课程和芝加哥大学举办的为期六周的暑期训练班,培训在职馆员。⑤1988年卢国邦在西雅图华盛顿大学也主办了为期两周的

---

① 参考:铁茜:《服务于北美东亚图书馆的四代华人学者及其贡献》,《新世纪图书馆》2017年4期,第83页。
② 钱存训:《钱存训文集(第三卷)》,国家图书馆出版社,2012年,第40页。
③ 钱存训:《钱存训文集(第三卷)》,国家图书馆出版社,2012年,第42页。
④ 〔美〕吴文津:《美国东亚图书馆发展史及其他》,联经出版社,2016年,第111页。
⑤ 钱存训:《钱存训文集(第三卷)》,国家图书馆出版社,2012年,第46页—47页。

暑期培训班，第一次教授了应用计算机科技的课程。2004年和2008年匹兹堡大学和西雅图华盛顿大学又办过两次暑期培训班。[①] 到20世纪80年代初期，57所美国的东亚图书馆雇佣了411位全职的工作人员，负责行政、采访、编目、流通和保藏等工作。其中一半以上是专业人员，多数来自图书馆学系，少数来自东亚系，更少数兼备两种训练。另一半为助理性质的人员，支援图书馆加工和图书馆日常工作。钱氏还指出东方版本目录学知识也是专业馆员一项基本技能，[②] 然而这也许是到目前为止最缺乏的。有人可能认为东方古籍的收藏基本上已经停止，古籍版本的鉴定和书志的撰写都将是一次性的，以后将越来越少用到。但是不要忽略，这些知识在对古籍的具体研究中仍需要不断地运用，学科馆员可以给予更多的专业性帮助。

（三）资助者

汉学研究和汉籍收藏在美国毕竟是非核心文化，它的发展有赖于政府和社会各界的大力资助，政府的资助主要依靠一些法案等制度层面措施，留在下节讨论。而社会资助者首先是大学校董和学校所在地区的商界领袖，比如通过捐赠一块土地资助在伯克利分校设立阿加西讲座教授的汤普金斯就是加州大学校董、旧金山律师。当伯克利分校知道日本有10万余册的三井文库正在出售的时候，校长动员每位校董捐赠，成功筹集到了采购资金。加州奥克兰市的第一任市长、电报公司总裁卡朋蒂埃，1918年向加州大学捐赠了10万美元，这笔长期发展基金的一部分指定用来购买有关"亚细亚五大文明地区"的书籍和资料。[③]

---

① 〔美〕吴文津：《美国东亚图书馆发展史及其他》，联经出版社，2016年，第295页。
② 钱存训：《钱存训文集（第三卷）》，国家图书馆出版社，2012年，第42页—43页。
③ 周欣平主编：《东学西渐：北美东亚图书馆1868—2008》，高等教育出版社，2012年，第73页—75页。

这位卡朋蒂埃同时也是哥伦比亚大学校友，1901年他捐资设立了"丁龙汉学讲座教授"，①之后还以亲属的名义给母校做了多笔捐赠。宾夕法尼亚大学校友传教士麦嘉缔将自己的部分藏书赠送给东方学会图书馆，大部分藏书约1000册中日书籍赠送给了母校。②康奈尔大学校友华生（Charles W. Wason）将自己收藏的与中国有关的西文藏书约9000册捐赠给母校，同时捐赠了5万美金作为继续采访之用。这批西文中国研究资料之完备，在当时很少有其他图书馆可以相比。③

校友是东亚研究和图书收藏的重要支援力量。耶鲁大学的日裔学者兼东亚图书馆员朝河贯一可能是北美第一个准专职的东亚图书馆员，他也是耶鲁大学的校友，裘开明也有着哈佛校友身份。耶鲁大学的中国毕业生容闳以母校设立中文教职为条件许诺捐赠自己的个人藏书，最终他捐赠了1280册，奠定了耶鲁的中文收藏。④但是他们还有一个特殊身份，就是都为亚裔，所以有强烈的意愿促进两种文化的交流和相互理解。实际上，非校友的华裔也是汉籍收藏的重要资助力量。如伯克利分校近年新获的钱谦益手稿，就是密韵楼主人蒋汝藻的孙子，旅居加州的华人蒋绍愚捐赠的。2007年，正当伯克利东亚馆成立60周年之际，从20世纪80年代后期就开始筹建的东亚馆新楼终于落成，新馆被命名为斯塔东亚图书馆及田长霖东亚研究中心，伯克利分校以这是亚洲之外第一座独立的东亚图书馆而引以为傲。这座新馆的建设总计花费了5200万美元，所有资金来自1200多名捐赠者，这其中很多人是伯克利分校

---

① 〔美〕周欣平主编：《东学西渐：北美东亚图书馆1868—2008》，高等教育出版社，2012年，第89页—91页。
② 〔美〕周欣平主编：《东学西渐：北美东亚图书馆1868—2008》，高等教育出版社，2012年，第59页—62页。
③ 钱存训著：《钱存训文集（第三卷）》，国家图书馆出版社，2012年，第31页—32页。
④ 〔美〕周欣平主编：《东学西渐：北美东亚图书馆1868—2008》，高等教育出版社，2012年，第6页—12页。

的校友以及学生的父母，还有一些是当地居民，也有远在香港和东京的外国人士。三位最大的个人捐赠者中有两位是校友，一位是旧金山华裔媒体大亨方李邦琴，另一位新技术公司总裁冯科曼也是华裔身份。①

还有一类是与中国有往来并从中受益的人，比如上文提到治好眼病的葛思德，以及自称和华人丁龙有难忘友谊的卡朋蒂埃。伯克利东亚馆新馆接受的第一笔捐款来自斯塔基金会。斯塔基金会的创始人科尼利厄斯·范德比尔特·斯塔（Cornelius Vanderbilt Starr）出生于加州，是伯克利分校的肄业生，他于1919年在上海开始从事保险业，创办了著名的友邦保险集团。② 在北美的哥伦比亚大学还有一座斯塔东亚图书馆。基金会是社会资助中最重要的力量，因为它们拥有雄厚的经济实力。

除了斯塔基金会，在汉学研究和汉籍收藏资助方面还有几个重要的基金会，即洛克菲勒、福特、卡耐基、卢斯等基金会。20世纪50年代之前的汉学研究资助主要来自于洛克菲勒和卡耐基基金会，福特基金会从50年代才开始介入，起初通过1952年设立的外国区域奖学金等扮演了一个相对较小的角色。但是60年代，福特基金会一跃成为汉学研究的主要资助者，尤其是在当代中国研究方面。③

费正清称赞：

> 回头看看过去的三十年，我们都会记得洛克菲勒基金会的大卫·斯蒂文斯（David Stevens）给予1930年代远东研究的新的刺激。他支持了学术团体理事会（ACLS）莫蒂默·格雷夫斯

---

① 〔美〕周欣平主编：《东学西渐：北美东亚图书馆1868—2008》，高等教育出版社，2012年，第82页—84页。
② 〔美〕周欣平主编：《东学西渐：北美东亚图书馆1868—2008》，高等教育出版社，2012年，第83页。
③ 〔美〕吴文津：《美国东亚图书馆发展史及其他》，联经出版社，2016年，第433页。

（Mortimer Graves）的工作（即"促进中国研究委员会"的工作）。①

基金会还资助了1925年成立的太平洋国际学会。1947年基金会的年度报告称，美国约有十家大学保持至少三名以上开设远东课程的全职教师，在过去15年中几乎全都得到过本基金会不同程度的资助，这些大学是：华盛顿州立大学、哥伦比亚大学、普林斯顿大学、耶鲁大学、芝加哥大学、康奈尔大学、加州大学等。其中，华盛顿州立大学开始最早，得款最多。其次是哥伦比亚大学的东亚研究所。西海岸的几家大学后来居上，由于战争和战后的需要得到资助也不少，其中有斯坦福、普莫纳等。②1934年耶鲁大学利用洛克菲勒基金会的资助，聘请了汉学家乔治·肯尼迪（George Kennedy）。1936年普林斯顿高等研究院购买全部葛思德图书馆的藏书，从洛克菲勒基金会获得了一半购书经费。1937年华盛顿大学获得洛克菲勒基金会首笔4200美元的赞助，为大学购得一批重要的中文图书，标志着华盛顿大学东亚馆的开始。1938年卜德来到宾夕法尼亚大学任职，得到了洛克菲勒基金会三年资助，还提供了4500美元用于购买汉籍。1938年芝加哥大学从洛克菲勒基金会申请到25000美元的资助，用来分5年为远东图书馆购置中文书。1943年邓嗣禹动用最后一年的经费购买了纽伯瑞图书馆的劳费特藏。③20世纪40年代哥伦比亚大学得到洛克菲勒基金会的资助，又添了不少中文书籍。④总之，1934年—1942年间，洛克菲勒基金会提供汉学研究总计不

---

① 〔美〕费正清：《扑朔迷离：美国的亚洲研究》，《美国学者论美国中国学》，上海辞书出版社，2009年，第78页。
② 资中筠：《洛克菲勒基金会与中国》，《美国研究》1996年第1期，第64页—65页。
③ 〔美〕周欣平主编：《东学西渐：北美东亚图书馆1868—2008》，高等教育出版社，2012年，第11页、142页—143页、193页、62页、179页—180页。
④ 〔美〕吴文津：《美国东亚图书馆发展史及其他》，联经出版社，2016年，第34页。

少于 100 万美元的先驱性资助。①

1963 年，美国在台湾成立"北美大学联合汉语培训班"，到 1971 年由卡耐基、福特、卢斯基金会提供的总资助达到 80 多万美元。②1947 年—1951 年，卡耐基基金会提供给汉学研究总计 250 万美元的资助。③ 而 1960 年—1968 年，卡耐基基金资助了 173.9 万美元，包括在香港建立的资助学者们进行研究的"香港大学服务中心"。而洛克菲勒基金会 1956 年—1968 年仅支付了 84 万美元作为研究经费。④卢斯基金会还资助了 2004 年和 2008 年两次上文提到的东亚馆员暑期培训班，⑤以及出版 *Collecting Asia: East Asian Libraries in North America, 1968—2008* 一书，值得一提的是其创立者媒体巨头亨利·卢斯（Henry Luce）是中国传教士的儿子并且出生在中国。

福特基金会 1952 年拨款 25 万美元给美国学术团体理事会收集亚洲和中东方面的语言资料，1953 年拨款 22.5 万美元给胡佛研究所和图书馆整理有关亚洲和近东的资料以服务于其他机构，1954 年拨款 2.2 万美元给远东学会扩大和改善《远东季刊》的出版。⑥1955 年福特基金会还促成了当代中国研究联合委员会的建立，并决定给予持续资助。此外，还对伯克利分校、哥伦比亚大学、哈佛大学和华盛顿大学，后来又加上密歇根大学和康奈尔大学提供资助。1959 年—1968 年福特基金会一共划拨了 2400 万美金资助汉学研究。⑦

---

① 〔美〕戴德华：《特别报告：当代中国研究联合委员会（1959—1969）》，《海外中国评论》（第 3 辑），上海辞书出版社，2008 年，第 321 页。
② 王建平、曾华：《战后美国中国学》，东北大学出版社，2003 年，第 19 页—20 页。
③ 〔美〕戴德华：《特别报告：当代中国研究联合委员会（1959—1969）》，《海外中国评论》（第 3 辑），上海辞书出版社，2008 年，第 321 页。
④ 〔美〕吴文津：《美国东亚图书馆发展史及其他》，联经出版社，2016 年，第 434 页。
⑤ 〔美〕吴文津：《美国东亚图书馆发展史及其他》，联经出版社，2016 年，第 295 页。
⑥ 韩铁：《福特基金会与美国中国学》，中国社会科学出版社，2004 年，第 77 页—78 页。
⑦ 〔美〕吴文津：《美国东亚图书馆发展史及其他》，联经出版社，2016 年，第 433 页。

综上，大学校董、学校所在地区的商界领袖、校友、华裔、与中国有来往的人以及基金会构成了汉学研究和汉籍收藏发展的基本社会资助力量。

四、美国汉籍收藏发展的制度因素

在上一节角色问题中，我们也涉及到汉学讲席乃至讲座教授、中文馆员等制度的建立，这里我们谈一下其他方面的制度因素。

（一）东亚系和东亚图书馆的建立

从美国汉学研究和收藏机构的发展历程来看，大致可分为三个阶段，即草创阶段、专业化阶段和综合创新阶段。

第一阶段大致为1877年—1927年，从耶鲁大学聘任卫三畏为汉学教授开始算起，这个时期只有少数大学建立了汉学或者东方语言学系。这个时期汉学教职基本上由传教士和外交官、欧洲汉学家以及华裔来担任。除了耶鲁的朝河贯一之外，少有专业的东亚图书馆员。汉籍收藏在大学图书馆里基本上处于无管理状态，多由各方捐赠，尤其是汉学教职为配合教学需要收集的资料后来纷纷捐赠给所在大学。除劳费有过几次数量不小的采购之外，只有国会图书馆、葛思德图书馆开始相对系统的采购。

第二阶段大致为1928年—1957年，这个阶段的开始以1928年哈佛燕京学社的建立为标志。它是美国第一个专业化的汉学研究机构，得到霍尔遗产基金有保障的持续资助，学术研究和交流也获得良好的组织，还配备了收藏丰富的专业图书馆。赖德烈称：

我们必须铭记哈佛燕京学社的创立，这是一项富有创造性、建设性的规划。司徒雷登（Leighton Stuart）、哈佛工商管理学院的迪安·多纳姆（Dean Donham）与出版业先驱亨利·卢斯说服查尔斯·M.霍尔（Charles M. Hall）资产托管人提供资金，使学社得以成立并持续发表顶尖学者的文章。①

哈佛燕京学社的首任社长叶理绥（Serge Elisseeff）是伯希和（Paul Pelliot）推荐代替自己赴任的，他也的确在坎布里奇甚至全美国建立并贯彻了注重古典的欧洲汉学传统，甚至说"研究1796年以后的事件是单纯的新闻工作"②。这一时期的欧洲汉学传统导致费正清1932年—1933年连续两年申请哈佛燕京学社的奖学金都失败了，原因就是他的汉语是从传教士培训学校学的，并且研究的方向和兴趣落在了近现代。这时美国学术团体理事会的常务干事格雷夫斯和代表美国汉学本土派的恒慕义支持了他，③格雷夫斯在给费正清的信中写道：

> 我们必须阻止的正是那种你称之为令人窒息的英国式东方研究的学院风气在美国得到更大的立足之地。……依我所见，我们要在研究中国、日本、印度、苏联以及阿拉伯世界的过程中创造一种新的（美国的）观念，或许是一种新方法。④

实际上，这是费正清后来开展区域研究理念的先声。在格雷夫斯的筹

---

① 〔美〕赖德烈：《远东研究在美国：回顾与展望》，《美国学者论美国中国学》，上海辞书出版社，2009年，第73页。
② 〔美〕保罗·埃夫斯：《费正清看中国》，上海人民出版社，1995年，第63页。
③ 〔美〕费正清：《费正清对华回忆录》，知识出版社，1991年，第112页—115页。
④ 〔美〕保罗·埃夫斯：《费正清看中国》，上海人民出版社，1995年，第63页—64页。

划和支持下，美国学术团体理事会在1929年成立"促进中国研究委员会"，与哈佛燕京学社的建立同是这一阶段开始的标志性事件。这一阶段中期，美国本土的汉学家陆续走上讲台，如拉铁摩尔（Owen Lattimore）、戴德华（George E. Taylor）、宾板桥（Woodbridge Bingham）等等，他们虽然都是本土学院出身，但其中很大一部分都曾到中国留学，① 与当时的欧洲汉学家相比更熟悉中国现当代的情况，也是下一阶段美国汉学向现当代转向的原因之一。

这一阶段，在葛思德中文图书馆、哈佛燕京学社图书馆、美国国会图书馆中文部以后，各个大学纷纷建立相对独立的东亚图书馆。1902年哥伦比亚大学首任丁龙汉学讲座教授夏德开始建立中文收藏。1907年朝河贯一任职耶鲁大学，从日文收藏开始建立东亚馆藏。1918年，康奈尔大学建立华生西文汉学研究文库。1936年，普林斯顿大学接收葛思德图书馆，夏威夷大学和芝加哥大学的汉籍馆藏也正式建立。1937年开始的是西雅图华盛顿大学，1938年开始的是宾夕法尼亚大学。1947年，加州大学伯克利分校才正式建立东亚馆，虽然之前这里的汉籍收藏已经颇丰了。1948年密歇根大学建立远东图书馆。1956年加州大学洛杉矶分校成立东方图书馆。

随着各个大学东亚图书馆的纷纷建立，东亚语言资料在大学图书馆中相对独立地进行管理也逐渐成为一种惯例和制度。东亚语言的资料与同学科的其他西文资料分开，当然会像有些人忧虑的那样"会威胁到学科为基础的教学和科研"②，因为毕竟在现代图书馆中资料就是按照学科进行组织排架的，理论上一个学科所有语言的资料都应该放在一起。但是东亚文字的确有特殊性，拥有语言学知识的人都了解世界上所有拼音文字都来源于共同的源头，拼音字母的数量又极其有限，掌握起来相对

---

① 参考顾钧：《美国第一批留学生在北京》，大象出版社，2015年。
② 〔美〕周欣平主编：《东学西渐：北美东亚图书馆1868—2008》，高等教育出版社，2012年，第15页。

容易。而东亚的几种文字是从汉字衍生出来的另一体系，如日本假名、朝鲜谚文和越南喃字，掌握起来比较困难。所以在西方，接受一般学科训练的人即使找到相关的东亚语言资料，也是无能为力。另一方面，区域研究正是强调从综合的角度去理解一个区域的历史和现在，将这些关于同一区域的书放在一起，就有了它的合理性，尽管有关东亚的西文资料还是按照学科放置的。1964年由美国亚洲学会组织的关于社会科学与汉学研究结合的讨论涉及到了这一实质，史华慈一针见血地指出：

> 不管受过何种学科方法的训练，如果一个人的文化修养——他的通识教育——越广博深厚，就越能在其所从事的研究领域里发挥出所有的智慧。

他反对学科"拜物教"，支持汉学研究的跨学科探讨。[1] 只有康奈尔大学因为华生文库的缘故，有关东亚的中西文资料是混排的。[2]

第三阶段大致为1958年至今，这一阶段开始的标志为《国防教育法案》的颁布实施，政府和基金会开始大规模资助包括汉学研究在内的区域研究。汉学作为区域研究成为一种新的研究范式在世界范围内流行起来，美国汉学界将社会科学与中国研究相结合，综合创新，先后涌现出费正清、孔飞力（Philip Alden Kuhn）、柯文（Paul A. Cohen）等一大批杰出学者，使美国逐步成为世界汉学研究的中心。1955年费正清在获得哈佛大学的支持以及福特、卡耐基基金会的资助，创建了哈佛大学东亚中心（1961年更名为东亚研究中心），1956年叶理绥卸任哈佛燕京学社社长，1958年费正清当选亚洲学会主席。[3] 这些事件都象征着美

---

[1] 朱政惠编：《美国学者论美国中国学》"前言"，上海辞书出版社，2009年，第3页。
[2] 〔美〕周欣平主编：《东学西渐：北美东亚图书馆1868—2008》，高等教育出版社，2012年，第114页。
[3] 顾钧：《美国第一批留学生在北京》，大象出版社，2015年，第23页。

国汉学传统从古典研究向区域研究的转向。20世纪50年代末至60年代初,因应国际关系的需要,以当代中国研究为核心任务的研究机构,在《国防教育法案》和基金会雄厚财力的资助下,在美国如雨后春笋般涌现出来。在哈佛大学后,1957年伯克利分校和斯坦福大学分别建立中国研究中心和东亚研究中心;1958年,堪萨斯大学和南加利福尼亚大学成立东亚研究中心;1959年,哥伦比亚大学和俄亥俄州立大学分别成立中国研究中心和东亚研究中心;1960年,匹兹堡大学设立东亚研究中心;1961年,密歇根大学和耶鲁大学成立东亚研究中心……①

与此同时,《国防教育法案》1958年通过后,东亚图书馆的发展进入了一个前所未有的高潮,迎来了"黄金十年"。至20世纪70年代初,在政府和基金会的支持下,有30多所的大学先后新建东亚图书馆。这包括中西部的伊利诺伊大学、俄亥俄大学、印第安纳大学、威斯康星大学、明尼苏达大学、堪萨斯大学以及位于密苏里州的华盛顿大学;在东部有弗吉尼亚大学、马里兰大学、罗格斯大学、匹兹堡大学、布朗大学、达特茅斯大学;在南部则有北卡罗莱纳大学、得克萨斯大学、佛罗里达大学、杜克大学;在中部山区和西部则有科罗拉多大学、俄勒冈州立大学、亚利桑那大学、亚利桑那州立大学以及加州大学除伯克利及洛杉矶分校以外的几所分校,如圣地亚哥、圣芭芭拉等。与早期建立的东亚馆相比,这些图书馆从建馆伊始,就有比较明确的收藏方针和相应的购书资金。其收藏大多围绕本校东亚研究项目的学科特点,追求系统的藏书建设。这些新生力量的加入,大大壮大了美国大学中东亚图书馆的队伍,扩展了东亚藏书在全国学府的分布,为日后开展以地区为基础的馆际合作,提供了有利条件。20世纪60年代末开始美国陷入越战泥淖,加之20世纪70年代初的石油危机以及随之而来的经济不景气,造

---

① 吴原元:《隔绝对峙时期的美国中国学(1949—1972)》,上海辞书出版社,2008年,第92页。

成了资助经费尤其是政府财政的紧缩。比如1971年至1975年，美国东亚图书馆藏书的年增长率比1966年至1970年的年增长率下降了15%，此后东亚馆进入常态发展期。①

东亚图书馆的收藏范围和重点也相应地在发生扩展和变化。费正清在1942年7月给远东研究视察委员会主席的一封备忘录中说哈佛燕京学社没有试图"全面地收藏中国和日本的近代经济、政治和类似主题的有关材料"。②同样，伯克利东亚馆也没有把汉籍收藏重点转向近现代。这些都是上一阶段欧洲汉学传统的惯性所致。在伯克利，主要收藏当代文献的中国研究中心图书馆于1957年成立，由麦卡锡时期受迫害的美国前外交官谢伟思（John Service）出任馆长。而斯坦福大学胡佛研究所1945年就成立了中文部，成为现当代汉籍收藏的先驱。如今，各大学东亚馆的收藏范围早已涵盖了所有时段。

（二）文献采访

虽然在汉籍收藏发展的早期，赠送是一种很重要的获取方式，但是随着东亚馆藏不断地发展和成熟，采购逐步成为文献采访的主要手段。早期只能通过在中国的汉学家或者中国人代理采访，除了上文提到的国会图书馆通过施永格、江亢虎采访的例子，再比如赵元任、梅光迪1921年—1926年替哈佛大学收集了一些汉籍，1929年王际真也为哥伦比亚大学在中国买了些古籍，③1936年夏威夷大学的李绍昌利用学术假到中国收集到2万多册中文线装书籍，葛思德图书馆的早期藏书大部

---

① 周原：《美国大学中的东亚图书馆》，《大学图书馆学报》2005年第6期，第19页—20页。
② 〔美〕保罗·埃夫斯：《费正清看中国》，上海人民出版社，1995年，第64页。
③ 〔美〕吴文津：《美国东亚图书馆发展史及其他》，联经出版社，2016年，第156，34页。

分都是在中国的义理寿（Irvin Van Gorder Gillis）代理采购的。当然还有馆员直接去中国采购的方式，如1948年伯克利东亚馆馆长赫夫派助理麦金农（Elizabeth McKinnon）前往日本，最终促成了村上文库、三井文库的采购。20世纪70年代初期继任馆长汤乃文就到大陆采购了一大批中文书籍。随着采购的常规化，通过图书代理商就慢慢成为主要采购方式，如1938年开始，芝加哥大学的顾立雅确定北平的大同书店作为中文图书的代理商，先后通过这家代理商购买了7万多册中文书。① 伯克利东亚馆档案显示该馆曾经通过文海书店、修文堂新旧书店等进行采购。

直接收购文库是一种快速增加收藏的方式，不过需要机遇和一笔不菲的资金。除上文谈到的普林斯顿高等研究院收购葛思德文库，芝加哥大学收购纽伯瑞中文文库，国会图书馆收购克雷拉中文图书馆的例子外，伯克利东亚馆的不少收藏即来自收购文库，计有村上文库、三井文库、贺蒋文库、浅见文库等等。② 近年伯克利东亚馆的得意入藏就有香港方保罗7.4万余件的电影期刊文库和旧金山致公堂总会的档案，当然后一宗是来自捐赠。

早期中文资料的采访，主要问题是采访专家不足，后来慢慢过渡到代理商采购，是比较成熟的方式。但中美间的联络从二战开始，就因为战争原因出现困难，战后不久就开启了长达二十多年的冷战，正常的联系尚且困难，更不用说采访了。此时出现了联合采访的方式来解决单独馆难以解决的困难。国会图书馆不仅承担着美国国家图书馆的使命，由于有财政经费支持，又往往承担着协调图书馆界各项公益事务的

---

① 〔美〕周欣平主编：《东学西渐：北美东亚图书馆1868—2008》，高等教育出版社，2012年，第121页，135页—138页，74页—75页，78页，179页。

② 〔美〕周欣平主编：《东学西渐：北美东亚图书馆1868—2008》，高等教育出版社，2012年，第79页—80页。

职能，这其中组织联合采访就是一项重要功绩。1942年，费正清、[①]乔治·凯兹（George Norbert Kates）先后任国会图书馆驻重庆代表采购文献资料，1945年凯兹回国后由袁同礼继续帮助购买。[②]即应是由国会图书馆的代表来执行一个13家美国图书馆共建的联合中文采购项目——The ALA China Cooperative Book Purchasing Program。[③]国会图书馆在世界各地建立了6个采购中心，起初也很希望在香港建立一个采购中文资料的中心，但由于1949年开始尤其是"文革"后能买到的大陆出版物太少，这一动议没能实施。[④]面对20世纪70年代以后资金的紧张以及与中国恢复交流后出版物越来越多的挑战，有些东亚馆自发组织小区域的联合采购，比如在西岸，伯克利分校与斯坦福大学就建立了合作采购计划，东岸的哥伦比亚大学、康奈尔大学、哈佛大学、普林斯顿大学、耶鲁大学、纽约公共图书馆也建立了分工采购、资源共享的计划。[⑤]

联合采购是一种共建共享，需要提一下"法明顿计划（Farmington Plan）"等联合采购计划。二战初期的许多美国图书馆外文资料都十分有限，有关外文资料的采购工作也严重失调，出于战略的考虑，为了建立一个完整的国外文献书目体系和藏书体系，美国政府委托国会图书馆拟定了"战时出版物合作采访计划"，并在这一采访协调活动的基础上提出"法明顿计划"。这一计划由研究图书馆协会主持，按照图书分类向全国的研究图书馆分配馆藏责任，各个成员馆自愿联合采购图书，按类配置采购任务，对一些稀有文种的出版物则按照国别来分配采

---

① 〔美〕费正清：《费正清对华回忆录》，知识出版社，1991年，第233页—234页。
② HU Shuchao, *The Development of the Chinese Collection in the Library of Congress*, Westview Press, 1979（2014 3rd Printing）, p134.
③ 〔美〕周欣平主编：《东学西渐：北美东亚图书馆1868—2008》，高等教育出版社，2012年，第63页；吴文津：《美国东亚图书馆发展史及其他》，联经出版社，2016年，第182页。
④ 王冀：《从北京到华盛顿》，华文出版社，2012年，第86页。
⑤ 〔美〕吴文津：《美国东亚图书馆发展史及其他》，联经出版社，2016年，第82页。

购任务，各馆按计划收集文献并编入联合目录以便互借。法明顿计划从1942年到1972年执行了三十年，美国的文献资源收藏得到了极大的丰富。除此计划外，美国实施的类似文献资源联合采购项目还包括"美国公法480号（PLA480）""国家采购与编目计划（NPAC）""拉丁美洲合作采购计划""全国期刊中心计划"等。①

与联合采访相关，不得不提同是"黄金十年"建立起来的两个中心："中文资料和研究服务中心（Chinese Materials and Research Aids Service Center）"和"中国研究资料中心（Center for Chinese Research Materials）"。20世纪60年代，随着众多新东亚馆的建立并拥有相对充裕的购书经费，一时间涌现出巨大的旧书刊需求，主要是因为新馆都需要回溯建设一批基本藏书，包括工具书、资料书、学术期刊、报纸和各种有价值的大套书，而这些资料有的仅偶见于旧书市场，更多则市场上也根本无货。针对这一问题，美国图书馆远东资源委员会于1963年向亚洲学会提议在台北建立一个"中文资料和研究服务中心"，负责重印或复制美国图书馆所需的绝版或稀见的中文书、关于中国的西文旧书以及其他研究资料。于是，由亚洲学会和美国学术团体理事会的联合启动资助，请艾文博（Robert L. Irick）负责，1964年秋在台北成立该中心。中心成立以来参与复制出版了上千种绝版或稀有的中西文旧籍资料，供应美国及其他国家的东亚图书馆收藏，为东亚图书馆中文收藏的发展做出了重要贡献。由于尚有盈利，该中心成立后不久就独立运行，直到90年代初还兼营采购台湾市场中文图书的业务。②

同是20世纪60年代，美国学术界深感国内所藏当代中国研究资料之不足，"当代中国研究联合委员会"1964年请吴文津走访欧洲、苏联、东亚以及印度的主要研究机构和图书馆进行资料调查。在之后的调

---

① 陈锐等主编：《新编文献学（第2版）》，军事医学出版社，2016年，第454页。

② 周原：《美国大学中的东亚图书馆》，《大学图书馆学报》2005年第6期，第19页。

查报告中,吴文津建议成立一个非盈利性的全国资料中心。于是,委员会请福特基金会拨款50万美元在美国研究图书馆协会(ARL)下成立"中国研究资料中心",以向世界各国图书馆借用或交换的方式,复印了大量不单是有关当代中国研究的资料,有口皆碑,厥功至伟。①

文献交换也是文献采访的一种重要方式。中美之间的第一次文献交换源自美国的多次商请,希望用谷物种子以及农业、机械、采矿等资料交换中国同等性质的资料。1869年清朝政府同意赠送美国一些谷物种子以及《皇清经解》《医宗金鉴》《本草纲目》《农政全书》《梅氏丛书》等近千册图书,这些书籍后来收藏在美国国会图书馆。②不过这仅为一个偶发事件,1925年民国政府在教育部下设立了出版物国际交换局,但是由于连年战事,业务少有进展。台湾"中央图书馆"1954年开始全面展开国际交换业务。③大陆方面国家图书馆也大约同时与美国建立起国际交换关系,"文革"期间一度中断,④中美建交后美国国会图书馆和中国国家图书馆正式签订了图书交换协定,1979年—1989这十年,国会图书馆每年都会收到来自北京的2万多本中文书。⑤

美国学术团体理事会远东委员会1936年开始还编辑出版了《远东书目简报》(Bulletin of Far East Bibliography)季刊,1941年更名《远东书目》年刊,成为新创刊的《远东季刊》的联合出版物。中国研究书目的不断编撰不但为研究者提供便利,图书馆员也可以按图索骥,在《通报》的创办者考狄尔(Herry Cordier)编撰《中国书目》之后,这项事

---

① 〔美〕吴文津:《美国东亚图书馆发展史及其他》,联经出版社,2016年,第395页。
② 钱存训:《钱存训文集(第三卷)》,国家图书馆出版社,2012年,第139页—147页。
③ 〔美〕吴文津:《美国东亚图书馆发展史及其他》,联经出版社,2016年,第92页—93页。
④ 马静、黄曼丽:《国家图书馆书刊国际交换发展史浅析》,《图书馆理论与实践》2007年第2期,第90页—91页。
⑤ 王冀:《从北京到华盛顿》,华文出版社,2012年,第100页。

业被继承和发展，比如袁同礼就续编过考狄尔的书目，亚洲学会现在还在出版年度研究论著目录，持续建设 BAS（Bibliography of Asian Studies）数据库。①

（三）文献分类编目规范

东亚图书馆的资料一般都单独排架存放，或将各种东亚语种资料混合排架，或再按不同语种分别排架。裘开明自 1927 年开始主管哈佛燕京学社图书馆后，中日文图书分类法及编目规则全付阙如，所以他编制了《汉和图书分类法》，是北美东亚图书馆发展的一个重要里程碑。自此以后一直到 20 世纪 70 年代中期这 40 多年的时间，美国绝大多数的东亚图书馆都采用这个分类法。裘氏的另一创举是在卡片目录上标注罗马字母拼音，这样就方便按照西文排列和检索。从 1935 年开始裘氏将编目卡片进行复制、分发给其他东亚图书馆，直到 1949 年国会图书馆接替这项工作为止，复制编目卡片极大地促进了北美东亚书籍的联合编目工作。② 耶鲁大学图书馆和国会图书馆是两个未使用汉和分类法的例外：耶鲁大学从朝河贯一开始就始终如一地采用统一的现代图书法，后来该馆将东亚与西文资料按学科混排，自然就更要与西文资料使用统一的分类法。③ 国会图书馆主管中文参考编目工作的吴光清1945 年编订《中文图书分类法》用于该馆，直到 1958 年采用各种文字图书统一编目的《国会图书馆分类法》而停止使用。④ 美国图书馆学会

---

① 〔美〕富路特：《中国研究的新进展》，《美国学者论美国中国学》，上海辞书出版社，2009 年，第 127 页。
② 〔美〕吴文津：《美国东亚图书馆发展史及其他》，联经出版社，2016 年，第 159 页、181 页—182 页。
③ 〔美〕周欣平主编：《东学西渐：北美东亚图书馆 1868—2008》，高等教育出版社，2012 年，第 11 页—12 页。
④ 钱存训：《钱存训文集（第三卷）》，国家图书馆出版社，2012 年，第 281 页。

（ALA）1954年在其编目和分类部下成立了"东方资料编目特别委员会（Special Committee on Cataloging Oriental Materials）"，与国会图书馆1953年成立的同样性质的"东方资料处理委员会（Orientalia Processing Committee）"合作制定统一的编目规则，结束东亚资料编目上的混乱状态。从1954到1958年经过四年的讨论和折中，终于完成此项工作，发布后遂被全国采用为中日韩文资料编目标准，一直沿用至今。这是北美东亚图书馆发展史上的一个里程碑，统一的标准方便编目卡片的交换，消除了东亚图书馆之间合作的一个最基本障碍。①

1978年美国学术团体理事会、美国社会科学研究理事会（SSRC）和美国研究图书馆协会合作组织了"东亚图书馆专案联合咨询委员会（Joint Advisory Committee to the East Asian Library Program）"。在该委员会1981年的报告中称，鉴于学术信息不断增长，经费永远不够充足，东亚图书馆应该像处理西文资料一样通过自动化系统处理东亚资料，分工合作，共享资源。其后研究图书馆组织（RLG）在福特基金会的资助下1983年在其RLIN联合在线编目系统中推出了中日韩文（CJK）编目系统。三年后，美国联机计算机图书馆中心（OCLC）也推出了中日韩编目系统，两个系统会交换书目记录。目前，两个系统各有一部分东亚馆在使用。②这里还需要补充说明一下汉字罗马化标准方案从韦氏拼音向汉语拼音转换的过程，由于历史原因，在北美的图书馆中韦氏拼音一直是汉字罗马化的标准方案。但随着20世纪70年代中国重返联合国，汉语拼音方案已逐步为包括美国在内的西方国家政府、媒体和教学单位采用，韦氏拼音慢慢不为大众熟悉。美国图书馆界从1979年就开始探讨这种转换的问题，主要顾虑是以前用韦氏拼音的数据的回溯问题，直

---

① 〔美〕吴文津：《美国东亚图书馆发展史及其他》，联经出版社，2016年，第159页、108页—109页。
② 〔美〕吴文津：《美国东亚图书馆发展史及其他》，联经出版社，2016年，第159页、145页—146页。

到1996年澳大利亚国家图书馆利用计算机成功自动转化回溯数据打消了这一顾虑。美国国会图书馆1997年宣布2000年起启用汉语拼音编目，从而宣告放弃已用了半个多世纪的韦氏拼音方案。①

（四）国家与社会资助制度

在上文讨论角色问题的时候，谈到各种资助者的角色。这里主要从制度层面谈政府和社会资助的问题。政府的资助主要依靠一些法案实施，这里最重要的就是1958年颁布的《国防教育法案》，这一法案的第六款为"语言开发"，包括中心建设与研究、语言培训机构两个部分。其中主要是第一部分明确表示支持外语与区域的研究以及研究中心的建设，并限定每个财年拨款不超过800万美元。②《国防教育法案》的资助引导了美国汉学研究快速发展的"黄金十年"。1959年—1964年期间，美国联邦政府根据《国防教育法案》的授权，共拨款855万余美元用于大学设立语言和区域中心，其中东亚占17.5%，仅次于苏联与东欧，居第二位。③而在1959年—1969这十年对汉学研究的资助中，联邦政府通过《国防教育法案》支出了1500万美元，福特基金会投入了2800万美元，其他政府和私人机构捐助了800万美元。大学为汉学研究发展的投入资金估计约为1500万—2000万美元，用于新的教学岗位、研究、图书馆、工作人员、学生及行政资助、空间设施等方面。总之，这十年用于汉学研究的总投资超过了7000万美元。④1980年《高等教育法案》

---

① 〔美〕周欣平：《汉语拼音在北美地区的推行》，《中国语文》2001年第1期，第40页—44页。

② USA PUBLIC LAW 85-863-September.2，1958.

③ 吴原元：《隔绝对峙时期的美国中国学（1949—1972）》，上海辞书出版社，2008年，第92页。

④ 〔美〕戴德华：《特别报告：当代中国研究联合委员会（1959—1969）》，《海外中国评论（第3辑）》，上海辞书出版社，2008年，第327页。

进行了修补，不仅修补了第二款高校与研究图书馆支持及图书馆培训与研究，还将原《国防教育法案》第六款合并入该法案。伯克利东亚馆在1985年—1989年和1990年—1992年两次申请到《高等教育法案》第二款第三条的资助，分别用来编目和保护馆藏日本江户时代的雕版印刷书籍以及中文碑帖。①《国防教育法案》资助了20个中国研究中心，②联邦政府的资助延续至今，对美国大学的汉学研究持续发展贡献巨大。

除了政府的资助，美国社会的一个特点就是拥有一套良好的社会资助体系，尤其是基金会制度，以及社会各界对高等教育的资助热情。捐款是美国高等院校的一项重要收入来源，在1996年财政年度中高校获得的捐款总额达到142.5亿美元。大学毕业生对美国的早期历史产生了重大影响，例如美国制宪大会的55位成员中，31位受过大学教育。美国人很早就注意到了受过高等教育的人在政治经济生活中取得的成就，大学教育成了往社会上层流动的可靠途径，因此纷纷寻求获得高等教育的机会。这样就给高等教育提出了不断发展的需求。这些捐款的形式是多种多样的，从年度捐赠、遗产捐赠、留本捐赠基金到全面筹款运动等，很多高校还设立了首席资源发展官专职负责筹款。③

在社会捐赠方面，基金会是最重要的制度，它是在遗产税和信托基金等金融税收制度影响下产生和发展的。南北战争以后美国工业和经济的快速发展，在造就美国世界第一经济强国的同时也造就了众多亿万富翁。美国钢铁大王安德鲁·卡耐基（Andrew Carnegie）在著名的文章《财富的福音》中阐述了自己的人生哲学——百万富翁应该用公共信托

---

① 〔美〕周欣平主编：《东学西渐：北美东亚图书馆1868—2008》，高等教育出版社，2012年，第76页—77页。
② 〔美〕郭成棠：《独上高楼望尽天涯路——郭成棠回忆录》，文讯杂志社，2013年，第347页。
③ 〔美〕弗兰克·奥利弗：《美国高等教育筹款史》，广东人民出版社，2016年，第15页—16页，1页。

基金的方式管理财富，他们的社会责任不是把财富留给家人，而是要用在公共利益上。卡耐基宣称，带着财富死去将是一种耻辱，这种"新教伦理"正是基金会慈善制度的灵魂。[1] 基金会有专业人士管理，有自己的慈善目标，往往能有效地开展慈善捐赠活动。乔治·贝克曼（George M. Beckmann）评论说：

> 像大学和学院一样，基金会是拥有它们自己的传统、理性目的以及明确目标的机构。[2]

在社会资助教育方面有两个重要的组织，即由美国校友理事会和大学公共关系协会合并组成的教育促进和支持委员会（Council for Advancement and Support of Education）和负责咨询的教育资助委员会（Council for Aid to Education）。乐善好施使美国社会与众不同、生活变得无比丰富多彩，伸手要钱是这个国家文化的一部分。2009年，美国的社会捐赠总额已达到3037.5亿美元。[3]

（五）学术共同体建设

我们知道学术共同体制度是支撑现代学术发展最核心的制度之一，学会则是这一制度的集中体现，学者们通过学会举办年度及各种研讨会、出版书刊、开展广泛的学术交流，最终促进学术研究的不断发展。

---

[1] 〔美〕弗兰克·奥利弗：《美国高等教育筹款史》，广东人民出版社，2016年，第63页。

[2] 〔美〕戴德华：《特别报告：当代中国研究联合委员会（1959—1969）》，《海外中国评论（第3辑）》，上海辞书出版社，2008年，第321页。

[3] 〔美〕弗兰克·奥利弗：《美国高等教育筹款史》，广东人民出版社，2016年，第93页，127页—128页，203页。

这里我们谈一下与汉学研究和汉籍收藏发展相关的一些学会、协会的情况。

美国东方学会（AOS）成立于1842年，是美国成立最早的学术团体之一，其会刊和年会都给了汉学研究发表的机会。东方学会的图书馆于1854年交给耶鲁大学图书馆管理，拥有首批有据可查出现在耶鲁的东亚文字的书籍。①1928年纽约哈佛俱乐部的一次协商会后，美国学术团体理事会（ACLS）的莫蒂默·格雷夫斯促成了"促进中国研究委员会（Committee on the Promotion of Chinese Studies）"的成立。首任主席劳费在初期与美国东方学会年会合作，组织了有关中国的专题研讨会。其后赖德烈继续组织了两三年，这个会议为远东学会的成立铺平了道路。②1930年又成立了促进日本和印度研究的委员会，促进中国研究委员会与它们一道发展成为远东研究委员会（Committees on Far East Studies）。1941年《远东季刊（The Far East Quarterly）》创建，1948年依靠季刊与远东委员会的学术圈成立了独立的远东学会（The Far Eastern Association），1956年改称亚洲学会（The Association for Asian Studies），《远东季刊》也改为《亚洲研究杂志（The Journal of Asian Studies）》。③1970年开始，亚洲学会下设四个区域委员会，其中之一是中国与内亚区域委员会（China and Inner Asia）。如今，亚洲学会已成为美国汉学研究最重要的学术团体，每年春季举行规模浩大的学术年会。赖德烈还指出1925年成立的太平洋国际学会（Institute of Pacific Relations）以及稍后由其出版的《太平洋事务》杂志在早期推动远东

---

① 〔美〕周欣平主编：《东学西渐：北美东亚图书馆1868—2008》，高等教育出版社，2012年，第3页。
② 〔美〕赖德烈：《远东研究在美国：回顾与展望》，《美国学者论美国中国学》，上海辞书出版社，2009年，第72页。
③ Earl H. Pritchard, The Foundations of the Association for Asian Studies, 1928-48. The Journal of Asian Studies, 22（4）, pp513-523.

研究和交流中起过重要的作用，他补充道："我们也必须记住外交政策协会（Foreign Policy Association）与外交关系学会（Council on Foreign Relations）所发挥的作用。"① 另外，中国图书馆界代表团 1973 年访美之行是由美国的"中国学术交流委员会"主持接待的，它是由美国科学院、美国学术团体理事会和社会科学研究理事会联合成立的。②

  福特基金会注意到当代中国研究在美国的缺失，于是在 1959 年 6 月资助召开成立一个当代中国研究组织的筹备会。但是由于麦卡锡时代的政治恩怨与中国研究性质定位的观点不同，分别以费正清、戴德华为代表的东海岸和西雅图华盛顿大学两派表现出紧张的关系，在选择新的委员会是设立于亚洲学会还是社会科学研究理事会下的投票中，费正清一派表面上获得了胜利，九票赞成、两票反对，但是同时存在七张弃权票。由费正清、亚瑟·斯坦纳（Arthur Steiner）、韦慕庭（C. Martin Wilbur）组成的组织委员会做出了明智的决定，为了避免政治分歧影响学术合作，最终提议按照少数派的意见由美国学术团体理事会和社会科学研究理事会共同主持新成立的"当代中国研究联合委员会（Joint Committee on Contemporary China）"，委员会成立后还推选少数派的代表戴德华为首任主席。戴德华本人称赞这是一个具有政治家风范的举动，做出这一决定的智慧一直没有得到充分认可。实际上这正是美国学术共同体令人称道之处，由委员会通过团体协商协调各方的利益而最终以学术研究的发展即学术共同体的利益为依归，平衡的操作也能让众人心服口服进而保持团结，这实在太重要了。当代中国研究联合委员会的成立大大推动了美国的汉学研究，尤其是在促进汉学转型为新的研究范

---

① 〔美〕赖德烈：《远东研究在美国：回顾与展望》，《美国学者论美国中国学》，上海辞书出版社，2009 年，第 73 页。
② 钱存训：《钱存训文集（第三卷）》，国家图书馆出版社，2012 年，第 148 页。

式的过程中起到了主推的作用。①不过在处理汉学研究与社会科学结合的过程中，费正清也有过是否会产生一种"削弱人文主义和古典文学研究的新的不平衡"的担心，所以又成立一个类似于当代中国研究联合委员会这样的组织，以满足对前现代古典学问研究的需求。1962年6月，一个由芮沃寿、卜德、狄百瑞（William Theodore de Bary）等专家组成的"中国文明研究联合委员会（JCSS）"宣告成立，芮沃寿当选主席，恰当地处理了这一矛盾，戴德华也参与了这一问题的处理，说明这是当时大家的共识。两个委员会在以后的研究中也有合作。②

对于东亚图书馆员来说，目前设立在亚洲学会下的东亚图书馆协会（Council on East Asian Libraries）是最重要的学术共同体。关于这一组织的历史，吴文津在《美国东亚图书馆协会的历史沿革》一文中做了详细的介绍，③这里则做一个简要叙述。1948年，东亚学者和图书馆馆员组织了一个"美国及国外东方图书馆全国委员会（National Committee on Oriental Collections in the USA and Abroad）"来讨论共同关心的问题。同年远东学会成立，于是，一年后这个委员会就被远东学会和美国图书馆学会联合赞助的"东方图书馆联合委员会（Joint Committee on Oriental Collections）"取代了，不过也仅维持了三年，到1952年就解散了，它最大的成就是促成了美国国会图书馆复制编目卡片出售给东亚馆。正因为这个卡片项目，美国图书馆学会1954年在其编目和分类部下成立了"东方资料编目特别委员会（Special Committee on Cataloging Oriental Materials）"，讨论制定统一的东亚资料编目规则。1957年索性卸下东亚语言资料以外的责任，改为"远东资料特别

---

① 〔美〕戴德华：《特别报告：当代中国研究联合委员会（1959—1969）》，《海外中国评论（第3辑）》，上海辞书出版社，2008年，第312页—351页。
② 朱政惠：《美国中国学发展史：以历史学为中心》，中西书局，2014年，第365页。
③ 〔美〕吴文津：《美国东亚图书馆发展史及其他》，联经出版社，2016年，第107页—123页。

委员会（Special Committee on Far Eastern Materials）"，1958年当编目标准制定完成后，又改名为"远东资料委员会（Far Eastern Materials Committee）"。同时，东亚图书馆的馆长们在编目标准制定的工作中加强了合作，这促成了1958年在亚洲学会下成立了"美国图书馆远东资料委员会（Committee on American Library Resources on Far East）"以探讨东亚文献资源建设的问题，这一委员会就是今天东亚图书馆协会的直接前身。1967年协会第一次制定了章程，并更名为东亚图书馆委员会（Committee on East Asian Libraries）。1980年协会的章程做了最重要的修改，即会长、执行小组成员和各专门组组长都由投票选举产生。协会会刊1963年由当时的会长埃德温·比尔（Edwin G. Beal Jr.）创立，称为《通讯（Newsletter）》，1976年学会下还成立了一个专门小组负责编辑出版会刊。1995年协会改为今名时，会刊也更名为《东亚图书馆杂志（Journal of East Asian libraries）》。协会先后成立了包括编辑出版在内的若干委员会以及一些特别任务组（Taskforce），协会现设有中日韩三个资料委员会和公共服务、技术支持、业务处理、编辑出版等委员会。协会成立以来，做了大量卓有成效的工作，比如上文提到的台北中文研究资料中心、美国中国研究资料中心的成立，编目规则的不断修订，在线编目系统的联合开发，采购专案的研究等等。协会的卓越工作使东亚图书馆在北美图书馆中从边缘融入主流，扮演了重要的角色，也很好地承担着组织和领导北美东亚图书馆合作的重要使命。

五、余论

本文从动力问题、角色问题和制度因素三个方面初步探讨了美国汉籍收藏史，从中我们得窥汉籍收藏与汉学研究之间的密切关系，这些情况可以反映美国汉学发展史的一个重要侧面。汉学研究的核心目的为理解中国，即从美国看中国；我们回顾和考察这些，反过来可以帮助自己更好地与美国学者沟通，促进双方相互理解。同时这也引发我们思考如何与美国东亚图书馆合作以促进海外汉学研究的发展。更有趣的是，在考察美国大力推进外语与区域研究的历史时，我们突然有种时空穿越的感觉，这不正与中国今天去研究"一带一路"沿线国家非常类似吗？可惜的是我们现在并没像美国半个世纪前那样有一个周密的规划和全社会大力的资助，这篇简陋的综述和分析或许可以作为"他山之石"，启发我们现时域外研究的政策与实践。

致　谢

感谢加州大学伯克利分校斯塔东亚图书馆周欣平馆长欣然接受访谈并大力支持本课题研究，特藏部鲁德修主任提供馆史档案，中文学科馆员何剑叶女士和北京大学访学博士研究生陈耕同学帮忙扫描和传递研究资料。

跨学科与跨文化
——从海外汉学看国学或中国古典学的意义*

国学这一概念的诞生是在中国近现代，传统学术面临现代化冲击时作出的一种反应。由于这个概念比较模糊，也有历史包袱，所以后来不少学者依据西方的古典学传统，称之为中国古典学。二者实际上也的确有一定的可比性，因为这种冲击—反应在西方也同样存在，西方中世纪的博雅教育，或者说经院大学传统到了19世纪也面临学科化的现代化冲击。专业主义是现代化进程中的一种重要思想，对行政治理、教育和学术等社会生活诸领域都施加了深远影响。现代学术的分科及其建制化、理论化、专业化与精细化，是以"科学革命"开启的科技发展的高歌猛进为榜样的，就像培根说的"知识（科学）就是权力"。

这种学术分科化、专业化、建制化的现代化运动，对传统学术和博雅教育冲击很大，院系逐渐成为大学里的主角，借用庄子的话"道术将为天下裂"，我们今天的"双一流"学科建设背后其实也是这种专科化的思想。以图书馆学为例，美国早期的图书管理员培养都是学徒制，由于图书馆事业的快速发展，这一职业群体逐步壮大并专业化，先是办培训学校，再到大学里建立院系，最终在现代学科体系占有一席之地。在传统学术现代化的进程中，一些原来从属于人文领域的学科独立出来，依照自然科学的分科建制化，上演了一场轰轰烈烈的社会科学化运动，

---

* 原载《国学学刊》2020年第4期，第15页—17页。

比如政治学、经济学、法学、管理学、社会学等等，人文学科受到进一步挤压。面对这种挑战，美国大学有自己的反思，即坚持博雅教育：专科知识似乎只能让人成为一位专家，而无法保证其成为全面完整的人，缺乏博雅教育，大学里培养的好像都是"单向度的人"了，当然这里仅是一个借用。

博雅教育强调的是完整性，以对抗过度的专业化，这是从博雅教育的角度来看国学或者中国古典学的意义，现在已成为一种共识。但如果我们暂时跳脱本土文化的视角，从异域的角度来看，那么就会发现海外汉学或者中国学，与国学或者中国古典学非常相似。从学术发展上来讲，传统汉学实际上脱始于大航海时代后的东方学，更偏重中国传统的研究，而新兴的中国学则侧重现当代研究，不过这两种取向都保持了整体性，并且不断发展融合形成新的海外中国研究，现已成为区域研究这一学术新领域中的重要分支。一般认为，美国区域研究的兴起是因为冷战的需要，[1]但是不少学者指出区域研究的发展尽管受外界影响巨大，但仍有其内在的理路可循。我们在研究美国汉籍收藏史的时候关注到区域研究的发展历史，很受启发。这些启发正好也适合今天的讨论，以下向大家汇报一下学习心得和体会。

首先就是如何整体性理解和跨学科研究某一地区乃至人类世界的问题。在汉学研究领域，1964年由美国亚洲学会组织的关于社会科学与汉学研究结合的讨论，史华慈一针见血地指出："不管受过何种学科方法的训练，如果一个人的文化修养——他的通识教育——越广博深厚，就越能在其所从事的研究领域里发挥出所有的智慧。"他反对学科"拜物教"，支持汉学研究的跨学科探讨。[2]美国区域研究学者桑顿指出，实际上早在20世纪20年代初，人们就开始认识到，19世纪对世界刚

---

[1] 周晓虹：《中国研究的可能立场与范式重构》，《中国社会学（第9卷）》，上海人民出版社，2012年，第5页注1。

[2] 朱政惠编：《美国学者论美国中国学》"前言"，上海辞书出版社，2009年，第3页。

性的条块化划分，与对社会文化如何运作的理解已经格格不入，学科分化与专业化弱化了其完整性与连贯性。而市场、政治、社会、文化等彼此之间都相互渗透、互动和形塑，无法孤立地进行研究。"多学科透镜"十分必要，没有哪个单一学科能够具备对另一个社会或文化全方面理解的能力。1922年，创立美国社会科学研究理事会的灵魂人物梅里亚姆在申述其创建理念时就指出，这个机构要担当起抗拒"过度的专业化、太过彻底的系科分化、各个学科之间的相互隔绝孤立"的潮流的责任。实际上"跨学科"（interdisciplinary）这个词被认为很可能就是在该学会的会议室里被创造出来的。该学会赞助具有跨学科意义的研究项目，排除学科视野狭隘或者只对单一学科有价值的研究项目；召集各学科学者共同参加的会议和工作小组，从而使"跨学科"作为一种工作伦理和思想方法扎根在美国社会科学当中。跨学科整合的必要性还在于各学科之间存在空隙，用美国区域研究《霍尔报告》的话说，"很大程度上自我孤立的社会科学学科"只是"社会知识的垂直支柱"，它们之间存在着大量"晦暗不明的地带和彻底无知的峡谷"，即学科框架所不能照见和容纳的知识对象和问题。[1]也正因为如此，2020年8月，交叉学科才成为我国第14个学科门类，与哲学、法学、文学、管理学等并列。

　　虽然跨学科研究如此重要，但大学内部的权力和资源分配仍然依赖于院系这种分科体制，并且非常保守，学术界某种程度上存在一种"学科危机"。美国区域研究的发展也表明成立院系是比较困难的，而相对灵活的研究中心则发展得比较好，这也给我们发展交叉学科以启示，如果在有些学校无法建立起实体的院系，那么虚体的研究中心也不失为发

---

[1] 〔美〕戴维·L.桑顿：《美国区域研究的起源、性质和挑战》，《文明研究（第1辑）》，浙江大学出版社，2014年，第99页、115页—117页；刘青：《区域和国际研究：关于历史和"原理"的思考——牛可副教授访谈》，《国际政治研究》2018年第5期，第144页；牛可：《"社会科学研究理事会"与美国社会科学史》，《世界知识》2010年第17期，第65页。

展国学研究和教学的一种很好的方式。虽然区域研究不寻求替代和瓦解学科，但社会知识不应该完全由学科所垄断和框定，而须要充分承认和扩张区域向度，进而在智识上和组织上对学科向度构成总体补充。令人欣喜的是学科体系与区域研究已经历史性地站在一起，一方面区域研究需要各学科继续提供理论与方法，另一方面各学科也要依靠区域研究不断挑战西方中心化的假设和"美国例外论"。

其次却更为重要的是美国学者对所谓人文社会科学"普世性"或者西方中心论的反思，从而促使地方性知识尤其是人文传统重新回归到社会科学研究的中心位置。桑顿指出美国的社会科学家和人文学者经常宣称从西欧或美国经验中获得的观念、理论、模式和分析方式具有普世性，或者将其强加到世界其他的地方。在许多方面，美国可能是世界上最不寻常和最不具"代表性"的社会之一，研究美国国内类似问题的美国学者常常会将美国看成是一个"自然而然"的社会，会将之理论化、普世化，并自如地运用到其他社会当中，看不出有什么界限，一个经典的、也许最令人震惊的事例或许就是1994年谢普瑟和温加斯特声称的，他们对美国国会的研究为理解比较政治和世界其他地区的政治体系提供了模板，而这种研究忽略了机制形式、规范、价值、历史方面的差异，以及它们本应展现出的相关背景。再比如现代化理论和发展经济学广泛采用的建模与量化技术面临挑战，因为从非西方世界得到的数据不足以应付其定量模型。① 牛可指出：美国的区域研究积极参与到通识教育和公民教育当中，致力于革除美国文化的"我族中心主义"和西方文明的偏狭性，在学术上培育"文化相对性""跨文化理解"和"世界主义"，并将这些精神质素灌注到文化和公共生活中。②

---

① 〔美〕戴维·L.桑顿：《美国区域研究的起源、性质和挑战》，《文明研究（第1辑）》，浙江大学出版社，2014年，第100页、116页、122页。
② 刘青：《区域和国际研究：关于历史和"原理"的思考——牛可副教授访谈》，《国际政治研究》2018年第5期，第141页。

建立于欧美的现代社会科学学科体系在认识论上的实证主义、科学主义和归约论偏向，在意识形态上的西方中心主义执念，在组织制度上的学科界墙和"门户主义"，共同促成一种虚妄的"普世主义"，即美国区域研究的"宪章"《霍尔报告》指出那种情形——把"西方的"不假思索地当作"世界的"，从而轻贬和排斥对非西方的严肃知识兴趣和努力。而区域研究更注重历史文化的整体性和"情境具体性"，更容易导向历史的和文化的相对主义和多元主义。它偏好和讲究以当地语言和"总体文化知识"达成"实体知识的广博性"，在历史和文化阐释和比较的基础上达成"跨文化理解"。自然，它也更讲究和擅长浸入式的经验观察和实地研究。因而，它对理论化社会科学孜孜以求的那种以自然科学为典范的精确性、确定性和理论严格性经常持怀疑和不以为然的态度，一般秉持"认识论折中主义"，往往不是以理论的构造者和追随者的姿态，而是以理论——尤其是赖特·米尔斯所说的"宏大理论"——的批判者和修正者的面貌出现。可以理解，偏向特殊性认识论立场的历史学、人类学与区域研究之间更容易建立同构和协同的关系，而理论化程度更高的经济学、政治学和社会学与区域研究之间则总是发生隔阂、龃龉和不信任。可以说特殊主义、多元主义是区域研究的认识论和学术文化"秉性"。①

我们必须承认，同为人类社会，一定存在一些"普世性"价值观念或者社会理论，但是不能走到另外的极端，即一切人类社会都是同质的、同一的。"至少一些学者和基金会成员都意识到，大部分美国经济学家和政治学家的那些很大程度上是美国和欧洲中心观的知识和经验未必能够在非西方世界加以充分有效的理解或执行。"② 在2020年的新冠疫

---

① 刘青：《区域和国际研究：关于历史和"原理"的思考——牛可副教授访谈》，《国际政治研究》2018年第5期，第126页、145页—146页。
② 〔美〕戴维·L.桑顿：《美国区域研究的起源、性质和挑战》，《文明研究（第1辑）》，浙江大学出版社，2014年，第108页。

情中各国采用不同的抗疫方法，这一现象会引发我们的思考，制度或者政策的设计往往依赖于社会固有的文化观念、价值观及生活习惯，而这些都是由当地的历史传统不断形塑的。这就告诉我们，社会科学并不完全像传统自然科学那样具有确定的普遍主义（实际上对自然科学的确定性和精确性的理解只是基于简单系统，对复杂系统的认识已经远远超越，不过普遍性的确是自然科学的重要特性），而是超复杂的系统，与自然科学的普遍性知识相对，社会科学的地方性知识非常重要。考古学家张光直就指出：在我们以西方文明的发展为普世性的时候，其实希腊这种极推崇理性的文明和希伯来的一神教在早期人类文明中才是独特的，而像中国这样一个多神教的偏世俗的社会可能是更普遍的。这就启示我们，当今天面对诸多现实社会问题寻求解决之道时，我们必须考虑历史文化传统，也就是说历史的借鉴意义不仅是经验教训，还是我们制定社会政策的重要出发点，并且这一出发点有时候会起到决定作用。我们的民族政策制定现在更多地去关照历史即是此种之意。在美国也是如此，人文传统越来越受到区域研究的重视，如果说"创建时期一度出现强调社会科学对区域研究的主导地位，传统人文学术遭到一定程度的贬抑和排斥，而且有偏重当前和近世的明显倾向，但在战后区域研究的扩充和发展中，先前存在于东方学范畴的语言、文学、古代历史和文明研究等学术要素又被重新有效整合，甚至在一些地区领域重新回归中心地位"[①]。

　　与西方汉学从异文化的视角看中国异曲同工，文化自信并不意味着故步自封或者坐井观天，我们也需要在全球化视野中重新审视中国。

　　桑顿称区域研究是"一项强大的社会和智识发明"，著名社会学家沃勒斯坦断言它"作为一种组织知识工作的新制度范畴的创生，可能是

---

① 刘青：《区域和国际研究：关于历史和"原理"的思考——牛可副教授访谈》，《国际政治研究》2018 年第 5 期，第 147 页。

1945年以后最重要的学术创新"①。比如它深刻地影响了海外汉学的发展,也为我们今天思考国学或者中国古典学提供了有益的参照。

---

① 刘青:《区域和国际研究:关于历史和"原理"的思考——牛可副教授访谈》,《国际政治研究》2018年第5期,第131页。

附 录

青年学者说文献学｜孙显斌*

个人介绍：孙显斌，1975年生，哈尔滨人。2011年取得北京大学中文系古典文献专业博士学位，到中国科学院自然科学史研究所图书馆工作，曾任馆长，2020年转任古代史研究室研究员。研究方向为古典文献学、典籍数字化和科学技术史。联合主编"中国科技典籍选刊"，合作整理《王祯农书》《物理小识》，出版《〈汉书〉颜师古注研究》，发表《古籍引书目录浅说》《东汉之前的道书叙录》《〈七略〉〈别录〉编撰考》《古籍数据库化工作浅谈》《写刻之间：〈汉书〉文本面貌之嬗变浅议》《中国科技典籍整理的回顾与思考》等论文。

问： 文献学是一个冷门学科，您是什么时候开始接触这门学问的？是主动报考还是调剂？谈一谈您对"文献学"的最初印象，现在的理解有没有变化？

答： 我是一名理科生，本科学的是计算机软件专业，转行学古典文献经历了一段历程，也算阴差阳错。我爱好文学尤其是古诗，从小就喜欢古诗，乐于背诵，小学的时候每次语文课本发下来就先把一学期的四首诗背下来，可惜没人指导，否则那个时候记忆力好，把《唐诗三百

---

* 原载《嘤其鸣矣——青年学者说文献学》，国家图书馆出版社，2022年。

首》背下来应该不在话下。我小学的时候用一堂课的时间就把 π 从 22 位以后到 100 位背下来,现在还能背。从小我就参加数学竞赛,小学的时候得过全市理科竞赛第一名和数学竞赛一等奖。本来想长大后做一个数学家,可是到了高中发现自己数学上没有天赋。高三报志愿,这下子考什么专业成了问题,想起初中的时候曾在少年宫搞过一阵子计算机竞赛,那时候挺痴迷编程,虽然用的就是 LASER 和中华学习机,大概还在 8086 之前,后来才出来 286,电脑里只有固化的 BASIC 程序,除了编程,啥都做不了。感觉可能对计算机有些兴趣,正好大家说学计算机好找工作,于是就决定报考计算机专业。95 年的时候清华在黑龙江省计算机专业就招两个人,但是北大招六个,相对来说把握更大些。因为喜欢文学,当时也觉得上北大好,因为北大有文科,另外那一年清华本科还是五年,比北大长一年。中学的时候就喜欢书,假期总去新华书店看书,也喜欢买书,可是没啥钱。因为喜欢书,二表还报了北京印刷学院。上了北大以后,慢慢觉得自己不喜欢编程,总是去听外系讲座,记得第一次知道有古典文献专业是因为去参加中文系新年的师生座谈会,那时候是分专业进行的,知道了有文献学这个专业。

毕业后我先后在上海大唐、华为从事移动通信工作,感觉这不是我喜欢的生活,就准备考研。最初因为喜欢书觉得可以考图书馆系,但是因为非常喜欢古文,知道有古典文献这个专业,理解就是读古书的专业,觉得考这个比较好。2003 年 6 月北京非典解封后我就回北京准备考研了。因为北大中文系不公布历年考题,也没有考试范围,还要考大综合,复习比较麻烦,尤其是对我这种不是中文科班出身的。还好有一个北大中文论坛,上面有考研版,里面有一些大家回忆版的历年考题,我还做过一个文献学专业的历年考题整理,包括当时向古文献学师兄咨询考研时给我的一些历年考题。考下来还比较幸运,专业课成绩还可以,就是英语没过线。董洪利老师是教研室主任,帮我申请了破格。那年考试上来的就是我,还有古代文学调剂过来的小林,另外三个是本校保送的。然后就一直读下来，成为杨海峥老师第一个硕士，博士导师是安平秋先生。考这个专业的时候就觉得这个专业好，不限方向，就是读古书的学问，现在看误打误撞，还真是这么回事。

问：毕业后又从事古籍工作，您觉得涉古专业本科生学习"文献学"课程的必要性是什么？

答：学这个专业的时候就想好了，要在高校工作，所以一直读到博士，这是成为一位高校老师的必要条件。但是这时候高校的教职已经是热门岗位，很难找，我毕业的那年北京没有高校招聘古典文献学专业的，当然有古典文献专业的高校相对要少些。科学史所图书馆招人，于是就来了这里，干了图书馆的工作，把研究所的方向和自己学的专业结合起来，就开始做科技典籍的整理工作，目前也只是开了个头。在北大我们把古代文学、汉语史（古代汉语）和古典文献合称为三古专业，三古专业有个特权，就是博士期间不用学二外。现在有一个新名词叫"中国古典学"，这个是从西方学过来的，中国自己本来叫国学，但是这个词用得太泛。在西方，古典学特指古希腊罗马时代的学问，那是西方文明重要的源头。如果按照"轴心文明"的理论，相应地应该有印度、中国、西亚古典学。古典学的说法有个好处，就是文史哲、艺术考古不分家，做综合性的认知和研究，这可能启发了现在西方流行的区域研究（比如海外中国学），当然除了整体性认知以外，区域研究中社会科学化是另一重要起源。这样说，文献学是中国古典学最重要的基础学科，从事中国古典研究需要有文献学的修养和训练。

古典研究不像研究当代社会，可以用社会学的方法进行调研，而只能依靠历史的遗存。所有的历史遗存依据载体的性质大致可以分为四种：文物和遗址、文献、图画与图像、口头流传史料（比如口传史诗）。这些遗存中文献是最重要的，一方面是因为它有字，能够记录语言，可以直接记录人的思想和观念，表达意义比较直接和丰富，而文物、图像的表现大都是间接的，口传史料的构成层次又比文献复杂得多，不好断代，数量也少；另一方面其他三种遗存都可以用文献的方式再记录。所以说掌握阅读古文献的知识是非常有必要的。

这里说一个我听到的掌故，很有启发性。陈平原老师的课上说80年代王瑶先生讲南大程千帆先生门下以后会出一批优秀的学者，因为程先生自己的知识结构和学术修养比较全面，在文学研究、文艺理论（比如写了《文论十笺》）、文献学（比如和徐有富老师合写了《校雠广义》）三个方面都有很深的修养，对学生的训练也是如此，可谓"三管齐下"。我想推广开来，可能各学科都应该如此吧，在做具体的学科研究同时，要注重材料和理论方面的研究。文献学就是学科材料研究最重要的方面，实际上各个学科也都有自己的专科文献研究，比如中医文献、科技文献、书法文献研究等等。

问：您的研究方向是偏向历史文献学还是文学文献学？又或者说偏重目录、校雠和版本的哪个具体方面？请重点谈一下您在这个领域的治学心得？

答：我在北大学的是古典文献学专业，作为建国后国内建立的第一个古文献学专业，是文史哲三个系共同倡导的，因为考虑到要有比较好的古代汉语基础，就挂靠在中文系下面，但是整个专业不偏一类的文献，有的老师做文学文献，如《全宋诗》，有的老师做哲学文献，比如《儒藏》，有的老师做历史文献，如《史记》《汉书》《资治通鉴》。我自己觉得古文献学能体现一种读古书的趣味，各种文献我都感兴趣，现在开始也研究一点科技文献。而具体的文献学研究方向，我自己最感兴趣的是目录学，因为看目录能知道古代都有哪些书，目录里包括各种书，很丰富。比如我自己做汉代目录学的研究，《七略》《别录》《汉书艺文志》，我攻读硕士学位期间做的《汉志》中的道书，就是后来发的《东汉之前的道书叙录》。本来我想在攻读博士学位期间继续下去，就做整个《汉志》的研究；但是老师们担心《汉志》剩义无多，研究来研究去还是没有定论，所以就改成"《汉书》颜师古注研究"的题目。不过，目录学方面很多问题还需要进一步探讨。在研究《汉志》的时候梳理过几个问题，后来写成《〈七略〉〈别录〉编撰考》等几篇文章。我倾向认为《七略》修成在《别录》之前，《别录》中的绝大多数叙录都是刘向撰写的，但也有他死后刘歆撰写的，刘歆在结束校书活动后撰《七略》奏上，同时按照《七略》把各书前的叙录编成《别录》，《别录》又称为《七略别录》正因如此。《七略》的"略"字正像章太炎所说为畛域之意，这里取其分类的意思，并非简略之义。一段时间以来目录学成为文献学的冷门，少有学者在这方面用力；最近涌现出一些优秀的年轻学者，推动了目录学的研究，不由让人眼前一亮。

由于我本科学过计算机，所以在北大上学期间跟着中文系李铎老师做了一些古籍数字化的项目，例如"历代典籍总目分析系统""《资治通鉴》分析平台"等，对古籍数字化有一些工程经验，写了《古籍数据库化工作浅谈》。来到科学史所后，真正动手整理科技典籍，引发了自己的一点儿思考，写了《科技典籍整理的回顾与思考》。在这篇文章的思考部分主要提出对现在通行的"定本式整理"的思考，这种方式仅考虑到校勘学"回归作者"这方面的需求。但是典籍在流传中都是以一个具体的本子在传播的（这点桥本秀美老师早就指出），而且往往是一个通行本，不是什么善本，这就部分解释了我们看到有些古人笔记引文往往和我今天所见整理本不同的情况。所以如果考察典籍文本的流传情况，这时各个本子的异文就都有价值，给我们学术古籍整理提出了新的挑战。另外，我们讲文献的抄写刊印等等，其实技术史中应该有一个"文献技术史"，而文献技术系统如何影响典籍文本的流传和变动，是个有趣的问题。正是从技术史角度来看，我用以前考察《汉书》写本的例子简单探讨了这一问题，发了《写刻之间：〈汉书〉文本面貌之嬗变浅议》。

问：有人说"文献学"是个基本工具，算不上单独的"学科"，对这个问题您怎么看？如果是"工具"，是否应该有更广泛的应用？是"学科"，主要研究对象是什么？是否有瓶颈和走出困境的思路？

答：这个问题是我从理科转过来就一直在思考的问题，博士中期考试我还写了一篇思考的文章，老师们劝我别思考这么大的问题，经验不多，对这一行的理解不够。的确，后来发现这个问题很复杂，随着对这个学科有更深的了解，自己的想法也不断在变。一般情况下，一个学科的成立相对其他学科除了要有独特的研究对象或属性外，还要有独特的理论和方法。我们通常使用的"某某学"中的"学"很多时候并不是指一个相对独立的学科，比如"红学"实际上就是关于《红楼梦》研究的学术活动及其成果，它并不独立在文学之外，因为它的理论和方法还没有超越文学范畴。应该说古文献学不是这种意义上的"古文献研究"，它有自己独特的理论与方法。文献学的研究本体是文献，是上面提到的四种史料之一种，既然文物有考古学，图像有艺术史，口头史料有人类民俗学，那么文献也应该有自己的学科古文献学。并且这几个学科在史料本体的研究上都是古典研究的基础学科或者说工具学科。但这不意味着古文献学仅是一个工具，因为它有自己的本体就是古文献，这是文史哲诸学科不研究的，与考古学可以做一个参照，考古学对待材料系年上借鉴了地质学的地层学方法以及生物学的类型学方法，建构起自己的材料分析理论体系，在其上面又发展"阅读过去"的解释理论体系。实际上就像现在有些学者提倡的"古书之为物"，古书是一种特殊的文物，即有字的文物，我们不能因为关注它的内容，就忽略了文献的物质形态。而除了古文献学，文史哲诸学科并不特别关注这一点，它们更关心文献的内容，有时候考古学还更关心一些。但是文献之所以重要，还是因为它记录下来的丰富文字内容，也不能简单等同于只有物质形态的文物。

分析文献的本体，有两个维度，一个是构成层次，文献是其内容信息和物质形式的统一体，物质形式又分为记录符号、记录方式以及载体形式；一个是文献的整个生命过程，包括文献的生产、传播、整理和利用的过程。这样纵横交错，就形成了一个可以分析的文献本体诸问题的矩阵，如下图：

	生产	传播	整理	利用
物质形式	版本	流通	典藏	
内容信息	编撰		整理	注释
		目录		
	校勘			

古文献学的学科分支

古文献学学科由理论、历史及其学科分支三部分构成。其中理论方面最重要的是对文献构成的静态层次和生命过程的动态层次的认识，相应地，古文献学的基本任务则是研究古文献的本体及其发展、整理和利用。古文献学的历史研究包括两个部分，首先是古文献的发展史，这包括古文献的物质文化史、出版史、阅读史、典藏史等方面；其次是古文献研究的发展史。以上是我一点不成熟的思考，详细的论述可参见我的论文《古文献学学科体系初探》，这篇文章从上学开始写到现在，我分别在社科院首届历史理论论坛和北京大学古文献学新生代论坛做了报告，会议论文集里也收了全文，后来正式发表在《天一阁文丛》第19辑。

问：请结合自身的求学经历和工作，谈一谈"文献学"的研究生培养与其他学科有何不同。一般做些什么具体学术训练？他们应该具备什么样的基本素质？对有志于从事古籍编目和保护工作的研究生，您有什么建议？

答：文献专业的六大专业课，我们常称之为文献六艺：即文字、音韵、训诂、目录、版本、校勘。前三项即传统学问中的小学，这是阅读古文献的基础之基础，在现代学科体系下一般划归汉语史，好像不属于古文献学，其实想想也不尽然。我们这里的文字、音韵、训诂，是一种文献语言学，它与现代语言还是有不同的，主要就是现在没人再说这种语言了，我们只能从文献里去研究。这其实和西方的语文学（philology）是相似的，北大的古文字学曾长期在古文献专业里可能就是这个原因。目录、版本、校勘则是古文献学核心的核心。以上就是最基本的文献学理论和知识储备。更重要的是要有实践操练，首先，不能只读"文选"，要读全书，不能只读现代整理注释，要读古书古注。经学研究里有"一经深入通众经"之说，是很有道理的。在我参加硕士面试的时候，董洪利老师就说：你是转专业的，专业课考得还不错，你读过什么原典呀？我说：我看的都是教科书，没通读过原典。董老师说：那可不行，以后要老老实实读原典。现在想来，这是不刊之论、肺腑之言。无论文学、历史、哲学，一种原典读通读透了，再看其他书就轻松多了，有时候还有相互贯通的感觉，正是勤者千虑必有一得。实践还包括其他方方面面，比如古籍编目用到的版本鉴定功夫，就要多看实物多思考，这个在图书馆古籍部工作的正是近水楼台。北大古籍部沈乃文老师和我说，你想研究古籍，你得和它相处，就像夫妻过日子一样，不朝夕相处，很多经验得不来。而古籍保护就是纸质文物保护，需要用到很多科技的东西，可能跨学科培养比较好。

既然提到工作，我就多说两句。从事古籍研究是个很清贫的职业，唯一能支撑你的就是你的兴趣，但是有时候形势比人强，也不要太勉强。如果家境富裕，又感兴趣，那学这个正好，如果家庭条件一般，当个兴趣爱好也挺好，不是人人都能做哪吒，"我命由我不由天"，至少我现在已经放弃很多挣扎了。

问：请您谈一谈对文献学前景的展望。它会向什么方向发展？哪些方面会引起更多关注？

答：实际上，虽然现在古文献学研究良莠不齐，但是我个人感觉它还是在蓬勃发展的。这种发展同时体现在实践的深入和理论的总结。工作和学习中，我很喜欢《论语》里的一句话："学而不思则罔，思而不学则殆。""学"和"思"是一对辩证统一体。没有很扎实的古籍整理研究实践（学），整天思考理论（思）是不行的，同时传统的古文献学太工具化，在实践方面肯用力，缺乏理论总结的意识。没有理论的总结，就没办法把积累的经验快速传授给别人，让别人少走弯路，往往造成每个人都把弯路走一遍，学科知识的积累就没有效率。写文章说要以小见大，就是要通过典型案例推出一般的答案，如果我们研究的正好是个典型案例，那是幸运的。但是可能更多的是做多了，慢慢发现一般的东西，把它提炼出来，分享给大家，用大家的案例实践去检验，看是不是这么回事，如果绝大多数都是成立的，那就是一个好的理论总结，它必须符合大量实践的检验。这样看，也是一种近代以来实验科学的方法了，只是人文研究面对的是复杂系统，影响因素和变量都太多，符合绝大多数情况就是一个好的理论总结了。但是和科学研究一样，我们不能放过例外，拿例外来研究，能获得更多的启发，能对这一问题有更深入的理解。我们都觉得自然科学很伟大，的确，但是目前自然科学最擅长的还是简单系统和有限变量，对于复杂系统的研究还很初步。比如用数学方法来研究经济运作，有得有失。人文研究要有理论意识，但永远不要忘了我们面对的一个几乎无限变量的复杂系统，理论总结不等于简单化、抽象化，更重要的是背后的问题意识，下结论也不要那么绝对。

未来在理论和实践两个方面都还会继续发展，我是比较乐观的，古文献学说不定会进入一个快速发展期。学古文献学，"实践"是老师们会一再强调的，我们自己要注意"思考"这方面，我这里再补充一下。古文献除了耳熟能详的目录、版本、校勘，经常说到的还有辑佚和辨伪。从20世纪末开始大家就对辨伪进行了反思，包括郑良树、李学勤、李零等诸位先生，李零老师直接说与其说是辨伪不如说是古书年代学，这就是突破传统的认识，是新的理论总结。当然如果一部书是层累地构成的，那么还要先划分每个部分，再确定每个部分的年代。这里面就还有一个古书编撰和形成的问题。而辑佚除了利用引书目录，实际上是一个再编撰的问题，这种复原要考察原书的体例，迫不得已的情况下，就要自己定立新体例，这样才能达到辑而不乱。上面说的这些构成层次、古书体例的问题可以都归结为古书编撰的问题。我们现在深入分析一些古书，尤其是集注、类书的知识来源，其实也是一个编撰问题，不过一般叫它史源学研究。我们既然说是古文献，古就是说它是历时形成的。历时性带来了语言理解的问题，而更大的问题是古书形成和传播之中的层累构成。这类问题如果都归到一个新的分支古籍编撰学中来，我想这会是一个今后非常活跃的发展方向。理论总结不仅包括认识，更重要的是方法，比如我们要断定年代，要离析文本的构成层次，理想很丰满，现实很骨感。这就需要我们通过不断实践，给出一套行之有效的方法，给出一个工具箱。"工欲善其事，必先利其器。"

所以我推荐大家好好读、反复读余嘉锡先生的《目录学发微　古书通例》，余先生命名自己的书斋为"读已见书斋"，充分体现了他不好奇猎异，踏实读书，勤于思考的一代学风，是我们的榜样。另外，"他山之石，可以攻玉"。我们说中国古典学相当于古希腊罗马的古典学，那么西方也有自己的文献学，西方学者善于理论总结和思考，这方面可以反复读复旦苏杰老师翻译的几本书，如《西方校勘学论著选》《分析书志学纲要》等。我自己看了一点儿，但是受启发极大。青年学者应该向苏杰老师学习，把更多的西方文献学名著翻译过来，推动我们古文献学科的发展。胡适在1919年12月《新青年》第7卷第1号《"新思潮"的意义》一文中提出"研究问题、输入学理、整理国故、再造文明"的口号，拉开了"整理国故运动"的序幕。我们现在看前人一百年前提出的主张，今天不但不过时，恰恰再精彩不过，正当其时。"潮平两岸阔，风正一帆悬"！

问：请您推荐一种"文献学"的必读书，简要地介绍一下内容及您的阅读体会。

答：为了回答这限定一种的必读书，我在前面把我想说的其他书都先说了。如果说是必读书，对于大多数喜欢古文献学的本科生和本科不是文献学专业的研究生来说，打好文献学基础是最重要的，可以读董洪利老师主编的《古典文献学基础》，里面讲了古文献学的学科构架和目录、版本、校勘、辑佚和辨伪，也是北大开这些专业课老师的集体成果。我自己没读过，因为出版的时候我都快毕业了；我自己读过黄永年先生的《古籍整理概论》，也是言简意赅，值得推荐。

《〈汉书〉颜师古注研究》后记

虽然论文的写作到此算是告一段落，但内心敬畏的感觉转而更深，自知对于这个题目自己把握得还很不够，文章亦缺乏创见，深感惭愧！如果说有些许可安慰自己的，就是通过博士论文的写作，我对颜注以及其他典籍注释产生了兴趣，日后可以把这方向的研究继续下去，深化自己的认识，修正先前的谬误，完善论文的研究。

回想起2003年非典时期辞职回京考研，一晃已是八年，在人生中这自然是不短的一段。我再进入北大学习，第一个需要感谢的就是董洪利老师，因为我英语没有过线，是董老师帮我申请的破格录取，使我有幸能再进入到北大学习。攻读硕士学位的三年里，是杨海峥老师指引我进了古文献这个大门，还推荐我在中心集刊上发表了我第一篇学术论文，虽然它非常不成熟，但对于我来说是有着纪念性意义的。我也是杨老师带的第一个硕士研究生，这份师恩也是一种缘分吧。接触古典文献学以来，慢慢有一种此"门一入深似海"的感觉，在祖先经年留下的文献遗产面前，个人显得格外渺小，虽说文献学是一凭借，但仍怀"孤舟泳海，弱羽凭天"之叹。

07年我考入安平秋先生的门下，在攻读博士学位期间受到安先生的悉心指导，这个论文题目就是安先生帮我选定的。学习期间在选修各位老师的课程以外，给我感受最深的就是在各种考试和答辩会上中心诸位先生对学生们的谆谆教导。参加我综合考试、开题、预答辩的就有杨忠、曹亦冰、董洪利、高路明、廖可斌、刘玉才、杨海峥等诸位老师，从他们的指导中我受教良多。我还作为秘书参加了为数更多的考试和答辩会，身在其中，感受到春风化雨般的言传身教，至今难忘。在我看来古文献中心是一个和睦的大家庭，在这里生活的七年是我人生中的宝贵财富。在这个大家庭中，我还结识了诸位师兄弟，他们在学习和生活中都给了我很多教益和帮助。

中文系07级博士班同样是一个温暖的大家庭，从我们燕园初识，到潭柘寺秋游、十渡的篝火，日常生活中的促膝谈心，聚会上的觥筹交错、酒酣耳热，一个个鲜活的面孔深深地在我们的生活中留下印记。

刚回来攻读硕士学位的时候，看到南宋张孝祥的一首词《西江月·丹阳湖》，觉得和那时的心境相似，其实今天也还是一样，姑录其词记我此时的心境。"问讯湖边春色，重来又是三年。东风吹我过湖船，杨柳丝丝拂面。世路如今已惯，此心到处悠然。寒光亭下水如天，飞起沙鸥一片。"如老杜诗中所说"飘飘何所似？天地一沙鸥"，人生正是如此，只不过此时飞向下一站罢了。

记得我本科毕业时给系刊《听潮》写的小文中最后有一句"他朝归来日，重举凤凰刀"，我用了十二年做了这个说不上华丽的转身，不知道多年以后的我再看这篇后记时的心境如何，抑或与今日的心境并不会有很大的不同。

本书是我的博士论文，上面的部分就是其后记。文中说希望日后可以把这方向的研究继续下去，深化自己的认识，修正先前的谬误，完善论文的研究。可是实在惭愧，毕业也将近七年了，又是一段与读硕博同样的时间，由于工作的原因一直也没时间再继续这个题目，想想可能在以后相当长的时间也没机会订补，索性拿出来出版好了，也算对自己的论文有个交代。因为以上原因，论文基本上停留在2011年毕业时候的模样，不免使看过它的师友失望了，那我也只能用纳兰的词"人生若只如初见"自嘲了。其中关于《汉书》写本的一小部分拿出来单独发了文章,有师友关心指教,发现了一些疏漏,借这次出版做了一些修补。由此想见,书中的问题一定还很多,如果把论文比喻成作者的子女,那我也只能希望"子不嫌母丑"了。真心希望此书出版后师友们继续赐教,让我不断进步,我在这里再厚着脸皮许一次愿,争取将来拓展完善。虽然作为子女的论文希望能总是"若只如初见"而青春永驻,但是作为父母的我们还是希望它能走向成熟,哪怕历尽沧桑。

　　回首这七年,除了鬓间华发渐茂,人生中最大的变故就是母亲的去世,写到这里我一时也只能停下来。她去年走了,虽然全程不突然,但完全出乎意料,更留下了不少遗憾。最遗憾的是她最后一段突然休克,让我没有机会和她说一句:"妈妈,我爱你。"也希望诸位读者也能以我为戒,不要留下永远的遗憾。后来看到一句话,正能写我现时的心境:"父母在,人生尚有来处;父母去,人生只剩归途。"上面后记里感谢的董老师也仙逝了,年龄比母亲还小不少,真希望世界是电影《寻梦环游记》里描写的那样,他们因我们的怀念,能够放下此生的沉重,在万寿菊桥的那边自在栖迟。书出版的时间可能在母亲的周年前后,就用来纪念她吧,虽然她一定是看不懂的,但是能想象到她会为我高兴,她从来只是简单地希望自己的儿子能够按照自己喜欢的方式生活,感受到幸福,从而在儿子心目中永远是最平凡又最伟大的母亲。真的希望她现在就在我身边,看着我敲打着键盘。

　　最后,还要感谢我现在的工作单位——中国科学院自然科学史研究所,这七年她给了我很多,包括资助这本书的出版。感谢尊敬的领导和亲爱的同事,你们使我成长,让我生活得安静而充实。

戊戌年孟夏
续草于保福寺桥西南

　　以上是《〈汉书〉颜师古注研究》一书的后记,权用作这本论文集的后记。这里再补记有关母亲的一桩事,生活中的琐事往往能给我们治学醍醐灌顶的启发。我有少白头，遗传自母亲，从小学四年级开始就有，随着年龄的增长越来越明显，尤其是读研后。因为我生性慵懒，也不很介意，所以很少染发。除了过年，暑假我都要回家看望父母，每次一到家，母亲恨不得就开始张罗给我洗头染发，我有时觉得染起来麻烦，就说："头发白就白呗，没事。"母亲则说："我们看着你们年轻人头发都白了，不好受。"我听了也就不再执拗，顺从地让她给我染发。一次开学到系里报到，教务曲老师一眼就看出变化，打趣说你又染发了，我就把母亲的理由给她重复一遍，她不禁唏嘘。母亲已经走了好几年，满头霜华的我，不时要向别人解释自己少白头，遗传自母亲。去年的某一次，我突然醍醐灌顶一般理解了母亲真正着急给我染发的缘由，因为她一直因遗传给我心里愧疚，一看到我的白发，愧疚感就更强。所以每逢我一到家刚安顿下来，她就张罗给我染发，拿出早已准备好的染发剂，似乎一刻也不能耽搁。当体会到这一点时，我心里莫名地难受，之所以后知后觉，是因为我从来就不介意，但在母亲心里却成了一个负担。可惜已没有机会和她当面解释我根本就不介意，我应该还因此感觉和她更亲近。母亲不在了，我还能戴着她给我的白发，长着她的样子生活在这人世间。《红楼梦》里有一副对联："世事洞明皆学问，人情练达即文章。"我们研究历史，觉得自己参透了历史真相，其实往往只不过停留在历史现象的表面，如果缺乏"世事洞明"和"人情练达"，我们所做的学问文章不仅缺乏温度，恐怕与真相也有距离。

壬寅年孟春
续草于惠新西街北口

图书在版编目（CIP）数据

攻玉集 / 孙显斌著 . — 北京：北京联合出版公司，2022.11

ISBN 978-7-5596-6508-9

Ⅰ.①攻… Ⅱ.①孙… Ⅲ.①古文献学—研究—中国—文集 Ⅳ.① G256.1-53

中国版本图书馆 CIP 数据核字（2022）第 191056 号

攻玉集

作　　者：	孙显斌
封面题签：	徐志超
出 品 人：	赵红仕
责任编辑：	张永奇
封面设计：	刘　洋
出版发行：	北京联合出版有限责任公司
	北京联合天畅发行公司
社　　址：	北京市西城区德外大街 83 号楼 9 层
邮　　编：	100088
电　　话：	（010）64243832
印　　刷：	固安兰星球彩色印刷有限公司
开　　本：	710mm×1000mm　1/16
字　　数：	239 千字
印　　张：	18
版　　次：	2022 年 11 月第 1 版
印　　次：	2022 年 11 月第 1 次印刷

ISBN 978-7-5596-6508-9

定　　价：68.00 元

文献分社出品

未经许可，不得以任何方式复制或抄袭本书部分或全部内容

版权所有，侵权必究